AF500125

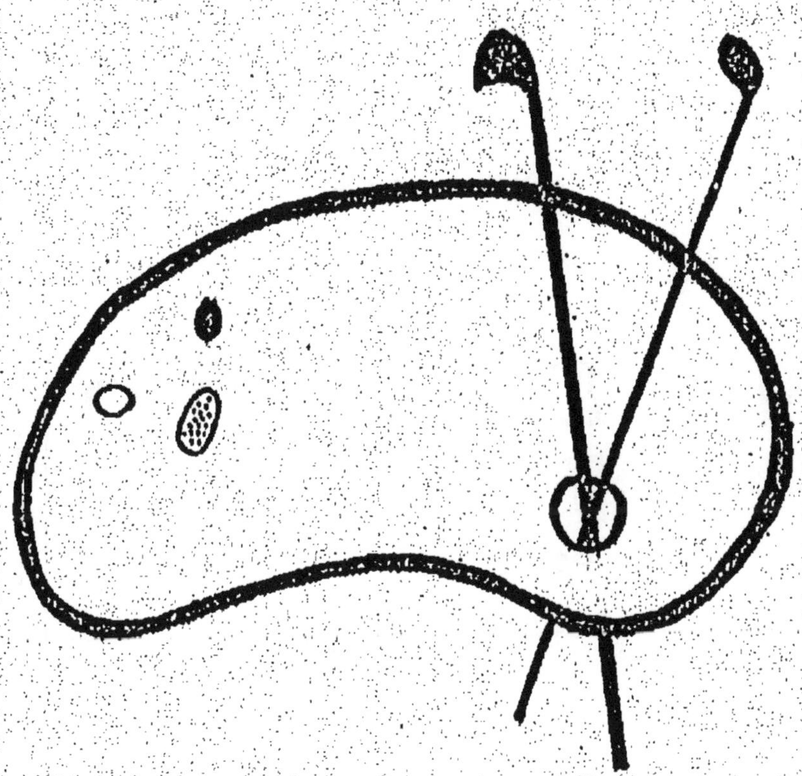

COLLECTION DES PRINCIPAUX OUVRAGES PÉDAGOGIQUES
FRANÇAIS ET ÉTRANGERS

Mme DE MAINTENON

EXTRAITS

DE SES LETTRES, AVIS, ENTRETIENS, CONVERSATIONS
ET PROVERBES

SUR L'ÉDUCATION

PRÉCÉDÉS D'UNE INTRODUCTION

PAR Oct. GRÉARD

Membre de l'Institut
Vice-Recteur de l'Académie de Paris

QUATRIÈME ÉDITION

PARIS
LIBRAIRIE HACHETTE ET Cie
79, BOULEVARD SAINT-GERMAIN, 79

1886

LIBRAIRIE HACHETTE ET Cie

COLLECTION DES PRINCIPAUX OUVRAGES PÉDAGOGIQUES

FRANÇAIS ET ÉTRANGERS

Blackie. *L'Éducation de soi-même*, traduit de l'anglais, par F. Pécaut. 1 vol. in-16, broché, 1 fr.

Condorcet. *Rapport et projet de décret sur l'organisation générale de l'instruction publique*; édition nouvelle avec introduction et commentaire par G. Compayré. 1 volume in-16, broché, 1 fr.

Diesterweg. *Œuvres choisies*, traduit de l'allemand par P. Goy, directeur de l'école normale de Toulouse. 1 vol. in-16, broché, 2 fr.

Fénelon. *De l'éducation des filles.* Texte collationné sur l'édition de 1687, avec une introduction et des notes pédagogiques et explicatives, par M. Ch. Defodon. 1 vol. in-16, br. 1 fr.

Locke. *Quelques pensées sur l'Education.* Traduction nouvelle avec préface et commentaire par G. Compayré. 1 vol. in-16, broché, 2 fr. 50

Rousseau. *Émile ou de l'Éducation.* Extraits contenant les premiers éléments pédagogiques des trois premiers livres, avec une introduction et des notes, par J. Steeg. 1 vol. in-16, broché, 1 fr.

Defodon, Guillaume et Mme Kergomard : *Lectures pédagogiques* à l'usage des écoles normales primaires. Morceaux choisis des principaux écrivains français et étrangers, avec notices biographiques, historiques et critiques. 1 fort vol. in-16, cartonné, 4 fr.

14782. — Imprimerie A. Lahure, rue de Fleurus, 9, à Paris

MME DE MAINTENON

EXTRAITS

DE SES LETTRES, AVIS, ENTRETIENS, CONVERSATIONS ET PROVERBES

SUR L'ÉDUCATION

DU MÊME AUTEUR

De la Morale de Plutarque; 4e édition. Ouvrage couronné par l'Académie française. 1 vol. in-16, 3 fr. 50

14782. — Imprimerie A. Lahure, rue de Fleurus, 9, à Paris.

Mme DE MAINTENON

EXTRAITS

DE SES LETTRES, AVIS, ENTRETIENS, CONVERSATIONS
ET PROVERBES

SUR L'ÉDUCATION

PRÉCÉDÉS D'UNE INTRODUCTION

PAR Oct. GRÉARD

Membre de l'Institut
Vice-Recteur de l'Académie de Paris

QUATRIÈME ÉDITION

PARIS
LIBRAIRIE HACHETTE ET Cie
79, BOULEVARD SAINT-GERMAIN, 79

1886

INTRODUCTION

On lit dans l'acte de décès de Mme de Maintenon : « Le 17e jour du mois d'avril 1719, a été inhumée.... très haute et très puissante dame Mme Françoise d'Aubigné, marquise de Maintenon, institutrice de la Maison Royale de Saint-Louis... » Il semble que ce titre d'institutrice soit le seul que Mme de Maintenon ait voulu prendre devant la postérité; et ce n'est pas celui qui aujourd'hui nous intéresse le moins. Pour préparer à la lecture des Extraits de ses *Lettres* et *Entretiens sur l'éducation*, *Conversations* et *Proverbes*, nous ne croyons pouvoir mieux faire que d'essayer de rassembler ici, d'après sa correspondance générale, complétée et éclairée par les témoignages contemporains, tous les éléments qui contribuèrent à former ou à développer ce qu'elle appelait elle-même sa vocation.

I

Françoise d'Aubigné naquit à Niort le 27 novembre 1635, de Constant d'Aubigné et de Jeanne de Cardilhac. Constant d'Aubigné n'avait pas hérité des fières vertus et de la rude probité de son père Agrippa. Changeant de religion et de parti selon l'intérêt du moment, toujours criblé de dettes, vivant d'expédients, et ne reculant même pas devant le crime, impliqué dans une affaire de faux-monnayage, meurtrier de sa première femme, il avait passé « la moitié de sa jeunesse dans les prisons de la Rochelle, d'Angers, de Paris, de Bordeaux, ou hors du royaume ». Il était interné au fort de Château-Trompette, « à cause de ses commerces avec les Anglais » (1627), lorsqu'il épousa la fille du gouverneur, Jeanne de Cardilhac, en quatrièmes noces. Mis en liberté à la suite de ce mariage, il avait été moins de quatre ans après ressaisi par ses créanciers. On l'accusait en outre d'avoir conspiré avec Gaston et ses partisans contre le cardinal de Richelieu (1632). Jeanne de Cardilhac l'avait suivi dans sa captivité : le cadet de ses fils, Charles, était né en prison, et c'est en prison, comme son frère, que Françoise avait vu le jour. Les parents de Constant, indignés et humiliés de sa conduite, l'avaient tous abandonné. Mme de Villette, sa sœur, était la seule qui vînt le visiter. Elle trouva la nouveau-née dans un tel état de dénûment, qu'émue de pitié, elle l'emporta au château de Murçay, où elle la remit à la nourrice qui avait allaité sa propre fille.

Cependant Mme d'Aubigné, dont le dévouement ne faiblissait pas devant les épreuves, n'épargnait rien, ni sacrifices, ni démarches, ni prières, pour obtenir la grâce de son mari. « Vous seriez bien heureuse, si je vous la refusais », avait répondu Richelieu; et il la lui avait refusée. Ce n'est qu'en 1642, à la mort du cardinal, et quand les prisons d'État furent ouvertes par Mazarin, que Constant fut définitivement libéré. Il alla chercher la fortune à la Martinique. « Au cours de la traversée, raconte Mlle d'Aumale, Françoise fut si mal qu'on la crut morte. Mme d'Aubigné, par un mouvement de tendresse naturelle, la voulut voir avant qu'on la jetât. Elle sentit quelque artère qui battait encore et dit : Ma fille n'est pas morte. Ce qui la sauva. On doutait si peu de sa mort que le canon était prêt à tirer pour quand on la jetterait à la mer ». Au retour, « le vaisseau dans lequel elle était pensa être pris par des corsaires ». Mme de Maintenon racontant dans la suite ces aventures, un courtisan, M. l'évêque de Metz, qui était présent, dit : « Madame, on ne revient pas de là pour rien. »

L'esprit d'aventure ne devait pas mieux réussir à d'Aubigné en Amérique qu'en France. En 1647, il mourait, ne laissant à sa famille que des charges, accrues par de nouveaux dérèglements. Dans sa folie de dépenses, tandis qu'autour de lui on manquait du nécessaire, il se faisait un jeu d'acheter à sa femme vingt-quatre esclaves pour la servir. « Ce vaurien a gâté sa vie », disait Agrippa. Tout autre en effet aurait pu être sa destinée. Il n'avait pas que des défauts ou des vices. C'était un homme d'esprit, de grande mine, d'humeur enjouée et séduisante. Son père « l'avait nourri avec tout le soin et dépense qu'on eût pu employer au fils d'un prince et instruit par les plus excellents précepteurs qui fussent en France ». Il jouait du luth et de la viole, faisait des vers, et s'il ne se fût « détraqué des lettres, il eût été un esprit sublime sur les meilleurs de son siècle ». Tous ceux qui n'avaient pas à se plaindre de ses déportements se plaisaient dans son commerce. Mme de Villette l'aimait avec passion, jusqu'à imputer injustement à Jeanne de Cardilhac une partie des malheurs où l'avaient précipité ses désordres. Il avait lui-même une vive affection pour sa fille, que Mme de Villette lui amenait dans sa prison. « Je n'ai d'autre consolation, disait-il, que de ma petite innocente. » Mme de Maintenon ne paraît pas avoir été touchée de cette tendresse. Dans sa correspondance avec son frère Charles, qu'entraînait, lui aussi, le goût de la vie aisée et de la dépense, elle ne prononce pas une seule fois le nom de son père. On s'explique sans trop de peine la réserve que le respect lui impose : ce qu'elle put connaître de sa vie ne dut certainement pas contribuer à la guérir de la méfiance qu'elle professait à l'égard des hommes.

C'est sous des traits bien différents que nous apparaît sa mère à travers les documents, d'ailleurs fort restreints, que nous possédons sur son compte. Jeanne de Cardilhac avait l'esprit ferme, le sens droit, le cœur haut. Aucune souffrance morale, aucune privation ne lui avait été ménagée. A peine mariée, elle avait dû provoquer, entre elle et Constant, une séparation de biens; mais elle n'en était pas moins restée attachée au sort de son mari, et pendant dix ans elle n'avait guère fait que changer de prison avec lui. Cependant la nécessité lui avait imposé le devoir, pour elle et pour ses enfants, de disputer le peu de bien auquel elle croyait avoir droit du chef de Constant : elle était allée s'établir à Paris, dans un petit logement au fond de la cour de la Sainte-Chapelle, afin d'être plus à portée des gens de loi à qui elle avait affaire. Ses démarches n'aboutissant pas, Mme de Villette lui reprochait son séjour, ses dépenses, presque sa conduite; et elle lui répondait, dans une lettre pénétrée de l'amertume de sa situation : « Vous saurez donc qu'il y a plus de dix-huit mois que je vis ici par la Providence seule de Dieu et roule de si peu, que cela n'est pas croyable. Je vous en donnerai de bons témoignages, n'ayant pas reçu depuis ce temps-là cinq cents livres, tellement que je me suis trouvée sans un sol, devant à tout le monde, trois quartiers de la maison où j'étais, à boulanger et autres gens. Je vous laisse à penser ce que je pouvais faire; mais comme j'ai appris de longue main que de deux maux il faut choisir le moindre, et qu'encore de ce moindre, il en faut tirer tout l'avantage qu'on peut, voici ce que j'ai fait : sous prétexte de n'avoir que faire de meubles, me retirant dans un couvent, j'ai vendu tous mes meubles, à la vérité très peu, l'hôte du logis n'ayant rien laissé sortir qu'au préalable on ne l'eût payé..... Après cela, jugez, s'il vous plaît, si j'aurai de la peine à me justifier, comme vous dites ; vous appelez cela de légers désordres de la part de votre frère, de mettre par un mauvais ménage sa femme et ses enfants en tel état tous les jours, et vous voudriez que je n'y misse pas ordre? » Constant rentré en liberté, elle l'avait accompagné en Amérique, et après sa mort, lorsqu'elle débarqua en France, telle était sa détresse, que pendant quelques jours elle dut aller demander la charité à la porte d'un couvent de la Rochelle. Mme de Villette lui offrit un asile à Mursay, à elle et à ses trois enfants. Elle y était à peine qu'elle vit son fils aîné, âgé de seize à dix-sept ans, sur qui elle semblait pouvoir faire quelque fond, se noyer dans un étang. Ces épreuves prolongées, ces luttes où elle retombait toujours sur elle-même vaincue et brisée, avaient donné à sa dignité naturelle une sorte de raideur et de sécheresse. Elle était sévère, presque dure pour ses enfants, surtout pour Françoise qui ne la regardait qu'en tremblant. Mme de Maintenon, chez qui les impressions d'enfance étaient restées si profondes, ne se souvenait, dit Mlle d'Aumale, d'avoir été embrassée de sa mère que deux fois et seulement au front, après une séparation assez longue, et elle rappelle elle-même qu'elle n'avait en tout vécu avec elle que trois années. Mais ni son exemple, ni ses leçons ne lui furent inutiles. Mme d'Aubigné « enseignait à ses enfants en toute occasion à soutenir avec fermeté les maux de la vie ». Ses deux maximes favorites étaient : la première, de ne jamais faire en particulier ce qu'on n'oserait faire devant des gens de respect ; la seconde, de regarder toujours, pour mesurer son bonheur, au-dessous et non au-dessus de soi ; maximes de dignité et de sagesse qui, sur plus d'un point, résument, nous le verrons, la morale pratique de Mme de Maintenon.

A ne considérer que ses affections, sa vraie mère fut Mme de Villette. Elle avait passé ses premières années à Mursay. Pendant que Mme d'Aubigné était à Paris, soit à demander la grâce de Constant, soit à poursuivre ses revendications, c'est Mme de Villette qui l'avait recueillie, quelquefois avec ses deux frères, le plus souvent seule. Elle y resta seule encore, lorsqu'au retour de la Martinique, Mme d'Aubigné reprit ses instances contre les membres de sa famille par qui elle était « persécutée et dépouillée ». Mme de Villette avait été l'enfant privilégiée d'Agrippa, qui l'appelait sa fillette, son unique ; elle était pénétrée de ses croyances, imbue de son esprit. Bien que Françoise, sur le vœu de sa mère, eût été vouée à la religion catholique dès sa naissance, en l'adoptant, elle l'avait fait élever dans l'Église réformée. Constant n'y trouvait rien qui lui déplût et il n'était pas au pouvoir de Mme d'Aubigné de l'empêcher : comment eût-elle élevé sa fille? elle se résignait donc, non sans tristesse, mais elle se résignait. L'enfant était d'ailleurs délicate et maladive. « Je crains bien, écrivait elle à Mme de Villette, que cette pauvre galeuse — Françoise avait pris la teigne — ne vous donne bien de la peine. Dieu lui fasse la grâce de s'en pouvoir revancher! » La revanche fut et sincère et durable. Françoise s'était donnée à sa tante de toute son âme. Bignette, c'était le petit nom qu'elle portait à Mursay, n'avait de joie, quand elle était chez sa mère, que lorsqu'elle recevait des nouvelles de sa tante; c'est Mme d'Aubigné qui en témoigne. Tous les souvenirs qui la reportent à Mursay lui sont doux : ses premiers entretiens raisonnables que Mme de Villette dirigeait avec beaucoup de sens, ses premières aumônes qu'elle lui faisait faire au bout du pont-levis, les conseils et les soins de sa gouvernante, qu'elle devait appeler trente ans plus tard à la cour, elle et son fils, pour les attacher à son service. Au moment de sa conversion, forcée dans ses derniers retranchements, à bout d'arguments, elle ne consentit à se rendre qu'à la condition qu'on l'obligeât de ne pas croire que cette tante, qu'elle avait vue vivre comme une sainte, fût damnée. Même dans sa vieillesse, elle n'en parlait que les larmes aux yeux; le jour anniversaire de sa mort, elle s'enfermait dans son oratoire pour le lui consacrer tout entier.

Quelle aurait été sa destinée, si elle était restée aussi fidèle à la foi de Mme de Villette qu'elle était attachée à son souvenir? C'est une question qui ouvre le champ aux conjectures. Mme de Maintenon n'aurait pas été embarrassée d'y répondre plus tard, alors qu'elle était habituée à chercher et à trouver la main de Dieu dans les moindres incidents de sa vie. Mais, au moment où le sacrifice s'accomplit, elle en éprouva un véritable déchirement : bien qu'à peine âgée de douze ans, c'était déjà le trait particulier de son caractère de ne savoir rien faire, rien aimer à demi. Une vieille parente dont la fille l'avait tenue sur les fonts du baptême, — Mme de Neuillant, — voulant faire sa cour à la reine mère, Anne d'Autriche, l'avait fait enlever à Mme de Villette et recueillie chez elle. Mme de Maintenon n'a jamais oublié ce qu'elle eut à y souffrir. Mme de Neuillant était, au témoignage de Saint-Simon, « l'avarice même : elle ne put se résoudre à donner du pain à l'enfant sans en tirer quelques services; elle la chargea donc de la clef de son grenier pour donner le foin et l'avoine par compte, et l'aller voir manger à ses chevaux ». Mme de Maintenon raconte elle-même qu'elle portait des sabots et qu'on ne lui donnait des souliers que lorsqu'il venait compagnie. Mme de Neuillant avait d'ailleurs son dessein : elle voulait, par les mauvais traitements et les humiliations, réduire la jeune fille à abjurer. Aucun moyen ne triomphant d'une obstination que la lutte ne faisait qu'affermir, et mécontente de s'être chargée d'une demoiselle sans bien, elle chercha bientôt à s'en défaire à quelque prix que ce fût. Françoise fut placée au couvent de Niort; puis, — Mme de Neuillant se refusant à payer pour elle aucune pension, — renvoyée à Paris près de sa mère, qui la plaça comme elle put, chez les Ursulines de la rue Saint-Jacques. A Niort, on avait mis en œuvre toutes les séductions pour la ramener; elle plaisait par son esprit et elle s'était attachée à une des sœurs du couvent, la Mère Céleste, qui lui rendait sa tendresse. Les séductions, chez les Ursulines, « devinrent rudoiements, duretés et façons cruelles ». La supérieure était soutenue, excitée par Mme d'Aubigné, que le malheur avait aigrie. Épuisée par près de deux ans de résistance, mais non domptée, Françoise poussa vers Mme de Villette un cri de détresse, la suppliant d'employer son crédit et ses soins à la tirer du couvent. « Ah! Madame et tante, s'écriait-elle, vous n'imaginez l'enfer que m'est cette maison soi-disant de Dieu. La vie m'est pire que la mort. » (1648) Mme de Villette ne pouvait répondre et ne répondit pas. On en revint au système de la persuasion. Françoise lutta longtemps encore, se défendant pied à pied, discutant les textes, fatiguant les ministres et les abbés la Bible à la main, et « ne consentit à se rendre que lorsqu'elle crut reconnaître de quel côté était la droiture ».

Sortie du couvent, elle vint rejoindre, dans une petite chambre de la rue des Tournelles, sa mère, qui vivait du produit de son travail et d'une rente de deux cents livres que la famille de son mari avait consenti à lui faire (1649). Dès ce moment, elle avait une véritable réputation de beauté, d'esprit et de raison. On l'appelait la jeune Indienne, à cause de son voyage en Amérique; et ce nom avait fait fortune dans le monde qui fréquentait l'hôtel de Scarron. Le vieux poète avait besoin de renseignements sur la Martinique, où il avait conçu le projet d'aller s'établir. Mme de Neuillant, qu'il voyait, lui amena Mme d'Aubigné et sa fille. Françoise apparut dans le salon rempli comme de coutume, avec une robe si courte et une toilette si pauvre qu'elle en rougit et se mit à pleurer. Scarron ayant voulu lui faire remettre une somme d'argent, elle la refusa avec hauteur. Commencées sous ces auspices, les relations furent presque aussitôt brisées. Mais, peu de mois après, Mme d'Aubigné était contrainte par la misère de quitter Paris. A peine arrivée à Niort, où elle voulait se retirer, elle mourait (1650), léguant à sa fille pour dernier conseil de « se conduire comme craignant tout des hommes et comme espérant tout de Dieu ».

Françoise ne pouvait plus retourner chez Mme de Villette. Son frère était attaché comme page au service de M. de Neuillant, gouverneur de Niort; elle n'avait pas d'autre asile. Mais Mme de Neuillant n'était pas d'humeur à soutenir longtemps la charge d'un patronage onéreux. S'il faut en croire Tallemant, elle « la laissait toute nue par lésinerie ». Moins d'un an après, elle la ramena à Paris, résolue à la faire épouser par Scarron. « Le pauvre estropié » lui offrit en effet de la prendre pour femme ou de payer sa dot dans un couvent. Le mariage fut conclu au mois de mai 1652. Mlle d'Aubigné avait seize ans et demi.

II

« La maison de Scarron était le rendez-vous, dit Segrais, de tout ce qu'il y avait de plus poli à la cour et de tous les beaux esprits de Paris. » Le maréchal d'Albret, le comte de Grammont, Ménage, Pellisson, les Scudéry, MMmes de la Suze et de la Sablière en étaient les hôtes familiers, et l'on ne s'y interdisait pas les propos galants ni les conversations libertines. Mme Scarron était alors dans tout l'éclat de la jeunesse. On peut en juger par le portrait que, sept ans plus tard (1659), Mlle de Scudéry en traçait dans la *Clélie*. « Lyrianne — c'est le nom qu'elle lui donne — était grande et de belle taille, mais de cette grandeur qui n'épouvante point et qui sert seulement à la bonne mine. Elle avait le teint fort uni et fort beau, les cheveux d'un châtain clair et très agréables, le nez très bien fait, la bouche bien taillée, l'air noble, doux, enjoué et modeste; et pour rendre sa beauté plus parfaite et plus éclatante, — elle avait les plus beaux yeux du monde. Ils étaient noirs, brillants, doux, passionnés et pleins d'esprit; leur éclat avait je ne sais quoi qu'on ne saurait exprimer : la mélancolie douce y paraissait quelquefois avec tous les charmes qui la suivent presque toujours; l'enjouement s'y faisait voir à son tour avec tous les attraits que la joie peut inspirer, et l'on peut assurer après sans mensonge que Lyrianne avait mille appas inévitables. Au reste son esprit était fait exprès pour sa beauté, c'est-à-dire qu'il était grand, agréable et bien tourné; elle parlait juste et naturellement de bonne grâce et sans affectation : elle savait le monde et mille choses dont elle ne souciait pas de faire vanité. Elle ne faisait pas la belle, quoiqu'elle le fût infiniment, de sorte que, joignant les charmes de sa vertu à ceux de sa beauté et de son esprit, on pouvait dire qu'elle méritait sa fortune. » Il était difficile d'apporter plus de séductions dans une société plus disposée à en abuser. Mme Scarron se fit un rempart de tout ce que la sagesse pouvait trouver de plus fermes et de plus aimables ressources; elle se maintint dans une mesure très étudiée et très attentive de gravité charmante, tout à la fois gracieuse et contenue, naturelle et prudente, irrésistible dès qu'elle se prêtait à la compagnie, mais ne prenant des fêtes et des entretiens que la part qu'elle en voulait prendre. « Elle passait ses carêmes, dit Mme de Caylus, à manger un hareng au bout de la table et se retirait aussitôt dans sa chambre, parce qu'elle avait compris qu'une conduite moins exacte à l'âge où elle était, ferait que la licence de cette jeunesse n'aurait plus de frein et deviendrait préjudiciable à sa bonne réputation. » Scarron le premier avait subi le joug de cette attrayante et imposante vertu : « au bout de trois mois, elle l'avait corrigé de bien des choses. » « S'il fallait manquer à la reine ou bien à elle, disait l'un de ses plus jeunes compagnons de table, j'aimerais mieux le faire à l'égard de la reine. »

Cette vie, tout à la fois brillante et discrète, d'une austérité riante et d'un éclat voilé, si différente de celle qu'elle avait menée jusque-là et par laquelle elle semblait préluder à l'avenir qui l'attendait, dura huit ans à peine. Scarron mourut le 6 octobre 1660. Il laissait dix mille livres de biens et vingt-deux mille livres de dettes. Il est vrai que, par son contrat de mariage, il avait reconnu vingt-trois mille livres de dot à sa veuve. Tout compte fait, Mme de Maintenon, qui sut toujours calculer, aurait pu, après avoir bien plaidé, retirer de la succession quatre à cinq mille livres. Elle préféra renoncer au procès et à la succession. « Je ne suis pas destinée à être heureuse, écrivait-elle alors à son frère; voilà l'état où me laisse ce pauvre homme qui avait toujours quelque chimère dans la tête et qui mangeait tout ce qu'il avait de liquide sur l'espérance de la pierre philosophale ou de quelque autre chose aussi bien fondée. »

Elle se retira au couvent des Hospitalières de la place Royale, qu'on appelait la *Charité de Notre-Dame* ou *la petite Charité*. Une parente de Scarron, la maréchale d'Aumont, qui y avait une chambre, la lui prêta; et, pendant quelque temps, elle lui donna tout ce qui lui était nécessaire, jusqu'à des habits; « mais elle le fit savoir à tant de gens, qu'enfin la veuve s'en lassa, et, un jour, elle lui renvoya par une charrette le bois que la maréchale avait fait décharger dans la cour du couvent ». Sa bonne réputation la sauva de cette détresse. La malignité ne l'avait pas épargnée durant qu'elle tenait le salon de Scarron, ni depuis sa mort; et l'on sait que la princesse palatine et Saint-Simon recueillirent plus tard, sans en laisser tomber aucun, les propos qui coururent alors sur sa galanterie. « Ceux qui me déchirent, disait-elle aux Dames de Saint-Cyr, ne m'ont point connue, et ceux qui m'ont connue savent que j'ai vécu sans reproche avec ce monde aimable qu'il est difficile de voir sans danger. » C'est le témoignage que lui rendaient « les honnêtes gens », et Bussy-Rabutin lui-même, qui exaltait « sa glorieuse et irréprochable pauvreté ». Les mieux faits de la cour, disait le chevalier de Méré, et les plus puissants dans les finances l'attaquaient de tous les côtés; elle n'aurait eu qu'un mot à dire pour sortir de la misère : on l'avait engagée à voir Fouquet, et elle le vit en effet, « mais elle affecta d'aller dans une si grande négligence, que ses amis étaient honteux de l'y mener ». Ne s'évitant aucune démarche, n'en faisant aucune qui pût compromettre sa « gloire », elle attendit que ses amis, le maréchal de Villeroy, le maréchal d'Albret, le baron de la Garde lui vinssent en aide. On parla à la reine de « cette jeune femme belle, vertueuse et de beaucoup d'esprit, que la pauvreté pouvait réduire à de grandes extrémités ». « Touchée de cette bonne conduite », — le mot est des Dames de Saint-Cyr, — Anne d'Autriche lui accorda une pension de deux mille livres (1661).

Mme Scarron quitta aussitôt la *petite Charité* pour entrer aux Ursulines du faubourg Saint-Jacques; c'était le couvent où elle avait prononcé son abjuration. Jamais peut-être elle ne fut plus heureuse. Mme de Caylus a merveilleusement saisi et fixé cette éclaircie de la première partie de sa vie. « Avec cette modique pension, dit-elle, on la vit toujours honnêtement et simplement vêtue; ses habits n'étaient que d'étamine du Lude, du linge uni, mais bien chaussée et de beaux jupons; et sa pension avec celle de sa femme de chambre et ses gages suffisaient à sa dépense; elle avait même encore de l'argent de reste. Elle ne comprenait pas, répétait-elle alors, qu'on pût appeler cette vie une vallée de larmes. » Comme au temps de Scarron, elle continuait de voir la meilleure compagnie; elle fréquentait surtout les hôtels d'Albret et de Richelieu. « Elle y plaisait infiniment, par ses grâces, son esprit, ses manières douces et respectueuses et son attention à plaire à tout le monde. » (Saint-Simon.) Elle s'y plaisait infiniment elle-même, et c'est probablement de cette époque qu'elle voulait parler lorsqu'elle disait aux Dames de Saint-Cyr : « Le temps de ma jeunesse a été fort agréable; n'ayant point d'ambition, ni aucune de ces passions qui auraient pu troubler le bonheur que je trouvais dans la sorte de vie que je m'étais ménagée, je ne connaissais ni le chagrin ni l'ennui. »

La mort d'Anne d'Autriche (20 janvier 1666) faillit la replonger dans la détresse. Il ne semble pas, il est vrai, qu'elle ait longtemps cessé de recevoir sa pension; un brevet du roi la lui rendit presque immédiatement. Toutefois il est certain qu'elle eut la pensée d'aller chercher une condition à la cour du Portugal auprès de la reine qui lui proposait de l'emmener. Ses amis trouvaient l'occasion avantageuse; « mais il était bien triste de quitter son pays et de renoncer à une vie pleine d'agréments ». Après de longues et pénibles hésitations, « son étoile l'emporta ».

Elle était loin cependant de penser, à ce moment, « qu'après Dieu, Mme de Montespan dût être la première cause de sa haute fortune ». C'est à l'hôtel d'Albret qu'elle l'avait connue. M. de Montespan, cousin germain du maréchal, ne bougeait de chez lui, dit Saint-Simon, et il ajoute que Mme de Montespan et Mme Scarron s'étaient convenu dès l'abord et bientôt prises d'amitié. Elles avaient en outre une liaison commune, une autre parente du maréchal, Mlle de Pons, devenue à vingt-deux ans marquise d'Heudicourt, « belle comme le jour, toujours nouvelle et divertissante, de toutes les confidences ». On eût pu croire que c'était à elle qu'en raison d'une connaissance plus ancienne Mme de Montespan devait de préférence demander les services dont elle avait besoin; mais les qualités dignes et secrètes de Mme Scarron offraient plus de garanties. Elle lui fit donc proposer d'élever ses enfants. Mme Scarron ne consentit pas sans résistance. Le poste n'avait rien qui, pour le temps, pût blesser aucune délicatesse. Mme Colbert l'avait accepté auprès de Mlle de la Vallière sans en recueillir d'autre sentiment que l'envie. Moins accommodante sur ce point, Mme Scarron ne laissait pas de tenir « cette sorte d'honneur pour un peu singulier ». — Si ces enfants sont du roi, répondit-elle à la fin, je le veux bien; mais il ne me convient point de prendre ceux de Mme de Montespan. Il faut que, s'il le désire, le roi me l'ordonne. » Le roi ordonna.

III

Elle était admirablement préparée à ce rôle de gouvernante, et nous l'avons vu par le portrait de Mlle de Scudéry, la vie de la cour à laquelle tôt ou tard elle devait être associée, n'était pas pour l'étonner. Sa première éducation avait été conduite sans grande suite et avec quelque sécheresse. Mme d'Aubigné, même avant que le malheur l'eût assombrie, avait dans l'esprit plus de sérieux que de grâce. C'est dans Plutarque qu'elle apprenait à lire à ses enfants, et elle leur interdisait de parler entre eux d'autre chose que de ce qu'ils avaient lu ensemble : moyen intelligent pour les habituer à réfléchir, mais d'une monotonie un peu froide. Elle aimait aussi à leur faire rédiger des lettres, et c'était pour Bignette une fête d'écrire de Paris ou de la Martinique à sa petite cadette de Mursay; mais les occasions étaient rares. Les soins de Mme de Neuillant n'avaient été ni plus assidus ni plus tendres. Au château de sa tante, Mme d'Aubigné passait la plus grande partie du jour avec sa cousine à garder les dindons. « On nous plaquait un masque sur notre nez, racontait-elle gaiement, car on avait peur que nous nous hâlassions; on nous mettait au bras un petit panier avec un petit livre des quatrains de Pibrac dont on nous donnait quelques pages à apprendre; avec cela, on nous mettait une grande gaule dans la main et on nous chargeait d'empêcher que les dindons n'allassent où ils ne devaient point aller. » Le commerce de Mme de Villette, s'il se fût prolongé, lui eût été plus profitable. Mme de Villette la faisait observer, analyser, raisonner sur toute chose. Mais à douze ans le fonds qu'elle avait pu amasser était bien modeste encore, elle le rappelle plus d'une fois; et le couvent y ajouta peu de chose. C'est auprès de Scarron, puis chez le duc de Richelieu et le maréchal d'Albret, dans la compagnie de « ce qu'il y avait de mieux à Paris en hommes et en femmes », que son éducation se compléta, s'étendit, s'affina. Si elle ne savait pas le grec comme Mme de Rochechouart ou Mme de Castries, elle lisait le latin comme Mme de Sévigné, et parlait l'italien et l'espagnol, comme Mlle de Scudéry. Le chevalier de Méré, juge souverain du bel air, *arbiter elegantiarum*, qui s'était fait son maître et qui lui a toute sa vie conservé un souvenir si tendre, avait mis à tout cela, il s'en glorifiait du moins, la dernière main et la façon suprême. Mme Scarron avait en outre le goût et le don de communiquer ce qu'on lui avait enseigné. Chez Mme de Villette, elle apprenait à lire à sa gouvernante. Au couvent des Ursulines de Niort, son plus grand plaisir était de se sacrifier pour le service de sa chère mère Céleste, de faire à sa place lire, écrire, compter et jouer son petit monde, de façon à lui ménager la surprise d'une classe conduite en son absence. Exercée par sa mère et Mme de Villette à rendre compte de ce qu'elle faisait, elle excellait à discipliner l'application des autres. Elle était née institutrice. Elle s'attachait aux enfants, et les enfants la recherchaient. « Je les avais toujours autour de moi, dit-elle, j'apprenais à lire à l'une, le catéchisme à l'autre, et leur montrais tout ce que je connaissais! » C'est ainsi qu'elle s'était fait chez Mme de Montchevreuil et ailleurs une place qu'on aimait à lui voir prendre et qu'elle gardait.

En même temps la vie intérieure, qui avait été si longtemps pour elle une nécessité au milieu de ses disgrâces, l'avait habituée de bonne heure à se tenir en bride, comme elle disait, et à se gouverner. Saint-Simon remarque « qu'elle n'avait de suite en rien que par contrainte et par force ». Elle est la première à le confesser en maint endroit : « je suis née prompte et impatiente » écrivait-elle; son premier mouvement la portait parfois aux extrêmes : qui adopta d'abord plus de vivacité les doctrines de Fénelon et les idées de Mme Guyon? Mais elle savait se ramener dans les règles, et dès qu'elle y était revenue, elle s'y fixait : sa vie porte d'un bout à l'autre la marque de l'effort et du triomphe de la volonté. Elle avait retenu de Plutarque qu'il faut vivre avec ses amis du jour comme s'ils devaient être les ennemis du lendemain. Mme la maréchale d'Albret lui avait appris qu'il vaut mieux s'ennuyer avec des femmes de mérite, fussent-elles de peu d'esprit, que de se divertir avec d'autres. Elle pensait avec un des commensaux de Mme de Sévigné, M. Barillon, qu'il n'y a rien de si habile que de se conduire toujours et avec toutes les sortes de personnes d'une manière irréprochable. Telles étaient les maximes qu'elle s'était imposées dès sa jeunesse : maximes qu'elle ne pouvait s'empêcher de trouver plus tard elle-même bien politiques, et où tout semblait comme tendu par une préoccupation de respectabilité. « Je voulais, disait-elle, faire prononcer mon nom avec admiration, jouer un beau personnage : c'était mon idole, ma folie. Il n'y a rien que je n'eusse été capable de faire et de souffrir pour faire dire du bien de moi. Je me contraignais beaucoup; mais cela ne me coûtait rien, pourvu que j'eusse une belle réputation. Je ne me souciais pas des richesses; j'étais élevée de cent pieds au-dessus de l'intérêt; je voulais de l'honneur ». Ainsi s'était-elle montrée chez Scarron; mais, nous l'avons vu aussi, à ce soin jaloux de bonne gloire elle savait unir toutes les grâces d'un esprit qui, sans cesser de s'appartenir, n'était pas moins capable de se divertir que de s'ennuyer, où il le fallait. Aucun sacrifice ne lui était pénible, — sacrifice de temps, de santé, d'humeur, — pour se rendre utile ou agréable. Elle était de ces personnes dont on ne peut se passer, dès qu'une fois elles se sont introduites. Sans se faire valoir, presque sans se faire voir, elle devenait l'âme de la maison; elle en était le conseil et le charme. Levée dès six heures, toujours en quête d'un office à remplir, d'une surprise à préparer, elle faisait tout comme si elle n'avait à faire rien autre chose. Aucun petit talent ne lui semblait à dédaigner. Dans son enfance elle excellait à coiffer sa mère, surtout à démêler son épaisse chevelure; plus tard elle avait rendu le même service à la femme de chambre de Mme de Villette, qui en faisait une récompense, et c'est par cette dextérité qu'elle devait achever de gagner les bonnes grâces de la Dauphine. Chez Mme de Montchevreuil, qui était continuellement malade, elle prenait soin du ménage, emmaillotait les enfants et réglait les comptes. Un jour qu'elle avait vendu un veau 15 livres, elle apporta au salon, en riant, la somme toute en deniers, les bonnes gens qui avaient acheté la bête n'ayant pas d'autre monnaie. Au mariage de Mme d'Heudicourt, « elle fut si occupée de la mariée qu'elle avait parée de ses mains que, s'étant entièrement oubliée, elle se laissa voir à toute la cour qui vint aux noces aussi négligée et aussi lasse qu'une servante »; on dut la pousser dans une chambre pour qu'elle s'habillât à son tour, et elle en sortit quelque temps après si bien transformée que Mme de Montespan ni personne ne la reconnut. Elle se faisait un honneur d'amuser les vieilles gens, de se tenir au chevet des malades, et elle y déployait « les ressources infinies d'un esprit amusant au dernier point ». (Saint-Simon.) Le chevalier de Méré, dont il faut un peu se défier, mais qui ne fait que résumer ici le sentiment répandu dans tous les écrits du temps, la représente à cette époque, non seulement comme belle et de cette beauté qui plaît toujours, mais comme reconnaissante, secrète, douce, fidèle à l'amitié et ne faisant usage des dons qu'elle avait en partage, qu'au profit des autres ou pour leur récréation.

Ce goût naturel des choses de l'éducation, cette précoce expérience de la vie, cette tenue d'esprit et de caractère devaient assurer le succès de la fonction à laquelle elle avait décidé de se prêter. Le premier enfant de Mme de Montespan (une petite fille née en 1669) vécut trois ans à peine; puis, vinrent le duc du Maine (1670), le comte du Vexin (1672), Mlle de Mantes (1673) et Mlle de Tours (1674). Mme Scarron les éleva tous et, au début, il semble que la discrétion même dans laquelle elle était obligée de s'envelopper ajoutait à la situation une sorte d'attrait. Elle était faite pour le mystère et elle s'y plaisait. « Je montais à l'échelle, disait-elle aux Dames de Saint-Cyr, pour faire l'ouvrage des tapissiers et ouvriers, parce qu'il ne fallait pas qu'ils entrassent dans la chambre; je faisais tout moi-même, les nourrices ne mettant la main à rien, et j'allais souvent à pied de nourrice en nourrice, déguisée, portant sous mon bras du linge, de la viande; je passais quelquefois la nuit entière chez un de ces enfants qui était malade, dans une petite maison hors de Paris; je rentrais le matin par une petite porte de derrière, et, après m'être habillée, je montais en carrosse par celle de devant pour m'en aller à l'hôtel d'Albret ou de Richelieu, afin que ma société ordinaire ne s'aperçût de rien et ne soupçonnât pas seulement que j'eusse un secret à garder. Quelques-uns s'en doutaient; de peur qu'on ne me pénétrât, je me faisais saigner pour m'empêcher de rougir. » Bientôt toutefois il fallut prendre d'autres mesures. Les enfants grandissaient; on les réunit dans une maison isolée, aux portes de Paris, et elle s'y enferma avec eux. Ses amis s'en affligeaient, s'en plaignaient presque. « Mme Scarron ne paraît point, écrivait Mme de Sévigné à Mme de Coulange; c'est une chose étonnante que sa vie. Aucun mortel sans exception n'a de commerce avec elle. J'ai reçu une de ses lettres, mais je me garde de m'en vanter, de peur des questions infinies que cela attire. »

Michelet dit qu'à aucune époque de sa vie, il ne trouve en Mme de Maintenon la femme. Il a ici contre lui tous les témoignages, non seulement celui de Mme de Caylus, mais celui de Mme de Sévigné et de ses contemporains. Mme Scarron avait pris maternellement son rôle de mère et ne s'y épargnait point. Ses propres lettres, dont l'authenticité est incontestable et dont les dates sont précises, nous la montrent sur pied quelquefois quatre ou cinq fois dans une nuit, veillant elle-même les enfants pour laisser dormir les nourrices, se récriant que les médecins les tuent à force de remèdes, suivant les rhumes et les fièvres, pansant les abcès, ne répugnant à aucun soin, n'étant jamais sans malade, ayant souvent toute la famille malade à la fois. « M. le duc du Maine a la fièvre double-quarte, M. le comte du Vexin un vomissement et un dévoiement, et Mlle de Mantes vient de retomber, lisons-nous dans l'espèce de journal qu'elle adressait à l'abbé Gobelin; je me partage entre eux et les sers comme une femme de chambre, parce que toutes les leurs sont sur les dents. »

Cependant, le secret qu'elle s'efforçait de respecter n'était plus « un mystère qu'en province ». On en causait librement à Paris; on ne s'en taisait plus guère qu'en sa présence. Elle avait pu reprendre sa vie mondaine et elle y était plus que jamais goûtée et fêtée. C'est le moment où Mme de Sévigné mandait à sa fille (4 décembre 1673) : « Nous soupâmes encore hier avec Mme Scarron et l'abbé Testu chez Mme de Coulanges. Nous trouvâmes plaisant de l'aller ramener, à minuit, au fin fond du faubourg Saint-Germain, fort au delà de Mme de La Fayette, quasi auprès de Vaugirard, dans la campagne : une grande et belle maison où l'on n'entre point; il y a un grand jardin, de beaux et grands appartements; elle a un carrosse et des chevaux; elle est habillée modestement et magnifiquement, comme une femme qui passe sa vie avec des personnes de qualité; elle est aimable, belle, bonne et négligée. On cause fort bien avec elle. »

Louis XIV semblait le seul qui jusque-là eût résisté à ces graves et engageantes séductions. Il avait peur « de ce bel esprit à qui il fallait des choses sublimes et qui paraissait à tous égards si difficile à contenter ». Mais l'affection qu'il portait aux enfants de Mme de Montespan ne pouvait manquer de le rapprocher de celle qui avait consenti à les élever; et, insensiblement, il avait pris du goût pour cette femme d'une humeur toujours égale, maîtresse d'elle-même, modeste, raisonnable, qui joignait à des qualités si rares les agréments de l'esprit, et dont l'air de satisfaction intérieure, le calme parfait, témoignait si souverainement d'une vie sans reproche. Dès ce moment peut-être aussi n'était-il pas insensible à d'autres charmes, bien qu'elle fût plus âgée que lui. Au témoignage des Dames de Saint-Cyr, dont le portrait semble se rapporter à ce moment, « elle avait le son de voix le plus agréable, un ton affectueux, un front ouvert et riant, le geste naturel de la plus belle main, des yeux de feu, les mouvements d'une taille libre si affectueuse et si régulière qu'elle effaçait les plus belles de la cour. Le premier coup d'œil était imposant et comme voilé de sévérité : le sourire et la voix ouvraient le nuage ». A la fin de 1673, le roi ayant reconnu ses enfants, Mme Scarron alla demeurer à la cour; l'année suivante, ayant reçu une partie de la somme qui lui avait été promise pour ses soins (27 décembre 1674), elle achetait la terre de Maintenon, à laquelle était attachée une rente de quinze mille livres, et en 1675, à la veille de partir pour les eaux des Pyrénées avec le duc du Maine, elle en prenait, sur l'ordre de Louis XIV, le titre et le nom.

IV

C'est alors que commença entre Mme de Montespan et celle que, d'après La Fare, elle n'avait jamais cessé de regarder comme une soubrette, la lutte qui devait se terminer par l'exil de la favorite et le triomphe de la gouvernante.

Les détracteurs de Mme de Maintenon la considèrent volontiers, surtout à partir de cette époque, comme menant sans trêve ni repos une sorte de conspiration dont le résultat devait être de la porter jusque sur les marches du trône. L'histoire se trouve ainsi singulièrement simplifiée; mais les choses de ce monde sont plus complexes, et c'est ce qui en fait l'intérêt psychologique et moral. A huit ans de distance au surplus, qui pouvait prévoir la mort prématurée de la reine?

Si Mme de Maintenon excédait sa pensée, lorsque, dans sa première vieillesse, elle répétait qu'elle haïssait naturellement la cour, on ne peut mettre en doute, pour peu qu'on suive le détail de sa correspondance, qu'elle n'eut pas tout d'abord l'intention de s'y fixer. Mlle d'Aumale ne fait que résumer la préoccupation unique qui inspire toutes les lettres datées de 1670 à 1674, quand elle dit : « tous ses projets étaient de tâcher d'avoir quelque grâce du roi qui la mît définitivement en état de sortir de la misère qui l'avait tant éprouvée. » Son directeur, l'abbé Gobelin, aimait à lui faire entrevoir le repos auquel elle aspirait dans la vie religieuse; mais elle déclarait avec une grande sincérité, qu'elle n'en avait pas le goût. Elle avait autrefois « préféré son pauvre estropié à un couvent; elle était maintenant trop faite pour changer de condition ». On avait aussi songé à la marier « à un duc assez malhonnête homme et fort gueux » : c'étaient la duchesse de Richelieu et Mme de Montespan qui s'étaient occupées de l'affaire. « J'ai bien assez de déplaisir et d'embarras, avait-elle répondu, sans en chercher dans un état qui fait le malheur des trois quarts du genre humain .» Tous « ses châteaux en Espagne » allaient à s'établir quelque part, selon le bien qu'elle aurait, une retraite pleine de tranquillité (10 septembre 1674).

Son bien ne s'était guère augmenté. On peut compter avec elle; c'est une manière d'entrer dans ses sentiments. Sa pension, qui était restée d'abord de 2000 livres, avait été portée en 1672 à 6000 ; et en 1674 ses épargnes s'élevaient à environ 50 000 livres. Le roi fournit en deux fois les 200 000 de surplus que coûta Maintenon, et ce n'est qu'en 1679, à la suite de l'acquisition de trois petites terres voisines, que le revenu total du domaine, qui était de 12 000 livres, atteignit 15 000. Le jour où elle entra en possession, elle éprouva comme un soulagement de sécurité. « Dès que je passai la cour du château, disait-elle à ses filles de Saint-Cyr, je regardai avec un extrême plaisir la fenêtre de la chambre que je croyais la principale, pensant en moi-même : ce sera là que je finirai mes jours; je n'avais pas d'autre dessein que de vivre en paix avec mes paysans. » C'est la même satisfaction de quiétude qui lui fait écrire à Charles d'Aubigné : « Mon cher frère, je crois que nous passerons une assez jolie vieillesse, s'il peut y en avoir de jolie : nous ne mourrons pas de faim. » Elle est encore toute à cette pensée, lorsque, quelques mois plus tard, au cours de son voyage aux Pyrénées, s'étant arrêtée à Niort, où elle n'était pas revenue depuis plus de vingt ans, et s'amusant à réunir ses titres de noblesse, elle exprime le regret de n'avoir pas cherché de préférence le lieu de sa retraite dans le pays de ses ancêtres.

A vouloir analyser ce besoin de repos, ce qu'on trouverait au fond, outre une propension sincère et naturelle à la tranquillité, c'est la lassitude « des choses terribles qui se passaient entre elle et Mme de Montespan ». L'inimitié avait couvé longtemps. Mme de Sévigné écrivait le 7 août 1675 : « Je veux vous faire voir un petit dessous de cartes qui vous surprendra, c'est que cette belle amitié de Mme de Montespan et de son amie est une véritable aversion depuis près de deux ans. L'amie est d'un orgueil qui la rend révoltée contre les ordres de l'autre : elle n'aime pas à obéir; elle veut bien être au père, mais non pas à la mère; elle lui rend compte, et point à elle.... Ce secret roule sous terre depuis plus de six mois; il se répand un peu. » C'est à la fin de l'année 1675 que la guerre éclate. Le ton des lettres de Mme de Maintenon se modifie sensiblement. Elle ne se laisse pas exciter par les prétentions hautaines de Mme de Montespan; mais elle en soutient l'attaque. L'abbé Gobelin était arrivé à lui faire entendre que le devoir l'obligeait de rester là où Dieu l'avait placée pour travailler à détacher le roi d'une liaison scandaleuse. L'idée qu'elle est l'instrument de la Providence la gagne peu à peu et la pénètre; le moment est à noter; car, à partir de là, cette idée la dominera chaque jour davantage et finira par la posséder pleinement.

C'est dans Mme de Sévigné, si friande des moindres incidents de la Cour, qu'on doit chercher le détail de cette inimitié tour à tour ouverte et sourde, où Mme de Montespan s'abandonne à tous les transports d'une violence sans dignité ni pudeur, tandis que Mme de Maintenon, qui « n'ignore aucun déchaînement », qui écrit à son frère « qu'on est enragé contre elle », ne répond au redoublement des assauts que par un redoublement de patience, de sagesse, de manège consommé, faisant connaître au roi un pays tout nouveau et prouvant une fois de plus, par une prise de possession chaque jour plus sensible de son estime et de ses bonnes grâces, que rien n'est plus habile qu'une conduite irréprochable. Mme de Sévigné note tous les coups, épie les conversations, en marque la durée, saisit au vol les physionomies, les attitudes, les empressements contraints, les effusions bruyantes suivies de propos amers, et à travers la mêlée des passions rivales, où chaque parti se range, les défaillances du roi qui, tout d'un coup, remettent les choses en question et tiennent les ambitions en suspens; jusqu'au jour où, la faveur enfin se fixant, Mme de Maintenon est nommée seconde dame d'atour de la Dauphine. La paix rentre alors dans tous les cœurs comme par enchantement. « Dieu a suscité Mme de Maintenon pour me rendre le cœur du roi », disait la reine; et Mme de Maintenon n'avait en effet usé de son autorité croissante que pour lui ramener Louis XIV. Mais elle restait du même coup engagée dans son œuvre. « Malgré l'envie que j'avais de me retirer, écrit-elle alors à l'abbé Gobelin, et malgré toute ma haine pour ce pays-ci, j'y suis attachée. C'est Dieu qui a conduit tout cela. »

Les trois années qui suivirent durent certainement compter parmi les meilleures de sa vie, et elles nous la montrent dans des dispositions d'esprit et de cœur qui préparent à comprendre l'action qu'elle exerça à Saint-Cyr. La fonction qu'elle avait à remplir auprès de la Dauphine l'éloignait nécessairement de Mme de Montespan, et c'est ce que Louis XIV avait cherché. On n'habitait plus sous le même toit, on ne se voyait plus que de semaine en semaine, de mois en mois; on ne pouvait cependant éviter de se rencontrer en tête-à-tête, dans le carrosse du roi où il fallait bien se faire bon visage, dans les jardins de Versailles où les courtisans n'étaient pas loin qui observaient. Un jour, Mme de Montespan emmène Mme de Maintenon à Clagny, et ses amis ne l'y croient pas en sûreté; mais Mme de Maintenon, qui raconte ces escarmouches avec beaucoup de bonne humeur, n'en est point émue. Femmes d'esprit toutes deux, elles avaient senti, l'une que le terrain lui manquait sous les pieds, l'autre qu'elle n'avait qu'à se laisser porter par le vent de faveur qui la poussait. Louis XIV avait décidément renoncé à ses désordres et paraissait charmé « de ce commerce d'amitié et de conversation sans contrainte et sans chicane que personne ne lui avait fait goûter jusque-là ». En même temps « la nouvelle favorite » entrait chaque jour davantage dans la confiance de la reine, qui, honneur insigne, lui donnait son portrait. La cour semblait ne vivre plus que par elle. Trop glorieuse pour ne pas triompher en son cœur, elle amortissait tant qu'elle pouvait l'éclat de sa fortune. Elle se donnait avec bonne grâce, quoique sans empressement, aux fêtes, aux sermons, aux voyages. Il ne lui déplaisait pas de voir tout le monde s'habituer à son personnage, et elle s'y habituait elle-même sans trop de peine; mais elle ne s'en laissait point enivrer. Dès qu'elle trouvait une occasion de s'écarter, elle se faisait la vie de son choix, une vie tout à la fois « solitaire et remplie ». Elle entreprenait toutes sortes d'affaires, auxquelles elle mettait tout son cœur: un nouveau plan de conduite pour le duc du Maine, un mariage pour son frère, l'éducation de sa belle-sœur et de sa nièce, la création d'une *Charité* à Rueil; pour chaque chose, elle entrait dans un détail infini, rédigeait des notes, dressait des comptes, envoyait des consultations; et cette activité, qu'elle réglait à son goût, lui était souverainement douce. « Je mène, écrit-elle à ses confidentes les plus intimes, une existence tout à fait conforme à mon humeur; je suis très heureuse. »

Le 30 juillet 1683, un mal soudain emportait la Reine. Aussitôt après les funérailles, la cour se retira à Fontainebleau. Il est bien difficile de croire que Mme de Maintenon n'ait pas embrassé tout de suite et clairement l'avenir qui s'ouvrait devant elle. Sur ce point décisif de sa vie, — à défaut de sa propre correspondance avec Louis XIV qu'il est si regrettable qu'elle ait détruite, — il faut entendre directement le témoignage de Mme de

Caylus. « Pendant le voyage de Fontainebleau qui suivit la mort de la reine, dit-elle, je vis tant d'agitation dans l'esprit de Mme de Maintenon, que j'ai jugé depuis, en la rappelant à ma mémoire, qu'elle était causée par une incertitude violente de son état, de ses pensées, de ses craintes et de ses espérances; en un mot, son cœur n'était pas libre et son esprit était fort agité. Pour cacher ses divers mouvements et pour justifier les larmes que son domestique et moi lui voyions quelquefois répandre, elle se plaignait de vapeurs, et elle allait, disait-elle, chercher à respirer dans la forêt de Fontainebleau avec la seule Mme de Montchevreuil. Elle y allait même quelquefois à des heures indues. Enfin, les vapeurs passèrent; le calme succéda à l'agitation, et ce fut à la fin de ce même voyage. Je me garderai bien de pénétrer un mystère respectable pour moi par tant de raisons; je nommerai seulement ceux qui, vraisemblablement, ont été dans le secret; ce sont M. de Harlay, en ce temps-là archevêque de Paris, M. et Mme de Montchevreuil, Bontemps et une femme de Mme de Maintenon, fille aussi capable que qui que ce soit de garder un secret et dont les sentiments étaient fort au-dessus de son état. »

Ce secret ne sortit jamais d'une certaine obscurité. Mme de Maintenon se prêta à être une « énigme pour le monde » et ne fit aucune tentative pour que son mariage fût déclaré. Suivant toutes les vraisemblances, c'est dans les derniers mois de 1684 qu'il s'accomplit.

V

« La place de Mme de Maintenon est unique, écrivait quelques mois avant l'événement Mme de Sévigné; — il n'y en a point, il n'y en aura jamais de semblable. » La place est restée en effet unique dans l'histoire. Reine sans le paraître, Mme de Maintenon concentra entre ses mains toutes les prérogatives, toutes les faveurs. Le dauphin, les princes de la famille royale la consultaient avec respect; « des parlements, des provinces, des villes, des régiments s'adressaient à elle dans tout ce qui devait aller au roi; tous les grands du royaume, les cardinaux, les évêques, ne connaissaient pas d'autre route ». Mais, en public, elle n'acceptait aucun hommage et s'étudiait à se perdre dans la foule. « Je l'ai vue à Fontainebleau, dit Saint-Simon, en grand habit chez la reine d'Angleterre, cédant absolument sa place et se reculant partout pour les femmes titrées, pour les femmes même d'une qualité distinguée, polie, affable, parlant comme une personne qui ne prétend rien, qui ne montre rien, mais qui imposait beaucoup. » Elle avait refusé « la maison » que le roi avait voulu lui donner. Elle ne se distinguait que par sa simplicité. Suivant Languet, qui l'a connue pendant les vingt dernières années de sa vie, « une marchande de Paris était ordinairement plus richement vêtue ». Cette simplicité n'était pas seulement une convenance extérieure; elle y conformait tous ses sentiments. Bien loin de rien oublier, de rien retrancher de son passé, elle s'y rattachait par toutes les prises qu'il lui offrait. Son premier soin avait été d'attirer le marquis de Montchevreuil et sa femme à la cour. On peut croire avec Mme de Caylus qu'elle n'était pas fâchée de produire une personne d'une réputation sans reproche avec laquelle elle avait vécu dans tous les temps, et qu'il ne lui parut pas inutile non plus d'avoir tout auprès d'elle une femme sûre et secrète jusqu'au mystère; mais il faut bien reconnaitre aussi avec Saint-Simon, qui n'a pas souvent de ces bons mouvements, qu'elle resta « fidèle à tous ses vieux amis ». Elle avait, quelques années auparavant, élevé un monument à la mémoire de Scarron, dès que ses ressources lui avaient permis de le faire, et adopté une vieille fille, sa parente, Mlle Hurteloir, qu'on retrouve partout où elle fait une fondation, à Rueil, à Noisy, à Saint-Cyr, avec une sorte de privilège pour y jouir de toutes les aisances de la vie. Elle tient à honneur de conserver ce qu'elle appelait ses charges d'héritage à l'égard des couvents où elle avait été élevée. Elle se souvient aussi de ses parents de province. A peine avait-elle été chargée de l'éducation des enfants de Mme de Montespan, qu'on s'adressait à elle comme si elle était en état de tout obtenir. Son frère surtout, toujours besogneux, ne lui épargnait pas les demandes. Elle avait commencé par le remettre à sa place : « Je ne pourrais vous faire connétable quand je le voudrais; et, quand je le pourrais, je ne le voudrais pas, étant incapable de vouloir rien demander de déraisonnable à celui à qui je dois tout et que je n'ai pas voulu qu'il fît pour moi-même une chose au-dessus de moi. Ce sont des sentiments dont vous pâtirez peut-être; peut-être aussi sans l'honneur qui les inspire, je ne serais pas où je suis. » Mais, après avoir donné à d'Aubigné cette leçon de dignité, elle lui tendit généreusement la main comme à M. de Villette et à ses enfants, comme aux Surimeau eux-mêmes, ces parents dont sa mère avait eu tant à se plaindre. Elle n'admettait, pour la servir, que ceux qui l'avaient toujours servie : Bontemps Nanon, Manceau, la gouvernante à laquelle elle s'était attachée chez

Mme de Villette, et son fils Delile; elle continuait d'écrire deux fois par semaine à sa mère Céleste, comme si rien n'eût été changé dans sa vie. Sa correspondance générale conserve ce tour de gravité aimable qui sera plus tard la marque entre toutes de ses entretiens avec ses maîtresses et ses filles de Saint-Cyr. Les témoignages de respect exagéré l'étonnent presque et parfois l'impatientent; elle gronde, en riant de bon cœur, l'abbé Gobelin qui la compare aux Clotilde, aux Berthilde, aux Blanche de Castille, qui ne sait plus comment la saluer et qui s'embarrasse dans les plis de sa soutane. Pour tous, en un mot, elle entend être « toujours la même, et ne veut pas être traitée autrement que rue des Tournelles »; elle ne veut paraître que ce qu'elle est — comme elle le disait en caractérisant avec bonheur sa situation — non pas grande, mais élevée.

Politiquement, quelle a été son action? C'est un point que nous ne pouvons ici que toucher, et où elle a trouvé des juges sévères. Saint-Simon, la Palatine, de nos jours Michelet, l'accusent formellement d'avoir tenu les rênes du royaume pendant les vingt dernières années du règne de Louis XIV et contribué personnellement à tous les malheurs de la France. A l'entendre elle-même et les Dames de Saint-Cyr, elle n'était pas née pour la politique : « la droiture de son cœur et la justesse de son esprit l'éloignaient des intrigues »; la maxime qu'elle s'était fait graver sur un cachet, *rectè*, lui interdisait tous les détours de l'ambition. Ce jugement, sans doute, n'est pas sans complaisance; et l'on ne peut guère l'en croire quand elle déclare qu'elle n'a point d'intérêt à servir. Mais il est certain qu'elle avait dans l'esprit plus d'exactitude que d'étendue, plus de prudence que de hardiesse. Ses lettres, où elle met si complètement son cœur à nu, ne révèlent aucun projet concerté, aucun plan. Tous ses desseins sont à courte vue. Elle avait conduit sa vie au jour le jour admirablement et de façon à être toujours en mesure de saisir l'occasion, mais sans faire autre chose pour la préparer que de ne rien négliger de ce qui pouvait la laisser naître; elle n'allait pas au-devant des choses, elle se bornait à les voir arriver; même pour Saint-Cyr, elle n'eut d'abord aucune pensée d'avenir.

Il est vrai que Louis XIV s'adressait à elle volontiers : « Consultons *la Raison*, disait-il. Qu'en pense *Votre Solidité?* » Il se plaisait à travailler dans sa chambre; mais elle ne participait pas aux délibérations du conseil et se tenait à l'écart. Ce n'est pas qu'elle fût indifférente aux questions qu'elle voyait ou qu'elle entendait traiter : elle était passionnée pour la grandeur du roi, qu'elle ne séparait pas de la grandeur de la France. Mais, pour elle comme pour tout le monde, Louis XIV restait le maître, et d'un bout à l'autre de son règne la politique qu'il suit est bien la sienne en effet : elle est d'une remarquable unité. Que Mme de Maintenon ait pu dans certaines circonstances mal éclairer sa religion ou mal orienter ses choix, il n'est pas douteux. Mais eût-elle vraiment osé combattre ses vues, et lui exprimer la vérité dans toute sa force, sauf lorsqu'il s'agissait de la misère du peuple, dont elle était particulièrement touchée? Voltaire nous semble avoir établi la vérité en sa mesure, lorsqu'il la dépeint « ne s'empressant jamais de parler d'affaires d'État, rejetant bien loin tout ce qui avait la plus légère apparence de cabale, beaucoup plus occupée de plaire à celui qui gouvernait que de gouverner, ménageant son crédit et ne l'employant qu'avec une circonspection extrême ». Les questions religieuses sont les seules qu'elle eût vraiment à cœur. Autant elle manquait de goût pour l'administration du royaume, autant elle mettait de zèle, zèle froid mais tenace, à administrer la conscience du roi. Cette intervention dans les affaires de l'Église lui a fait attribuer une part considérable dans la persécution des protestants. Il est aujourd'hui acquis à l'histoire que la révocation de l'édit de Nantes a été « un acte politique » ; le mot est de Michelet. Toutefois il reste incontestable qu'il s'y mêla beaucoup de passion religieuse. Or à cet égard particulièrement Voltaire décharge Mme de Maintenon de toute responsabilité directe. « Elle toléra cette persécution, dit-il, comme elle toléra celle du cardinal de Noailles, celle de Racine ; mais elle n'y participa pas ; c'est un fait certain. » Tel est aussi le sentiment d'un étranger, Ezéchiel Spanheim, envoyé extraordinaire de Brandebourg, qui, sous le coup de l'événement, et témoin désintéressé, écrivait en 1690 : « On ne saurait rien dire, sinon qu'elle a tout sacrifié au penchant du roi et à la résolution qu'il avait prise depuis longue main ; qu'elle a voulu s'en faire un mérite auprès de lui ; qu'elle a pu même se flatter quelque temps qu'on viendrait à bout de ce grand dessein sans y employer des moyens aussi extraordinaires et aussi violents que ceux dont on s'y est servi dans la suite ; qu'elle n'a pas eu alors ou le pouvoir ou la volonté de l'en détourner et que la bigoterie est venue au secours de la prévention et d'ailleurs de son entière résignation aux volontés de l'engagement du roi. » Cette appréciation résume exactement, à notre avis, la situation et les sentiments de Mme de Maintenon. Il serait difficile de croire, en effet, qu'elle eût pu voir sans satisfaction une entreprise qui avait pour objet de convertir les hérétiques : elle était aussi enracinée dans sa foi nouvelle qu'elle avait eu de peine à se détacher de l'ancienne. Mais ce n'est pas une raison pour mettre à sa charge les « extrémités déplorables » qui suivirent l'acte de 1685. « L'on est bien injuste de m'attribuer tous ces malheurs, écrivait-elle : s'il était vrai que je me mêlasse de tout, on devrait bien m'attribuer quelques bons conseils. Il y a quinze mois que je suis en faveur; je n'ai jamais nui à personne. Je gémis des vexations qu'on fait : mais, pour peu que j'ouvrisse la bouche pour m'en plaindre, mes ennemis m'accuseraient encore d'être protestante, et tout le bien que je pourrais faire serait anéanti. » Ce qu'elle demandait, c'était qu'il fut fait usage avant tout de tous les moyens qu'offrait l'éducation pour « ramener les consciences égarées ». On ne peut lui refuser ce témoignage qu'elle avait mis du côté de l'humanité son cœur et sa raison. On voudrait seulement que sa plainte contre ceux qui abusaient de la violence eût été moins discrète, la petite-fille d'Agrippa d'Aubigné étant assez sûre de son crédit pour protester plus hautement; on voudrait surtout que, dans l'éducation à laquelle elle soumit les enfants de sa tante de prédilection, Mme de Villette, elle se fût souvenue davantage de ses propres angoisses et des sacrifices qui lui avaient été imposés.

Si l'influence qu'elle exerça sur les mœurs de la cour et du roi s'inspira trop souvent du même esprit de circonspection, les résultats du moins en furent salutaires. Louis XIV croyait volontiers expier ses fautes quand il se montrait inexorable pour celles des autres. C'est Mme de Maintenon qui le dit; et il disait lui-même au prédicateur qui lui avait fait entendre quelques vérités utiles : « Monsieur l'abbé, j'aime à prendre ma part dans les sermons; mais je ne veux point qu'on me la fasse. » Mme de Maintenon lui rendit un sentiment plus juste de ses devoirs. Elle ne pouvait lui donner des idées plus larges, plus élevées que celles suivant lesquelles elle s'était elle-même toujours dirigée; mais elle avait le souci profond de ce qu'il devait à sa gloire et à ses malheurs. C'est le jugement qu'en porte avec beaucoup d'impartialité M. Th. Lavallée. « Elle borna trop sa pensée et sa mission au salut de l'homme et aux affaires de la religion; l'on peut même dire qu'en beaucoup de circonstances elle rapetissa le grand roi; toutefois elle ne lui donna que des conseils désintéressés, utiles à l'État et au soulagement du peuple;

et, en définitive, elle a fait à la France un bien réel, en réformant la vie d'un homme dont les passions avaient été divinisées, en arrachant à une vieillesse licencieuse un monarque qui, selon Leibniz, faisait seul le destin de son siècle; enfin, en le rendant capable de soutenir avec un visage toujours égal et véritablement chrétien les désastres de la fin de son règne. »

VI

La seule affaire où Mme de Maintenon ne ménagea, ne réserva véritablement rien d'elle-même, qui l'absorba et qui la révéla tout entière, c'est la création de Saint-Cyr. Après sa vie, Saint-Cyr a été son œuvre maîtresse. Là cependant, comme en toutes choses, elle n'est arrivée à son but que par degrés.

Jamais elle n'avait perdu le souvenir des misères auxquelles aurait succombé une âme moins bien trempée que la sienne. Dès qu'elle put disposer des faveurs du roi, elle nourrit le dessein d'épargner aux jeunes filles pauvres ce dont sa propre jeunesse avait souffert.

Elle avait rencontré chez les Montchevreuil une religieuse ursuline, Mme de Brinon, qui, faute de ressources, avait dû abandonner le couvent qu'elle dirigeait à Rouen. Mme de Brinon s'était établie à Montmorency avec une de ses anciennes compagnes, Mme de Saint-Pierre. Ce fut le modeste berceau de Saint-Cyr. Mme de Maintenon avait fourni à Mme de Brinon quelques pensionnaires auxquelles « on apprenait leur religion, à lire, à écrire et à compter ». (1680.) Le plaisir qu'elle prenait à voir cultiver ces jeunes plantes, dit Languet, lui donna envie de les rapprocher d'elle, afin de pouvoir les visiter plus facilement. Elle loua, à Rueil, aux environs de Saint-Germain, une maison qu'elle pourvut de tout ce qui était indispensable pour recevoir soixante jeunes filles de bourgeoisie et de petite noblesse (1682); elle comptait, au sortir de l'école, « les placer ou établir par mariage ». Peu après, elle y adjoignit une cinquantaine d'enfants pauvres qu'elle envoya de sa terre de Maintenon. Ces « petites sœurs » furent installées dans les communs et au rez-de-chaussée sous un régime spécial : les travaux manuels étaient leur principale occupation; il s'agissait de les dresser à un métier : c'était, pour employer les formules d'aujourd'hui, une sorte d'école primaire professionnelle annexée à ce qui, pour le temps, représentait une école secondaire. Rueil était pour Mme de Maintenon

« son lieu de délices ». A peine l'avait-elle quitté qu'elle mourait d'impatience de se retrouver « dans son étable ». « J'en reviens toujours plus assottée, disait-elle. Le succès passe mon espérance. »

Il fut tel, que, moins de dix-huit mois après l'organisation de la maison, le roi, qui venait d'acquérir, pour l'agrandissement du parc de Versailles, le château de Noisy, décida que les élèves de Rueil y seraient établies. Trente mille livres furent consacrées aux travaux d'appropriation; ils étaient achevés le 3 février 1684. Louis XIV avait promis d'entretenir cent jeunes filles. Ce nombre fut bientôt dépassé. « Jugez de mon plaisir, écrivait Mme de Maintenon à son frère le 7 avril 1685, quand je reviens le long de l'avenue, suivie de cent vingt-quatre demoiselles. » Un plan d'organisation générale avait été adopté. Les élèves étaient partagées en quatre classes, suivant leur âge et leur instruction. Elles portaient un uniforme. On leur apprenait le catéchisme, la langue française, un peu de calcul et de musique, surtout les travaux d'aiguille. « Faisons, disait Mme de Maintenon, une maison qui soit le modèle des autres, non pour nous attirer des louanges, mais pour nous donner envie de les multiplier. » Sa pensée, à ce moment, n'allait pas plus loin.

Elle ne tarda pas à concevoir une ambition plus haute. De toutes parts la Cour venait voir ses filles. Le roi lui-même renouvelait ses visites. Il était fort préoccupé de l'état de la noblesse, qui se plaignait d'être sacrifiée. Dans tous les pays du monde, répétait-on après le marquis de Sourches, les emplois de guerre donnent les moyens de subsister; en France, on se bat à qui les aura pour se ruiner. Louis XIV venait de fonder l'Hôtel des Invalides pour les officiers vieux ou blessés, et de créer les compagnies de Cadets pour les fils de gentilshommes. C'est à la même pensée que se rattache l'établissement de Saint-Cyr. « Beaucoup de compassion pour la noblesse indigente parce que j'avais été orpheline et pauvre moi-même, écrivait Mme de Maintenon, et un peu de connaissance de son état me firent imaginer de l'assister pendant ma vie. » Jamais reine de France n'avait rien entrepris de semblable; et c'était ce que Louvois objectait au roi en se récriant sur la dépense, alors que la guerre avait épuisé le trésor. Mme de Maintenon triompha. Le projet avait été d'abord de recevoir cinq cents demoiselles qu'on élèverait jusqu'à quinze ans. Après délibération, le conseil du roi conclut « que la charité d'élever et d'instruire des filles jusqu'à cet âge serait bien peu de chose, si on les renvoyait dans le monde à l'âge le plus périlleux; qu'à la vérité, la peine de les garder jusqu'à vingt ans serait très grande; mais que la piété voulait qu'on se chargeât des filles aux mêmes conditions que les mères le font des enfants; que des filles ainsi élevées auraient une éducation complète et pourraient en instruire d'autres; qu'on devait moins s'attacher à en soulager un grand nombre qu'à faire de la fondation une source d'instruction sainte pour tout le royaume, qu'il fallait donc se réduire à deux cent cinquante demoiselles, qui seraient gratuitement reçues, élevées, nourries et entretenuès de toutes choses jusqu'à l'âge de vingt ans et auxquelles une dot serait constituée pour entrer soit en ménage, soit au couvent. » Le château de Noisy ne répondait plus à un plan si vaste. Un domaine fut acheté aux environs de Versailles (9 avril 1685). Mansard fut chargé d'y édifier la maison. Deux mille cinq cents ouvriers y travaillèrent presque jour et nuit pendant quinze mois; l'acquisition du domaine avait coûté 131 000 livres; la construction 140 000 suivant les mémoires des Dames de Saint-Cyr, 1 077 000 suivant les registres des bâtiments du roi. Le 2 août 1686, la communauté de Noisy s'y transporta.

« Quel avantage, s'écrie l'une des plus exactes interprètes de la pensée de Mme Maintenon, quel avantage pour une famille aussi pauvre que noble, et pour un vieux militaire criblé de coups, après s'être ruiné dans le service, de voir revenir chez lui une fille bien élevée, sans qu'il lui en ait rien coûté pendant treize années qu'elle a pu demeurer à Saint-Cyr, apportant même un millier d'écus, qui contribuent à la marier ou à la faire vivre en province! Mais ce n'est encore que le moindre objet de cet établissement; celui de l'éducation que cette demoiselle a reçue et qu'elle répand ensuite dans une famille nombreuse est vraiment digne des vues, des sentiments et de l'esprit de Mme de Maintenon. » Mme de Maintenon est là en effet tout entière. Tout ce qu'elle avait d'expérience, de raison, de sentiments généreux ou délicats, de résolution et de tendresse, de souvenirs du passé et de pensées d'avenir, elle le ramassa au profit de Saint-Cyr et l'y versa.

VII

L'histoire de Saint-Cyr peut se partager en deux périodes : la période avant et la période après les représentations d'*Esther*. Saint-Cyr, dans sa conception première, ne fut pas seulement une idée généreuse; c'était aussi une idée nouvelle, « la première sécularisation, dit Saint-Marc Girardin, sécularisation intelligente et hardie, de l'éducation des femmes ». Louis XIV n'aimait pas les couvents. Il considérait « qu'il était de la politique générale du royaume de diminuer ce grand nombre de religieux, dont la plupart, inutiles à l'Église, étaient onéreux à l'État ». Il voulait qu'il n'y eût « à Saint-Cyr rien qui sentît le monastère ni par les pratiques extérieures, ni par l'habit, ni par les offices, ni par la vie, qui devait être active, mais aisée et commode, sans austérités »; il entendait fonder, « non une congrégation de religieuses, mais seulement une communauté de filles pieuses, capables d'élever les jeunes filles dans la crainte de Dieu et dans la bienséance convenable à leur sexe; à quoi elles s'engageraient par les vœux simples de pauvreté, de chasteté, d'obéissance, et par un quatrième, d'élever et d'instruire les demoiselles ». Ce caractère d'origine avait laissé chez les Dames de Saint-Cyr un souvenir si vif et si profond que c'est dans leurs Mémoires, rédigés plus de cinquante ans après la création, qu'on en trouve l'expression la plus fidèle. Il était conforme à un véritable mouvement d'opinion, — mouvement qui date de l'année 1674 environ, celle où « l'abbé Fleury avançait comme un grand paradoxe que les femmes doivent apprendre autre chose que leur catéchisme, la couture et divers petits ouvrages », qui est marqué par les discours de Poullain de la Barre, couronné par le traité de Fénelon et qui semble aboutir à la création de Saint-Cyr comme au dernier et heureux terme de son expansion. « Il ne faut pas, écrivait l'auteur anonyme de l'*Instruction chrétienne* publiée en 1687, il ne faut pas tenir les filles toujours liées et toujours captives, comme on fait en Italie et en Espagne; ce serait les traiter en esclaves et leur donner plus d'envie de goûter au monde dont on les éloigne si fort ». Le Père La Chaise était d'accord sur ce point avec Fénelon. « L'objet de Saint-Cyr, disait-il, n'est pas de multiplier les couvents, qui se multiplient assez d'eux-mêmes, mais de donner à l'État des femmes bien élevées; il y a assez de bonnes religieuses et pas assez de bonnes mères de famille; les jeunes filles seront mieux élevées par des personnes tenant au monde. » Pour Mme de Maintenon, dans le principe, il ne lui eût pas disconvenu de lier la communauté par des vœux absolus, afin de donner à la fondation plus de stabilité. Mais elle connaissait, elle aussi, les misères des couvents; elle se défiait de la séquestration des religieuses, de leur oisiveté, de « leur sottise ». Quelques années plus tard, alors qu'elle se reprochait d'avoir cédé à ses premiers entraînements, elle caractérisait les débuts de Saint-Cyr en ces termes d'une netteté saisissante : « Nous voulions une piété solide, éloignée de toutes les petitesses de l'esprit, un grand choix dans nos maximes, une grande éloquence dans nos instructions, une liberté entière dans nos conversations, un tour de raillerie agréable dans la société, de l'élévation dans notre piété et un grand mépris pour les pratiques des autres maisons. »

C'était l'agrément qui dominait dans ce programme, et l'agrément, en effet, est bien la note charmante et brillante de Saint-Cyr naissant. Lorsque les demoiselles y étaient entrées en venant de Noisy, qui déjà cependant ressemblait si peu à Rueil, elles s'étaient crues transportées dans le paradis terrestre. Il semble qu'on eût voulu leur en conserver l'illusion. On avait retranché de l'uniforme, d'une distinction sobre et gracieuse, ce qui aurait pu lui donner un air monacal, et l'on n'y ménageait ni les choux ni les rubans; on ne s'appelait ni ma sœur, ni ma mère; tous les usages de la vie ordinaire étaient respectés. L'instruction s'inspirait du même esprit. Les demoiselles étaient exercées à causer, à écrire. « Il fallait qu'elles ne fussent pas si neuves quand elles s'en iraient, que le sont la plupart des filles qui sortent des couvents, et qu'elles sussent des choses dont elles ne fussent point honteuses dans le monde. » On leur faisait faire entre elles, sur leurs principaux devoirs, des conversations ingénieuses qu'on leur composait exprès ou qu'elles-mêmes composaient sur-le-champ; on les faisait parler sur les histoires qu'on leur avait lues, réciter par cœur ou déclamer les plus beaux endroits des meilleurs poètes; et Mme de Maintenon répétait autour d'elle : « ces amusements sont bons à la jeunesse, ils donnent de la grâce, ornent la mémoire, élèvent le cœur, remplissent l'esprit de belles choses. » Elle avait apporté elle-même une sorte de coquetterie littéraire jusque dans la rédaction des *Constitutions*. La formule en avait été préparée par Mme de Brinon. Après s'être assuré de l'agrément du Père La Chaise et de l'abbé Gobelin, on l'avait soumise à Racine et à Despréaux, et Mme de Maintenon leur avait recommandé « de ne pas gâter les expressions et les pensées par trop de pureté de langage ». « Vous savez, disait-elle, que dans tout ce que les femmes écrivent, il y a toujours mille fautes contre la grammaire, mais, avec votre permission, un agrément qui est rare dans les écrits des hommes. » Rien ne lui paraissait trop exquis pour élever les demoiselles, « chrétiennement, raisonnablement et noblement ». C'est à Mlle de Scudéry qu'elle avait demandé des modèles de *Conversations;* c'est Fénelon qui venait faire les prônes; c'est Lulli qui composait la musique des chœurs; c'est Racine enfin qui, pour les représentations théâtrales, allait fournir les tragédies.

L'usage et le goût de la déclamation avaient été introduits à Saint-Cyr par Mme de Brinon; mais elle apportait dans le choix de ses sujets plus de zèle que de discernement; elle composait elle-même le plus souvent les morceaux qu'elle faisait apprendre, et, si le sentiment en était d'ordinaire irréprochable, on n'en pouvait dire autant de l'invention ni de l'expression. Mme de Maintenon lui avait conseillé de prendre quelques belles pièces de Corneille et de Racine, choisies « parmi celles qui sembleraient assez épurées des passions dangereuses à la jeunesse ». Mais il arriva qu'un jour, les petites filles jouèrent si bien *Andromaque*, qu'il fut décidé qu'elles ne le joueraient plus : « ni *Andromaque* ni aucune de vos pièces », avait écrit Mme de Maintenon au poète. Cependant, après réflexion, elle estima que nul mieux que Racine ne pouvait faire, « sur quelque sujet de piété et de morale, une espèce de poème où le chant fût mêlé avec le récit, le tout lié par une action qui rendit la chose plus unie et moins capable d'ennuyer ».

La première représentation d'*Esther* eut lieu le mercredi 26 janvier 1689, à deux heures de l'après-midi, en présence du roi. Quatre autres suivirent les 3, 5, 15 et 19 février. Le roi d'Angleterre assista à celle du 5. Toute la France, dit Saint-Simon, — pour qui toute la France se résumait dans la cour, — y passa. Mme de Sévigné, qui ne put être que du dernier jour, « ne voulait pas croire qu'elle irait, tant qu'elle ne fut pas partie », et l'on connaît la lettre qu'elle écrivait le lendemain à sa fille : « Nous écoutâmes, le maréchal et moi (il s'agit du maréchal de Bellefonds), avec une attention qui fut remarquée et de certaines louanges sourdes et bien placées qui n'étaient peut-être pas sous les fontanges de toutes les dames. Je ne puis vous dire l'excès de l'agrément de cette pièce : c'est un rapport de la musique, des vers, des chants, des personnes, si parfait et si complet qu'on n'y souhaite rien.... » Le ravissement était général; et, deux ans après, 5 avril 1691, Racine donnait *Athalie*. Mais les beaux habits qui avaient été préparés pour *Athalie* ne servirent qu'une fois. A l'enthousiasme avait succédé l'inquiétude. Cette affluence du plus beau monde, les applaudissements que les demoiselles en recevaient leur avaient enflé le cœur; elles étaient devenues fières et dédaigneuses; il n'était plus question entre elles que de bel esprit. Jésuites et jansénistes se réunissaient pour blâmer ces représentations. « On disait à Mme de Maintenon, — c'est Mme de Caylus qui parle, — qu'il était honteux à elle d'exposer sur le théâtre des demoiselles rassemblées de toutes les parties du royaume pour recevoir une éducation chrétienne, et que c'était mal répondre à l'idée que l'établissement de Saint-Cyr avait fait concevoir. » Les esprits les moins prévenus s'associaient à ces critiques. Mme de La Fayette était une des plus vives à signaler le péril. Mme de Maintenon, qui ne l'avait peut-être pas aperçu tout d'abord, en fut plus effrayée que personne dès qu'elle s'en rendit compte, et, il faut le reconnaître, elle n'en accusa qu'elle-même. « Il est bien juste que j'en souffre, écrivait-elle, puisque j'y ai contribué plus que personne. Mon orgueil s'est répandu par toute la maison, et le fonds en est si grand, qu'il l'emporte par-dessus mes bonnes intentions. Dieu sait que j'ai voulu établir la vertu à Saint-Cyr; mais j'ai bâti sur le sable. J'ai voulu que nos filles eussent de l'esprit, qu'on leur élevât le cœur, qu'on formât leur raison. Elles ont de l'esprit et s'en servent contre nous; elles ont le cœur élevé et sont plus hautaines qu'il ne conviendrait de l'être aux plus grandes princesses ; à parler même selon le monde, nous avons formé leur raison et fait des discoureuses, présomptueuses, curieuses, hardies; c'est ainsi qu'on réussit quand le désir d'exceller vous fait agir. »

Avec cette promptitude de résolution qu'elle portait en toutes choses, elle conçut aussitôt le plan d'une réforme énergique et profonde. L'action s'exerça tout d'abord sur les demoiselles dans le détail même de leurs études et de leur vie. On visita toutes les classes, on examina tous les livres, tous les cahiers, pour ne laisser rien subsister de ce qui pouvait exciter la pensée; les *Conversations* de Mlle de Scudéry furent proscrites; Racine fut sacrifié à Duché. On s'en prit même à l'uniforme; les choux furent supprimés, les provisions de rubans réduites et ramenées par quartier de trois aunes à deux, puis à une. Ce n'était là d'ailleurs qu'un prélude à la révolution qui se préparait. Il fallait atteindre les sources mêmes où s'alimentait l'esprit de Saint-Cyr. Dès la fin de l'année 1688, Mme de Brinon avait été écartée; elle n'était point faite même pour la contrainte si douce des premières règles de Noisy et de Saint-Cyr : elle ne s'était jamais désintéressée des louanges du monde, se plaisait à les provoquer, et « inspirait aux novices ses idées de grandeur ». Celle qui l'avait remplacée, Mme Loubert, était plus docile à l'esprit nouveau; mais, pour l'imposer, une haute volonté devenait nécessaire. La force manquait au vieil abbé Gobelin. Mme de Maintenon dut choisir un nouveau directeur. Après avoir un moment hésité entre Bourdaloue et Fénelon, elle s'adressa à l'abbé Des Marais, évêque de Chartres, grand homme de bien, d'honneur, de vertu, dit Saint-Simon, théologien profond, esprit sage, juste, net, mais rigide et étroit. Sa première pensée fut de transformer Saint-Cyr en couvent. Louis XIV résista : il n'avait pas voulu, dit-il, faire des religieuses. L'abbé Des Marais, soutenu par Mme de Maintenon, finit par l'emporter ; et le 1er décembre 1692, la maison de Saint-Louis était convertie en monastère régulier de l'ordre de Saint-Augustin.

Quelques semaines auparavant, Mme de Maintenon adressait aux dames ces instructions. « Il faut reprendre notre établissement par ses fondements ; il faut renoncer à nos airs de grandeur, de hauteur, de fierté, de suffisance ; il faut renoncer à ce goût de l'esprit, à cette délicatesse, à cette liberté de parler, à ces murmures, à ces manières de raillerie toutes mondaines, enfin à la plupart des choses que nous faisions. Nos filles ont été trop considérées, trop caressées, trop ménagées ; il faut les oublier dans leurs classes, leur faire garder les règlements de la journée et leur peu parler d'autre chose. » Cette austérité de ton succédant par un coup si brusque aux douceurs de langage auxquelles elles étaient habituées, apporta d'abord un grand trouble dans l'esprit des demoiselles. « Les plus sages, disent les Mémoires, se contentèrent d'en être très sérieuses, sans dire mot ; les moins dociles murmurèrent un peu ; » mais on rabattit bientôt ces saillies de jeunesse, et trois mois s'étaient à peine écoulés qu'une maîtresse pouvait dire en souriant à Mme de Maintenon : « Consolez-vous, Madame, nos filles n'ont plus le sens commun. »

VIII

Quelle fut exactement la portée de la réforme ? Après que les passions furent apaisées, que resta-t-il des données primitives du plan d'éducation de Saint-Cyr, et dans quelle mesure celles qui y avaient été substituées prirent-elles le dessus ?

C'est la pensée de Fénelon dont s'était manifestement inspirée au début Mme de Maintenon. L'auteur du traité de *Éducation des filles* établissait sagement dans son programme des différences et des degrés. Pour toutes il exigeait, avec la religion, les éléments de la grammaire, des notions d'arithmétique et les principes de l'économie domestique. Pour celles qui étaient destinées à vivre à la ville ou à la cour, il ajoutait les histoires grecque et romaine, « où elles devaient voir des prodiges de courage et de désintéressement » ; l'histoire de France, « qui a aussi ses beautés, et celles des pays voisins et des pays éloignés qui sont judicieusement écrites » ; les éléments du droit et des coutumes ; l'éloquence, la poésie, la musique, la peinture et même le latin ; il recommandait seulement de ne puiser à ce trésor de connaissances qu'avec réserve et de n'admettre à en jouir que les filles d'un jugement ferme, d'une conduite modeste, qui ne se laisseraient pas prendre à la vaine gloire.

Sauf le latin et la peinture, toutes ces matières, comme nous dirions aujourd'hui, faisaient partie de l'enseignement de Saint-Cyr jusqu'en 1692 ; et, à vrai dire, il n'en est point qui ait été jamais complètement supprimée. Mme de Maintenon se laisse emporter par sa fougue naturelle, lorsqu'elle semble interdire aux demoiselles toute lecture profane et ne tolérer de l'histoire de France que juste ce qu'il faut pour ne pas confondre un empereur romain avec un empereur de la Chine ou du Japon, et distinguer un roi d'Espagne ou d'Angleterre d'avec un roi de Perse ou de Siam : ce sont les *Mémoires* des Dames de Saint-Cyr qui nous en avertissent : « on se tromperait à prendre à la lettre tout ce qu'elle fit à l'époque de la réforme, et même tout ce qu'elle écrivit depuis sur ce sujet » ; son intention n'était pas « qu'on tînt toute la vie les demoiselles dans ce grand abaissement où elle jugea à propos de les mettre pour un temps ». Il y eut comme une période de pénitence : on rentra ensuite dans la mesure. Mme de Maintenon ne désapprouvait pas « qu'on lût quelquefois dans la mythologie et l'antiquité, ni qu'on connût les princes de sa nation, pourvu que cela ne fût pas l'objet d'une étude particulière et suivie ». Mais c'est là précisément ce qui marque le changement opéré dans l'esprit, sinon dans les programmes mêmes, de Saint-Cyr.

Sous une forme plus ou moins atténuée, à partir de 1692, Mme de Maintenon proscrit ce qu'elle appelle après Fénelon la vaine curiosité. Il y avait bien des souvenirs de l'hôtel de Rambouillet ainsi que des salons de Scarron et du maréchal d'Albret dans les premières directions données à la maison de Saint-Louis : on lisait, on composait, on discutait sur toutes sortes de sujets. Il semblait qu'on ne pût avoir ni l'esprit trop ouvert, ni le langage trop subtil, ni la plume trop finement aiguisée. « Pour les discours et les définitions de vertus, nous allons plus loin que personne, disait Mme de Maintenon »; tout le monde voulait faire son livre de Maximes. C'est ce premier et libre essor qui se referme. Plus de lectures ni d'écritures — rien n'est plus dangereux pour les filles; — plus de conversations : — elles s'ennuieront à mourir dans leur famille; il faut qu'elles s'apprennent à aimer le silence qui convient à leur sexe; — plus de poésie ni d'éloquence; — elles éloignent de la simplicité. « Les femmes ne savent jamais qu'à demi, et le peu qu'elles savent les rend fières, dédaigneuses, causeuses, et dégoûtées des choses solides : » voilà le principe. « Dieu préserve les demoiselles de faire les savantes et les héroïnes; il suffit qu'elles ne soient pas plus ignorantes que le commun des honnêtes gens! » voilà le dernier mot. Mme de Maintenon se défie surtout des exemples héroïques de l'antiquité et de la morale païenne, elle avait commencé par adopter le cadre des études défini par Fénelon, sans tenir compte de la réserve que Fénelon y avait introduite; la réserve devient sa règle. S'il serait injuste de ne pas reconnaître ce que sa pensée eut tout d'abord de souple et d'élevé, — on ne l'a peut-être pas, en général, suffisamment mis en lumière, — il ne serait pas moins inexact de ne pas marquer jusqu'à quel point elle se replia. A ne considérer que l'instruction, le programme définitif de Saint-Cyr, incomparablement supérieur encore par la largeur et l'étendue à celui de tous les couvents du dix-septième siècle, est resté inférieur à ce que, dans la première expansion des idées de Mme de Maintenon, il semblait avoir promis.

IX

Mais ce qu'elle retranchait à l'instruction proprement dite, Mme de Maintenon le donnait à l'éducation sans compter. « Beaucoup de maximes et peu de latin », disait-elle au duc de Montchevreuil en traçant avec lui le plan des études du duc du Maine, et le jour où le précepteur manquait la leçon de latin, elle s'écriait : « victoire, voilà une journée de gagnée. » C'est l'excès plaisant de sa pensée; mais il en indique exactement la direction.

Or, en matière d'éducation, on n'obtient que ce que l'on espère. Si l'on n'a pas confiance dans les résultats qu'elle peut produire, il est bien à craindre qu'ils ne se produisent pas. Mme de Maintenon estimait comme Leibniz qu'être maître de l'éducation c'est être maître du monde. Dans Saint-Cyr elle voyait « de quoi renouveler par tout le royaume la perfection du christianisme ». Elle n'avait d'abord songé qu'à venir en aide pendant sa vie à quelques nobles misères. Son ambition s'était trouvée dépassée : « l'arbre, après avoir enfoncé ses racines en terre, avait bientôt de toute part poussé ses rameaux ». On demandait des élèves à Saint-Cyr pour fonder des établissements nouveaux sur le plan de la maison-mère ou pour réformer ceux qui existaient. Mme de Maintenon, qui ne pouvait plus suffire aux besoins de cette vaste clientèle, n'eut pas de plus grande satisfaction peut-être que de voir les idées qu'elle professait se propager dans les provinces et, par un premier effort de tradition créée sous ses yeux, commencer à s'étendre sur l'avenir. Quelles n'auraient pas été tout à la fois sa joie et sa douleur, si elle eût pu voir, à cent ans de distance, Saint-Cyr tomber sous les coups d'une révolution qui devait transformer le monde, mais tomber intacte et après avoir subi, sans en être ébranlé, tous les assauts d'opinion du dix-huitième siècle !

Toutefois il ne suffit pas pour bien faire de croire à la vertu de ce que l'on fait ; il y faut des règles. Il n'y a de bonne pédagogie que celle qui repose sur une psychologie ferme et éclairée. Mme de Maintenon avait la sienne, non une psychologie d'école, à déductions savantes, une simple psychologie d'observation, mais d'observation exacte. Elle se souvenait de sa propre enfance, et elle avait étudié celle des autres un peu partout, suivant le précepte et l'usage de Montaigne, au travail et au repos, au jeu surtout. Elle avait beaucoup recueilli, beaucoup réfléchi ; et ses réflexions prenaient vite dans son esprit ou sous sa plume le ton et le moule de la formule. Elle avait ainsi amassé tout un trésor de maximes prises sur le vif. On a plus philosophiquement analysé la nature de l'enfant ; je ne crois pas qu'on l'ait jamais mieux comprise.

Ce qu'elle recherche dans l'enfant, c'est avant tout le naturel et la simplicité. Assurément, elle ne pense pas à supprimer, ni même à atténuer dans l'éducation l'effort nécessaire. Elle ne demande pas « qu'on n'oblige point les enfants d'apprendre tout ce qu'il faut qu'ils sachent parce que cela leur fait de la peine » ; mais elle prend grand soin de ne pas laisser confondre la légèreté et la dissipation avec le besoin de mouvement et l'activité ; elle ne veut pas « qu'on juge qu'une fille est légère, parce qu'elle sort de son banc, ou parce qu'après avoir lu quelques lignes, elle regarde un oiseau qui vole. Cette légère vaudra peut-être mieux qu'une sournoise qui paraît plus sage : ce n'est pas même parler juste de dire qu'elle est légère; car cette oie, cette vivacité, ce pétillement des enfants qui fait qu'ils ne peuvent demeurer en place, est un effet de la jeunesse : on est ravi de se sentir jeune, d'avoir de la santé; on n'a rien dans l'esprit; si quelque chose fâche, cela ne dure guère. » Bien plus, elle aime ces bonnes filles qui se découvrent et qui se donnent. Rien ne vaut, à ses yeux, l'esprit de droiture et de franchise, dût-il s'y joindre quelques défauts, que corrigeront l'âge et la raison. Ce qu'elle redoute, ce qu'elle poursuit impitoyablement, ce sont les dissimulations, les cachotteries, les mystères, les esprits retors et difficultueux qui se retranchent, se dérobent et mettent tout le monde mal à l'aise : « On ne tue pas, disait-elle énergiquement, un monstre caché. »

Pour fortifier ces dispositions chez les unes, les corriger chez les autres, il n'est pas de soin qui lui paraisse superflu. Elle connaît l'influence de la santé sur le caractère, l'action de la croissance, l'effet du régime. Elle n'admet aucune mollesse, aucune douceur inutile; mais elle interdit toute privation. La vie de Saint-Cyr était simple et saine. Des lits durs; de l'eau froide en toute saison pour la toilette, les petites exceptées; peu ou point de feu, « que dans le grand besoin »; des pièces aux jupons de dessous; aucun mets de recherche; — mais de bonnes couvertures, des vêtements chauds, une nourriture abondante, aussi large pour les grandes qu'elles le demandaient, même avec une portion de faveur pour les grosses mangeuses; pas de poires coupées en quatre ni de viandes réchauffées trois fois; par-dessus tout, comme assaisonnement, l'exercice, le mouvement par le travail physique, qui achève de donner au corps le bien-être nécessaire. De même pour le bien-être moral : une règle générale absolue et qui s'impose; mais, dans l'application de cette règle, beaucoup de souplesse et d'aisance. Mme de Maintenon faisait la guerre aux maîtresses pointilleuses; elle n'entendait nullement qu'on cherchât à découvrir les fautes des enfants, qu'on épiât les occasions pour les confondre; bien au contraire; ne pas tout entendre, ou du moins ne pas montrer qu'on entend tout, faire semblant d'ignorer ce qu'on peut, un mot échappé, un rire hors de saison, une faute courte et passagère; lorsqu'on n'a pu s'empêcher de voir, se bien garder de toujours punir, distinguer entre les résistances ou les inadvertances du moment et les opiniâtretés ou les dissipations de fond : telles sont ses recommandations incessantes. Elle poussait même le précepte sur ce point plus loin qu'on ne serait communément disposé à le croire. Il faut, disait-elle, laisser parfois les enfants faire leur volonté, afin de connaître leurs inclinations. Et comme c'est lorsqu'ils y pensent le moins qu'ils se révèlent le mieux, elle faisait aux récréations dans son emploi du temps une place toute particulière. Une des maximes fondamentales des *petites écoles* était qu'il faut entretenir l'enfant en belle humeur. Mme de Maintenon, qui n'aimait pas Port-Royal, est d'accord avec lui sur ce point; elle insiste pour « qu'on gouverne avec gaieté », pour qu'on « égaye l'éducation ».

Ses moyens d'action étaient conformes à cette doctrine. Le principal était la raison. Vous savez, écrivait-elle, que ma folie est de vouloir faire entendre raison à tout le monde. Elle estimait que c'est un langage qu'on ne saurait faire entendre aux enfants ni trop tôt ni trop souvent; elle l'introduisait partout, dans la piété comme dans le reste. Ame profondément religieuse, elle avait fait de la religion le fondement de Saint-Cyr. Mais les règles de piété qu'elle prescrivait pour les enfants n'avaient rien d'étroit ni d'excessif. Si on les laisse trop longtemps à l'église, elle en fait l'observation sévère : ce n'est pas leur place. Elle plaisante sur les colifichets et les agnus. Elle interdit les abstinences prolongées et les mortifications. « Il ne s'agit point de faire des religieuses, et pour celles qui auraient la vocation, ce n'est pas le moyen de s'y préparer. Que la piété qu'on leur inspire soit solide, simple, gaie, douce et libre; qu'elle consiste plutôt dans l'innocence de leur vie, dans la simplicité de leurs occupations, que dans les austérités et les retraites. Quand une fille instruite dira et pratiquera de perdre vêpres pour tenir compagnie à son mari malade, tout le monde l'approuvera; quand elle aura pour principe qu'il faut honorer son père et sa mère, quelque mauvais qu'ils soient, on ne se moquera point; quand elle dira qu'une femme fait mieux d'élever ses enfants et d'instruire ses domestiques que de passer la matinée à l'oratoire, on s'accommodera très bien de cette religion, et elle la fera aimer et respecter. » C'est cet esprit de devoir qu'elle prêche « humainement » autour d'elle. Toutes ses prescriptions de discipline morale sont éclairées et sages. C'est une discipline de fond. Elle s'attache à l'esprit, non à la lettre des choses. Elle a le respect de l'enfant. Elle ne permet pas qu'on le trompe ou qu'on le leurre. Qu'il s'agisse de punir ou de récompenser, il faut ne lui rien promettre qu'on ne tienne. Si on lui parle d'histoires, « il ne faut jamais lui en faire dont on ait à le désabuser plus tard; mais toujours lui donner le vrai comme vrai, le faux comme faux ». C'est agir en contraire sens de son instinct et de son intérêt que de faire effort pour s'abaisser jusqu'à lui par un langage enfantin et des manières puériles : on ne s'en empare « qu'en l'élevant à soi au moyen de la raison », qui n'interdit d'ailleurs aucun agrément.

Mme de Maintenon ne nous dit point quelles étaient, à Saint-Cyr, les formes des récompenses. Nous voyons seulement dans ses lettres qu'on y donnait des prix, et qu'elle s'en occupait comme de tout le reste; nous y voyons aussi qu'une bonne parole venant d'elle était reçue comme un des plus grands témoignages de satisfaction. Au contraire, elle s'étend beaucoup sur ce qui touche les réprimandes et les corrections. Elle n'aimait ni le fouet ni les punitions violentes, bien qu'elle n'en défendît pas absolument l'usage; c'est la conscience qu'elle visait. Même sous cette forme intelligente, elle redoutait et prévenait les excès. Ses indications à cet égard sont dignes de remarque. Les punitions, pour être utiles, ne doivent être ni multipliées, ni infligées sur le coup; il importe d'y bien considérer les circonstances, la disposition du moment, le fond du caractère; il y a des jours malheureux où la maîtresse n'est pas préparée à punir, car il y faut de la réflexion; où l'enfant n'est pas préparé à recevoir la punition, car il y faut le sentiment de la faute. Il est indispensable de savoir attendre et compter avec le temps, et il ne suffit pas d'être juste, il faut être bon. Patience, vigilance, douceur, Mme de Maintenon voudrait faire graver ces trois mots sur les portes de toutes les cellules. Elle croyait surtout à l'efficacité de la bonté. « Vous parlez, dit-elle, à vos enfants avec une sécheresse, un chagrin, une brusquerie qui vous fermera tous les cœurs; elles doivent savoir que vous les aimez, que vous êtes fâchée de leurs fautes pour leur propre intérêt, et que vous êtes pleine d'espérance qu'elles se corrigeront. » Enfin, dans ces procédés de justice sympathique, elle exigeait encore quelque chose de plus : le discernement. Pour les unes, un regard suffira, pour les autres, un mot (et en général les longs discours ne portent pas); pour celle-ci, la réprimande publique, pour celle-là, une conversation particulière. L'enfant se fait juge du traitement qui lui est appliqué, et le châtiment ne lui profite que s'il répond à son propre sentiment. L'essentiel est de provoquer en lui le retour sur soi-même, « de le faire entrer en raison ».

X

La discipline que Mme de Maintenon appliquait à l'éducation de l'esprit participait du même caractère. Les Dames de Saint-Cyr lui demandaient un jour quel cas il fallait faire de la mémoire et elle répondait : « C'est un talent qui a son utilité comme un autre, mais je ne voudrais pas qu'on estimât une fille pour ce seul avantage; une marque qu'il est peu solide, c'est qu'on l'attribue à notre sexe, tandis qu'on réserve le jugement aux hommes. Il vaut mieux que les enfants sachent moins de choses et qu'elles les comprennent. » Elle ne se faisait pas d'ailleurs illusion sur ce qu'il est possible d'obtenir. « Il ne faut point forcer l'esprit des enfants, disait-elle avec force, ni s'opiniâtrer à les rendre toutes des merveilles, car il est impossible que dans un aussi grand nombre il n'y en ait d'un médiocre génie. » Mais, chez toutes, elle voulait que l'effort vînt de l'esprit et profitât à l'esprit. Même dans les modèles d'écriture, — elle en avait beaucoup tracé elle-même, — elle cherchait la pensée morale, le conseil utile; elle ne permettait pas que l'intelligence de l'enfant portât sur le vide. Elle recommandait les explications simples, claires, bien à la portée des élèves suivant leur âge et appuyées sur des exemples; elle mettait ses maîtresses en garde contre le verbiage, se moquait de l'éloquence, poussait aux démonstrations succinctes et en donnait elle-même des modèles d'une solidité supérieure. En proscrivant les « écritures », dont on avait abusé, elle n'avait pas entendu défendre que les demoiselles fussent exercées à rédiger des lettres ; mais elle ne tolérait aucun développement oiseux, demandait que l'on fît court, et exigeait que la parole ne fût, selon le précepte de Fénelon, que le vêtement de la pensée. Vêtement d'un tissu singulièrement souple et nuancé, si l'on en juge par la correspondance de quelques-unes de ses élèves, Mme de Caylus, Mlle d'Aumale et Jeannette de Pincré, plus fidèles encore, il est vrai, à son exemple qu'à ses principes. Mais alors même que le talent n'y venait pas joindre ses ornements et ses grâces d'élection, quelle école pour l'esprit que ces habitudes de rectitude et de sobriété! Si la méthode était plus exacte qu'attrayante pour des enfants, comme la sûreté en rachète heureusement la sécheresse! Le principal pour bien écrire, disait Mme de Maintenon, est d'exprimer tout uniment ce qu'on pense : on ne trouve jamais l'esprit quand on le cherche.

Mais où s'alimentera la pensée et comment l'expression destinée à la rendre se façonnera-t-elle? Mme de Maintenon excellait à ouvrir à l'intelligence des demoiselles les sources de la réflexion et à en féconder le travail naturel. Si les « écritures » étaient devenues rares à Saint-Cyr, si la lecture surtout — le nombre des livres étant restreint à Saint-François de Sales et à quelques écrits de morale religieuse, — était insuffisante et monotone, on y suppléait merveilleusement par ce que nous appelons aujourd'hui des exercices oraux de langage et de raisonnement. La pédagogie moderne n'a rien trouvé sous ce rapport que les Dames de Saint-Louis n'eussent, dans une certaine mesure, appliqué en perfection. Je ne crois pas qu'à proprement parler, elles aient jamais enseigné la grammaire, autrement que dans ses principes généraux et ses formules essentielles; l'orthographe des demoiselles — des plus grandes — n'était même pas très sûre, à en juger par les lettres que Mme de Maintenon leur renvoyait corrigées de sa main : sans rien négliger de ce qui pouvait être de conséquence pour l'application de l'esprit, elle n'attachait qu'un intérêt secondaire aux règles de l'usage, si mal défini encore de son temps; mais elle recommandait d'étudier la langue dans ses caractères fondamentaux et son génie. « Rien n'ouvre tant l'esprit, disait-elle, que la dissertation des mots. C'est un des moyens qui m'a le mieux réussi pour M. du Maine. » Chez elle, elle faisait apprendre l'espagnol à Mlle de Villette, aucune étude ne lui paraissant plus utile pour comprendre le mécanisme de sa propre langue que de le comparer avec celui d'une langue étrangère.

A ces exercices d'analyse étaient entremêlés ou succédaient des exercices de synthèse grammaticale, c'est-à-dire d'invention ou de reproduction de phrases suivies, d'un sens net et par là même toujours correctes, l'expression ne faisant que s'adapter à la pensée après que la pensée avait été bien éclaircie. Nous indiquons ici une sorte d'idéal, tel que permettent de le concevoir les indications éparses çà et là dans les lettres de Mme de Maintenon. Ce qui en ressort manifestement, c'est qu'autant elle faisait peu de cas des « discoureuses », autant elle se plaisait à mettre en lumière celles qui s'efforçaient d'arriver par l'intelligence des choses à la justesse du discours. Elle s'attachait à les y former elle-même dans ses *Entretiens*, ou par ses *Conversations* et ses *Proverbes*.

Les *Entretiens* sont une œuvre unique dans notre littérature pédagogique. Soit qu'on fournit le sujet, soit que Mme de Maintenon le choisit elle-même à l'improviste, selon l'occasion ou le besoin du jour, voici quel en était le procédé général : une observation sur un fait qui s'était produit, une règle de conduite, une maxime était proposée : Mme de Maintenon ouvrait la discussion par une question simple, tirait de la réponse une question nouvelle, ne se contentant jamais d'une explication indécise, provoquait tantôt une remarque individuelle, tantôt une observation collective, élargissait peu à peu le champ, et quand la voie était ainsi éclairée, elle se donnait carrière, réglant son allure d'après la force et l'âge des maîtresses ou des demoiselles auxquelles elle s'adressait, s'assujettissant à une sorte de plan ou s'en affranchissant, selon les cas, pour battre les buissons, mais toujours les yeux dans les yeux de son auditoire pour s'assurer qu'elle était suivie, et s'acheminant à des conclusions qu'elle faisait résumer ou qu'elle résumait avec une clarté souveraine. Ce sont les Dames de Saint-Louis qui nous ont conservé ces *Entretiens*, et l'expression, heureuse d'ordinaire, n'est pourtant pas toujours celle qu'elle avait trouvée sur le vif; les *Proverbes* et les *Conversations* sont de sa main. Si les *Proverbes* — préparés pour les demoiselles les plus jeunes — manquent souvent de portée, la plupart des *Conversations* sont intéressantes; et dans les meilleures il y a des pensées vraiment exquises de justesse, de gravité familière et parfois de bonne grâce. Plus d'une définition morale, — celles de la vertu, de la vraie noblesse, de la raison, — serait digne de figurer à côté des maximes de La Bruyère ou de Vauvenargues; certains mots, certains tours rappellent Pascal. Mais ce qui caractérise toutes ces compositions, c'est qu'elles avaient pour objet de développer le jugement et la raison des demoiselles, en même temps que de leur créer des habitudes de langage de bonne compagnie, de les former tout à la fois à bien penser et à bien dire.

Le cadre des *Entretiens* et des *Conversations* ayant une souplesse merveilleuse, Mme de Maintenon s'en servait pour ouvrir à ses élèves toute sorte de vues sur le monde. A de simples conseils de sagesse et de bienséance elle mêlait des aperçus saisissants, souvent hardis. S'attendrait-on à trouver dans une sorte de manuel pour l'éducation des demoiselles une espèce de profession de foi en faveur du libre échange, « loi naturelle entre deux pays dont l'un produit du blé, l'autre du vin, » une déclaration de principe sur l'égalité de l'impôt à laquelle personne ne doit se dérober « en s'ingéniant à faire valoir des motifs d'exemption de charges, » des réflexions pressantes sur l'obligation du service militaire, sauvegarde commune pour la sécurité du pays, une défense des pauvres « qu'écrasent les tailles et les corvées »;

une apologie du mérite personnel, qui peut seul soutenir la noblesse et qui la crée? Mme de Maintenon faisait profit de tout, d'un incident, d'une nouvelle, pour introduire ce qu'elle considérait comme une idée saine, propre à former la raison et bonne à propager. Il n'est pas jusqu'aux jeux, — le prospectus de Saint-Cyr en fait mention, — qui ne lui servissent à cette fin. Elle aimait à voir « sauter, danser, courir, jouer aux barres, aux quilles, et autres remuements qui font croître »; elle fournissait et renouvelait incessamment, en se plaignant et en s'amusant tout à la fois de la dépense, les boîtes d'échecs et de dames; mais elle ne recommandait pas moins les « jeux d'esprit, » qui mettent les facultés en éveil, les aiguisent et les fortifient. Ils étaient la continuation libre et parfois le contrôle piquant des *Proverbes* ou des *Conversations*.

A quoi devaient aboutir tous ces efforts « d'instruction diversifiée? » Mme de Maintenon n'en attendait pas un résultat immédiat. Comme pour le développement du caractère, elle comptait sur le concours du temps. Elle suppliait les Dames de ne pas se presser, d'aller au jour le jour, de prendre haleine, de ne pas chercher à tout obtenir à la fois, de ne pas se prévenir en bien ou en mal, en mal surtout. Elles avaient semé; le grain lèverait à son heure; peut-être ne verraient-elles pas la récolte : telle ne commencerait ou n'aurait fini de s'améliorer, que lorsqu'elle aurait quitté Saint-Cyr; mais qu'importe? L'éducation n'est-elle pas une œuvre d'avenir?

XI

L'avenir, pour les demoiselles, c'était non le cloître, mais la vie; c'est pour la vie qu'on leur « faisait ce trésor de maximes droites et solides » qui devaient leur servir de règles de conduite. La transformation de la maison en monastère n'avait point changé le caractère originel de l'éducation, qui était resté séculière : sur les 1121 demoiselles qui ont passé par Saint-Cyr de 1686 à 1773, 308 seulement sont devenues religieuses, 725 sont entrées dans le monde. « La femme, avait dit Fénelon, est chargée de l'éducation de ses enfants, des garçons jusqu'à un certain âge, des filles jusqu'à ce qu'elles se marient ou se fassent religieuses, de la conduite des domestiques, de leurs mœurs, de leur service, du détail de la dépense, des moyens de tout faire avec économie et honorablement. » Mme de Maintenon s'était appropriée ce programme et elle le mettait en pratique. Saint-Cyr était une famille, un ménage. Les grandes demoiselles habillaient, peignaient, nettoyaient les petites. Chacune avait sa tâche marquée, à l'infirmerie, à l'apothicairerie, à la lingerie, au dortoir, au réfectoire; on faisait les lits, on frottait, on époussetait; les plus jeunes étaient employées à éplucher les fleurs pour les sirops, à ramasser les fruits, à préparer les légumes. Pendant les premières heures de la matinée surtout, la maison était une véritable ruche. Agir et travailler, travailler des bras énergiquement, était l'obligation commune. Et il eût fait beau voir que l'on se refusât à aucune besogne, qu'on se plaignît du froid, de la fumée, du vent, de la poussière, des puanteurs, qu'on fît la grimace pour une fenêtre ou une porte mal close, qu'on demandât d'apporter ce qu'on pouvait aller prendre soi-même : Mme de Maintenon était là peut-être dans la chambre voisine, toute prête à noter les négligences et à gourmander les lâchetés. Cette activité domestique devait être considérée comme un honneur, bien loin de paraître une peine; elle en triomphait; elle aurait voulu qu'on vît tout Saint-Cyr le balai à la main.

Même dans les travaux de couture, elle distinguait ceux qui sont utiles de ceux qui ne sont que de pur agrément. Ses conseils à cet égard méritent une mention particulière. L'occupation manuelle était un des grands moyens d'éducation de Saint-Cyr; Mme de Maintenon s'en servait pour ramener les enfants au repos et au silence, pour empêcher leur esprit de se dissiper et de s'égarer. Elle ne connaissait pas de meilleure sauvegarde contre les dangers de l'oisiveté. Lorsqu'elle entreprit l'éducation de sa jeune belle-sœur, l'un de ses premiers soins fut de lui faire entreprendre quelque ouvrage de longue haleine : avec quelques lectures et quelques conversations, c'était la seule façon vraiment sûre de l'attacher à son foyer. Mme de Caylus, qui la connaît si bien, glisse habilement dans une lettre où elle lui fait une demande de services l'avis qu'elle commence une tapisserie qui la mènera loin. En cela comme en bien d'autres choses d'ailleurs, Mme de Maintenon fournissait l'exemple avec le précepte : elle travaillait jusque dans les carrosses du roi. On conçoit donc que « l'ouvrage » jouât dans son plan d'études un rôle considérable. Elle y revient sans cesse; sur dix lettres prises au hasard dans sa correspondance, on peut être sûr d'en trouver au moins une où elle le recommande. Après la piété, elle n'a peut-être pas de souci plus cher que d'en donner aux demoiselles l'habitude et le goût. Dans les deux dernières années de leurs études, les élèves ne faisaient guère autre chose, en dehors des leçons qu'elles étaient chargées de répéter à leurs jeunes compagnes. Mais toutes les applications du travail manuel ne convenaient pas à Mme de Maintenon; elle n'admettait ni « les ouvrages exquis et d'un trop grand dessin, les colifichets en broderie ou au petit métier », ni « les travaux toujours les mêmes, travaux de marchand, où l'on s'exerce à faire le mieux et le plus vite pour assurer le gain »; elle voulait de la couture utile, variée, « passant du neuf au vieux, du beau au grossier, des habits aux bonnets et aux coiffes », de la vraie couture de ménage : il s'agissait d'apprendre à raccommoder, à repriser, à broder, à tricoter, à faire de la tapisserie, à tailler, « à faire un peu de tout. » Elle ne permettait les objets de luxe qu'en vue d'un besoin spécial, tel que le renouvellement ou l'organisation du mobilier d'une chapelle; encore revenait-on bien vite à l'ordinaire, c'est-à-dire à ce qui devait servir dans une famille chaque jour et toute la vie.

Ces vues très nettes et très délibérées se rattachaient, dans l'esprit de Mme de Maintenon, à l'idée qu'elle se faisait et qu'elle entendait donner aux demoiselles de leur destinée. Une de ses préoccupations les plus sensées était d'approprier l'éducation au besoin. A Maintenon et à Rueil, n'ayant affaire encore qu'à des garçons et à des filles de paysans et d'ouvriers, elle avait conçu la pensée, nous l'avons vu, d'une sorte d'enseignement professionnel : à Maintenon, les garçons étaient préparés aux travaux de la filature, pour lesquels elle avait créé une fabrique; à Rueil, on faisait faire aux filles de la grosse couture usuelle, et on leur donnait des notions sur les métiers auxquels elles pouvaient se livrer. Il fallait même parfois entrer en lutte avec les familles, qui ne comprenaient pas qu'on voulût placer leurs filles chez une lingère ou chez une coiffeuse; mais Mme de Maintenon tenait bon. Quand, plus tard, des institutions furent fondées sur le modèle de l'établissement de Saint-Louis, à Gomerfontaine et à Bisy, elle se défendit formellement de les élever au même niveau. Ce n'est pas qu'elle voulût exclure aucune classe des bienfaits de l'éducation : « Dieu, disait-elle, ne fait exception de personne. » Mais il s'agissait de bourgeoises, non plus de demoiselles, et entre les unes et les autres elle établissait des différences fondées sur la différence des intérêts. L'éducation pouvait être la même, parce que les devoirs de la famille sont les mêmes pour tous, et qu'au regard de la conscience et de la raison, il ne peut être fait de distinction sur ce point; l'instruction devait être autre, parce qu'autres étaient les besoins. « Moins de beau langage et plus d'arithmétique, répondait-elle à celles qui la consultaient. Il faut élever vos bourgeoises en bourgeoises. Il ne leur faut ni vers ni conversations; il n'est point question de leur orner l'esprit. Prêchez-leur les devoirs de la famille, l'obéissance pour le mari, le soin des enfants, l'instruction à leur petit domestique, la modestie avec ceux qui viennent acheter, la bonne foi dans le commerce, la modération; qu'elles édifient leurs parents, leurs amis, leurs voisins; qu'elles donnent de bons conseils et de bons exemples. Il ne faut pas que le paysan fasse le bourgeois ni que le bourgeois fasse le gentilhomme; le monde s'en moque et considère plus ceux qui demeurent dans leur état et qui y vivent avec honneur et probité. »

En mettant les demoiselles à leur rang, elle n'envisageait pas leur fortune avec moins de précision ni de sagesse. Elle tenait la main à ce qu'on ne leur fît perdre aucun des avantages dont les avait douées la naissance ou la nature: elle recommandait qu'on renouvelât aussi souvent qu'il était nécessaire les corps de celles dont le buste se gâtait et même qu'on les ménageât sur la couture, si la couture y était pour quelque chose. « Songez, disait-elle aux maîtresses, songez au tort que vous faites à une fille qui devient bossue par votre faute et, par là, hors d'état de trouver ni mari, ni couvent, ni dame qui veuille s'en charger. N'épargnez rien pour leur âme ni pour leur taille! » Mais c'est moins leur grâce dont le soin la touchait, quelque parti qu'on en pût tirer, que leur vigueur et leur santé. Elle ne se faisait aucun scrupule de les obliger à raccommoder leurs hardes et à user leurs robes; elle ne voulait pas qu'elles s'habituassent à croire qu'il n'y aurait « qu'à prendre les mesures pour avoir un habit neuf ou à aller à la boutique pour faire des emplettes ». Elles étaient nées demoiselles, mais pauvres demoiselles. Rentrées dans leur famille, qu'y trouveraient-elles? Un père ou une mère veufs ou infirmes et bizarres, chargés d'enfants dont elles accroîtraient le nombre et qu'elles auraient à servir, faisant le marché, la cuisine et le reste. « L'argent est tout, écrivait-elle, dans le temps où nous sommes, et la guerre n'a épargné personne : celles qui ont laissé leurs parents avec deux mille livres de rente n'en trouveront peut-être pas mille; celles qui en avaient mille n'en ont pas cinq cents; celles même qui étaient le mieux ne trouveront grand'chose, et le plus grand nombre n'aura rien du tout. » On comptait sur la dot du roi sans doute. Mais même avec cette dot, que pouvait-on espérer? Un établissement en province, au fond de quelque campagne, dans un petit domaine, avec quelques poules, une vache, des dindons, et des dindons pas pour toutes encore : « heureuses les dindonnières! » Au fond, c'était par raison, bien plus que par inclination naturelle, que Mme de Maintenon les entretenait du mariage; et elle ne craignait pas de le présenter sous l'aspect le plus sérieux. A celles qui rêvaient d'indépendance et de divertissements ou dont l'imagination se repaissait de fausses délicatesses, elle montrait qu'il n'est point d'état plus soumis à sujétion; elle leur laissait entrevoir le tableau du foyer conjugal désert, le mari étant à l'armée pour son devoir, peut-être à la ville ou à la cour pour son plaisir; elle les prévenait contre les périls des coquetteries de langage, des commerces d'esprit où, sans le vouloir, le cœur s'engage et que le scandale suit; elle répétait surtout que tout est grave dans le mariage et qu'il n'y a pas de quoi rire. Ce n'est toutefois qu'aux têtes légères qu'elle tenait ce langage; et si elle ne cherche jamais à dorer la réalité, ses conseils sont le plus souvent pénétrés d'un sentiment plus doux. « Soyez, écrit-elle à une de ses préférées en lui envoyant son cadeau de noce, soyez une bonne dame de campagne, bonne chrétienne, bonne femme, bonne fille, bonne mère, bonne maîtresse; en un mot, remplissez vos devoirs : vous ne serez heureuse que par là. » Idéal modeste, mais paisible et honnête; véritable idéal de la vie de famille, de la vie de petite noblesse provinciale telle qu'elle l'avait elle-même connue dans son enfance et auquel, à en juger par les résultats, l'éducation de Saint-Cyr répondait pleinement. Dans un de ses jours de sévérité, Mme de Maintenon, se plaignant de la corruption du siècle, disait qu'il y avait peu de jeunes filles de vingt ans dont le monde n'eût parlé, tandis que, comme elle le reconnaît elle-même, on recherchait les pensionnaires de Saint-Louis pour leur solidité.

Cette vie de devoir n'excluait d'ailleurs aucune jouissance d'un ordre élevé. La discipline de Saint-Cyr n'avait rien de la réclusion monacale. Mme de Maintenon, racontant un de ses voyages à son frère, se moquait agréablement « des badaudes de Paris qui avaient trouvé le monde grand dès qu'elles avaient été à Étampes »; et, toujours conduite par ce principe que les demoiselles étaient destinées à vivre à ciel ouvert, elle ne faisait pas difficulté de les habituer à une certaine indépendance; elle les laissait, par exemple, pratiquer la charité à leur manière dans le village, assister les affligés, consoler les malades, donner un bouillon à l'un, refaire le lit de l'autre. Elle attachait du prix surtout aux sentiments qui inspirent et accompagnent l'assistance; elle voulait qu'on attirât à soi ceux qui souffrent jusqu'à leur donner, quand il était possible, l'hospitalité. Bien plus, elle avait sur le rapprochement des classes sociales des idées que bien peu, parmi les meilleurs esprits de son temps, étaient en état de concevoir. C'est dans les premières années du dix-huitième siècle qu'elle écrivait : « Quand on ne marquera jamais de mépris pour la bourgeoise et pour la paysanne, elles souffriront qu'on ne les traite pas en demoiselles; quand la grande demoiselle peignera la bourgeoise qui est trop petite pour le faire elle-même, les autres verront que c'est la raison qui la fait agir et non pas la hauteur; quand la demoiselle montrera à lire à la bourgeoise, la bourgeoise se portera à rendre service à la demoiselle. » Tels étaient les enseignements dont les élèves de Saint-Cyr remportaient dans leur province l'impression salutaire, et n'y a-t-il pas quelque raison de penser qu'en les répandant autour d'elles, comme on les engageait à le faire, elles contribuèrent à former ce grand courant de générosité sociale qui, dans l'histoire, a pris le nom d'esprit de 1789? Mme de Maintenon élevait le cœur des demoiselles au-dessus des préjugés et des passions de leur siècle. La mère de deux d'entre elles ayant eu la tête tranchée pour crime politique, elle prenait sa défense, s'opposait au renvoi des enfants qui lui était demandé et entrait presque en colère à la seule pensée qu'elles pussent être moins honorées et moins aimées que les autres : « Quoi! nous laisserons croire que le crime passe aux enfants et nous ne donnerons pas à nos filles les vraies idées qu'il faut avoir sur chaque chose! » Sentiment d'autant plus remarquable qu'il n'est pas isolé. Mme de Maintenon, peu soucieuse, trop peu soucieuse de faire remonter les élèves dans la vie du passé, n'hésitait pas à les associer aux préoccupations les plus graves du présent. A quatre-vingt-deux ans, dans une sorte de leçon d'histoire contemporaine, elle leur traçait en quelques traits vigoureux les portraits de Condé, de Turenne, du cardinal Mazarin, de Colbert, de Louvois et dressait le tableau de leur administration ou de leurs campagnes. Pendant la guerre de la succession d'Espagne, elle leur adressait les bulletins de l'armée, leur expliquait les marches, les entretenait presque jour par jour de ses angoisses et de ses espérances; on priait à Saint-Cyr pour nos défaites, on célébrait nos moindres victoires; en leur annonçant la nouvelle de la bataille de Denain, Mme de Maintenon leur envoyait un programme de fête pour la récréation. « Vive Saint-Cyr, s'écriait-elle dans un élan où à son attachement pour son œuvre de prédilection s'unissait un vif et sincère sentiment de patriotisme! puisse-t-il durer autant que la France, et la France autant que le monde! » Et ce cri dont l'écho retentit encore dans les Mémoires faisait battre à l'unisson tous les cœurs. « Ce qui me plaît dans les Dames de Saint-Louis, disait Louis XIV, c'est qu'elles aiment l'État, quoiqu'elles haïssent le monde : elles sont bonnes religieuses et bonnes françaises. »

XII

Tels étaient les principes qui présidaient à l'éducation de Saint-Cyr. Mais, pour apprécier exactement l'action de Mme de Maintenon, il faut l'étudier de plus près encore et entrer dans le détail même de l'organisation générale et de la vie quotidienne de la maison.

La communauté de Saint-Louis comprenait quatre-vingts personnes, dont quarante Dames, professes ou novices, choisies parmi les anciennes élèves. Les quarante Dames se partageaient les charges, réparties en vingt-cinq grandes et quinze petites. Les grandes charges, — appelées aussi charges d'*officières* ou de *conseillères* parce qu'elles répondaient aux principaux offices et que celles qui en étaient investies formaient le *conseil du dedans*, — étaient celles de la supérieure, de l'assistante, de la maîtresse des novices, de la maîtresse générale des classes, de la dépositaire ou intendante générale. Parmi les petites charges, les principales étaient celles des maîtresses des classes, de la maîtresse du chœur, de l'économe, de la secrétaire, de la maîtresse générale des ouvrages, de la maîtresse générale des habits, de la maîtresse du linge, de l'infirmière, de la bibliothécaire, etc., etc. Les grandes charges étaient données à l'élection au scrutin secret; on était élu pour trois ans. Les petites charges étaient à la nomination de la supérieure générale, qui devait toutefois prendre l'avis du *conseil du dedans*. Le *conseil du dedans* connaissait toutes les affaires intérieures de la communauté que lui soumettait la supérieure. Pour les autres, la supérieure était placée sous la surveillance, au spirituel, de l'évêque de Chartres, au temporel, d'un conseiller d'État nommé par le roi; c'était ce qu'on appelait le *conseil du dehors*.

Les élèves étaient au nombre de deux cent cinquante, toutes boursières, l'éducation de Saint-Cyr étant « désintéressée ». C'est une condition que les Dames aimaient à relever, pour en faire sentir aux demoiselles le bienfait. Le roi seul nommait aux bourses; Mme de Maintenon « avait voulu lui en laisser tout le plaisir ». On entrait dans la maison de sept à dix ans; on n'en sortait qu'à vingt.

Les demoiselles étaient séparées, suivant leur âge, en quatre classes, distinguées par la couleur d'un ruban attaché sur la robe d'uniforme, qui était noire. La classe *rouge* comprenait cinquante-six élèves au-dessous de dix ans; la classe *verte*, cinquante-six, de onze à treize ans; la classe *jaune*, soixante-cinq, de quatorze à seize; la classe *bleue*, soixante-treize, de dix-sept à vingt. Chaque classe était partagée en cinq ou six *bandes* ou *familles* de huit ou dix élèves, groupées d'après le degré de leur instruction. A la tête de chaque bande était un chef ou *mère de famille*, assistée d'une aide ou suppléante. Les deux grandes classes fournissaient huit ou dix élèves qui servaient de monitrices dans les deux petites et dont l'insigne était le ruban *couleur de feu*. Vingt autres remplissaient le même office dans toutes les classes et portaient le ruban *noir*.

L'emploi du temps journalier et le programme annuel des études étaient réglés avec une grande précision. A six heures, lever et soins de ménage; à huit heures, messe; de huit heures et demie à midi, classes et études; à midi, dîner, puis récréation jusqu'à deux heures; de deux à six heures, classes et études; ensuite récréation, souper et coucher à neuf heures. — Le programme de l'enseignement comprenait : dans la classe *rouge*, la lecture, l'écriture, le calcul, les éléments de la grammaire, le catéchisme et l'histoire sainte; dans la classe *verte*, les mêmes matières, plus la musique et des notions d'histoire, de géographie et de mythologie; dans la classe *jaune*, les mêmes matières, avec des développements étendus pour la langue française, la religion et la musique, plus le dessin et la danse; enfin la classe *bleue* était consacrée surtout aux exercices de langue et d'éducation morale; les travaux manuels y occupaient aussi une place essentielle.

Dans cet ensemble ainsi réglé, chaque année conservait sa physionomie distincte. Les *rouges* et les *vertes*, comme les peuples heureux, n'ont pas d'histoire. Il n'en est pas de même des *jaunes* et des *bleues*. Au moment de la réforme, les *bleues* s'étaient monté la tête : après avoir chanté les chœurs d'*Esther* et d'*Athalie*, il leur en coûtait de psalmodier les litanies. De temps à autre elles avaient des bouffées d'indépendance, elles sentaient venir l'époque de leur affranchissement; mais on pouvait faire appel à leur jugement déjà plus mûr : Mme de Maintenon les citait souvent en exemple. C'étaient les *jaunes* dont les légèretés, les bizarreries, les opiniâtretés offraient le moins de prise à la raison; elles appartenaient à l'âge de la transition, à l'âge ingrat où l'esprit n'est pas encore rassis, ni le caractère réglé : Mme de Maintenon qui s'obligea à faire successivement toutes les classes les conserva plus longtemps que les autres, et elle en fut fatiguée jusqu'à s'en montrer parfois découragée. Elle aimait les *couleurs de feu*, qu'on choisissait dans l'élite; mais ses préférées étaient les *noires*, celles qui participaient soit à la direction des classes, soit à la direction générale de la maison. Elles formaient le corps où se recrutaient généralement les novices; lorsqu'elles sortaient de la maison pour se marier, on leur donnait une dot plus forte qu'aux autres. Mme de Maintenon craignait toujours qu'on abusât de leur bonne volonté. « Surtout ménagez vos *noires*, répétait-elle souvent, c'est notre honneur et notre force. »

Il n'existait d'ailleurs aucun privilége; on n'avait aucun égard à la naissance ou aux protections : Mme de Maintenon se félicitait de voir ses propres parentes traitées comme les autres. Chaque élève avait dans sa classe une table à part, des obligations propres, une responasbilité personnelle. On cherchait à développer ce sentiment. La punition suprême était le renvoi, qui n'était prononcé qu'apres avis du *Conseil de dedans* pour des cas graves : l'esprit de révolte, l'esprit de dépravation ou ce qu'on appelait l'esprit de nouveauté en matière de religion. Il n'y avait pas de plus haute récompense que la participation à l'enseignement et à la surveillance : on usait beaucoup, à Saint-Cyr, des procédés d'enseignement mutuel. Mme de Maintenon les considérait, pour les maîtresses, comme un soulagement nécessaire, pour les demoiselles, comme le moyen le plus efficace de commencer leur apprentissage de mères de famille.

XIII

C'est cet ordre qu'il avait fallu organiser et soutenir. Pour l'organiser, Mme de Maintenon ne disposait, à l'origine, d'aucune ressource. Noisy lui avait fourni les cadres des classes; mais les maîtresses faisaient défaut. Presque au lendemain de la translation, elle avait été obligée de se séparer de Mme de Brinon, dont l'expérience, si elle eût été plus sûre, aurait pu l'aider à les former. Mme Loubert, élue supérieure à sa place, avait à peine vingt-deux ans, et la maturité de celles qui lui servaient de consei n'était guère plus avancée. Règlements, traditions, tout était à faire. On n'avait même pas l'exemple des couvents, puisqu'il s'agissait de rompre avec les pratiques des couvents. Mme de Maintenon était pénétrée du sentiment de ces difficultés. Elle comprenait admirablement surtout que les instructions les plus précises, se fussent-elles trouvées toutes rédigées, ne pouvaient suffire. « Tout consiste dans la sagesse des Dames, disait-elle : avec cela, tout ira bien; sans cela, nous aurons beau établir des règles, nous ne ferons rien qui vaille. » Il s'agissait de créer l'âme même de la maison. C'est la partie la plus personnelle et non la moins remarquable de son œuvre pédagogique.

Après avoir défini en quelques lignes dans des espèces de mementos sommaires les principes généraux de l'institution, elle s'imposa la tâche de les interpréter, de les éclaircir, de les développer, au jour le jour, suivant les besoins, écrivant, tantôt aux unes, tantôt aux autres, des lettres que l'on se communiquait, s'adressant aussi en certaines circonstances à tout le monde à la fois. En 1696, les Dames, comprenant le parti qu'elles pouvaient tirer de ces instructions pour leur édification propre et pour la préparation des novices, en firent faire des copies. On rassembla tout ce que l'on put trouver, les billets familiers comme les autres, ceux même qui contenaient moins d'encouragements flatteurs que de critiques utiles, et on les relia en volumes, qui furent déposés dans la biblio thèque de la communauté Plus tard vinrent s'y joindre au fur et à mesure les lettres et les entretiens conçus dans la même pensée de direction. L'ensemble constitue le fonds sur lequel Saint-Cyr a vécu pendant un siècle. Pour nous rapprocher des usages et de la langue d'aujourd'hui, c'est ce qu'on pourrait appeler le cours normal de Mme de Maintenon.

En voici les principes fondamentaux.

La première maxime inculquée aux Dames de Saint-Cyr était que « tout doit céder à l'éducation des demoiselles ». Le vœu par lequel elles s'engageaient à cet égard, bien qu'il ne fût prêté que le quatrième, était le principal. C'est par là qu'elles se distinguaient de toutes les autres religieuses; c'était la fin de leur institution. Il n'était rien à quoi on ne fût excusable de manquer pour y rester fidèle, office, prière, ou jeûne; rien qu'on ne dût y ramener, travail, repos, souci de bien-être ou de plaisir. Les demoiselles étaient dans la maison « ce que sont les pauvres dans les hôpitaux, les séminaristes dans les séminaires, les externes aux Ursulines, les écoliers dans les collèges »; c'est par rapport à elles qu'il fallait régler l'occupation du jour et de la nuit. En entrant à Saint-Cyr, on prenait charge d'âmes; on en répondait devant Dieu, et on n'en pouvait répondre qu'à la condition de se donner. Or se donner, c'est ne rien excepter, ne rien réserver de soi. Les instructions chargeaient les maîtresses de suivre, de veiller, de gouverner les demoiselles en tous lieux et dans tous les exercices, à l'église, aux classes, dans les jardins, au réfectoire, au dortoir où elles couchaient auprès d'elles, aux récréations où, tout en se jouant, on peut jeter de si bonnes maximes; elles leur recommandaient en outre de ne se rebuter, de ne se dégoûter de rien : de « réchauffer les enfants dans leurs frissons, de les essuyer dans leurs sueurs, de s'enfermer avec elles dans leurs maladies contagieuses ». La règle du sacrifice ne pouvait être trop complète : « Le mot d'élever s'étend à tous les soins des mères. » Et cependant la règle elle-même ne pouvait tout prévoir : il y a des devoirs en dehors et au-dessus de la règle; « ce qui fait que le devoir d'éducation est une des plus grandes austérités que l'on puisse pratiquer, c'est qu'il n'admet point de relâche ». La maîtresse, en même temps qu'elle est appelée par sa vocation à sortir de soi, à s'oublier, est tenue de s'observer sans cesse : un mot, un regard qui lui échappe à contretemps et que l'enfant ne manquera pas de saisir, peut compromettre le prestige ou le caractère de son autorité : « Il n'y a personne devant qui j'aurais plus rougi de faire une faute, — disait Mme de Maintenon qui ne craint jamais de payer d'exemple, — que devant M. le duc du Maine. » Ce n'est même pas assez encore que cette vigilance toujours en éveil pour prévenir ses propres défaillances ou corriger celles des demoiselles; il y faut joindre une vertu agissante. Si les impatientes ont tort de ne pas faire la part du temps dans les progrès qu'elles attendent, plus grave est le tort des indifférentes qui ne préparent pas le travail du temps par un effort de tous les moments. « Il faut remuer les passions des enfants avec discrétion, mais il faut les remuer pour arriver à les connaître et être en mesure de les combattre. Ne s'est-il point passé de jour que vous n'ayez donné une bonne maxime à votre classe? Ne vous êtes-vous point couchée que vous ne puissiez vous dire que vous avez attaqué quelque défaut, fait aimer quelque vertu, éclairé ou redressé quelque conscience, conseillé et obtenu un acte de raison; alors seulement, vous aurez le droit de vous rendre témoignage et d'être contente de vous. »

Toutefois cette action incessante ne devait être vraiment bonne et utile qu'autant qu'elle se rattachait et se subordonnait à l'action générale. C'est le second principe de Mme de Maintenon. « L'intelligence et l'uniformité des maîtresses, disait-elle, sont le capital dans le gouvernement d'une maison. » A bien faire isolément, on ne fait rien qui profite. De la première à la dernière, il est nécessaire que « toutes les Dames se tiennent dans une grande union, en sorte que les demoiselles se sentent enveloppées dans le même esprit ». Que chacune garde son caractère : c'est par là qu'elle vaut; mais il n'est permis à personne d'être singulière, de tirer à soi, de ne faire que ce qui lui convient et comme il lui convient. « On doit dire aux demoiselles, à l'infirmerie, au garde-meuble, à la porte et à l'apothicairerie, ce qu'on leur dit dans les classes et avoir toutes les mêmes règles d'éducation, quoi qu'on y soit employé différemment. » C'est vainement qu'on se retrancherait sur sa bonne volonté et sur ses lumières. Où il y a discordance, le trouble s'introduit. Pour ne pas connaître les causes de ces désordres, les demoiselles n'en subissent pas moins les effets. A la supérieure d'établir l'accord dans la maison, à la maîtresse générale de chaque classe de l'établir dans la classe, aux autres de suivre. L'unité de doctrine est la force de l'éducation.

C'est dans cette pensée qu'étaient réglés les rapports des élèves avec les maîtresses. Les attachements tendres étaient proscrits à Saint-Cyr. Dès qu'une enfant avait quitté une classe, elle cessait complètement d'appartenir à celle qui l'avait dirigée. Sur ce point, comme sur tous ceux qui touchent à certaines délicatesses de l'âme, Mme de Maintenon va jusqu'aux limites extrêmes de la fermeté, et parfois elle les dépasse. « Il faut apprendre aux demoiselles à aimer raisonnablement, comme on leur apprend autre chose. » Les amitiés particulières lui paraissaient un danger, les amitiés étendues et banales, une faiblesse. « Ce n'est qu'en se faisant aimer sans doute qu'on se fait obéir; mais on ne se fait vraiment aimer qu'en se faisant estimer. » L'attachement au devoir, à la justice, à la raison, aux vérités utiles, l'amour du bien pour le bien, voilà les fondements de la discipline que l'on respecte : la solidité dans la conduite d'abord, les douceurs du sentiment après, quand elles ne peuvent plus être nuisibles et pourvu qu'elles ne sortent jamais de la mesure.

Un troisième devoir essentiel s'imposait aux maîtresses à l'égard des demoiselles : la sincérité.

L'adoption de Saint-Cyr était une adoption complète. On ne demandait aux familles ni sacrifice, ni concours; à peine les laissait-on voir leurs enfants quatre fois l'an, au parloir, en présence d'une surveillante ; et cette sévérité qui nous étonne aujourd'hui avait, comparativement à la règle des couvents, un caractère de tolérance. Mais quels pouvaient être les résultats de ces visites, alors même qu'il s'y joignait de temps à autre des lettres, toujours soumises d'ailleurs à un contrôle sévère? Les demoiselles appartenaient à la maison qui, pendant dix ans pour le plus grand nombre, pendant treize pour quelques-unes, les possédait tout entières. C'était donc un devoir d'honnêteté rigoureuse de les éclairer sans complaisance. D'ailleurs il ne s'agissait pas seulement d'elles-mêmes : religieuses ou séculières, elles devaient servir à répandre dans tout le royaume les principes qu'elles recevaient; chacune d'elles était une semence de vertu : seconde et puissante raison pour les bien garder de se laisser prendre aux apparences, de se faire illusion sur leur esprit et leurs talents, de s'attribuer des mérites qu'elles n'avaient point. Mme de Maintenon, qui dans les voyages où elle suivait le roi, se faisait envoyer les notes, surtout celles des *jaunes* et des *bleues*, exigeait qu'elles fussent toujours exactes et que les intéressées les connussent. Elle contrôlait les témoignages. Si on lui adressait quelque lettre ou quelque composition, elle flairait les corrections et les retouches. Elle en riait quelquefois. « Je voudrais bien savoir combien de brouillons ma sœur de Rouy a faits et qui lui a tenu la main ; car Solar (c'était une élève qu'elle avait prise pour secrétaire) me rend fort défiante des beaux ouvrages de ces demoiselles. » Elle s'en fâchait le plus souvent. Elle ne voulait pas de ce qu'elle appelle une éducation extérieure et toute de secours. C'est le fond qu'elle demande qu'on attaque et qu'on montre, le fond avec ses imperfections, mais avec sa probité, le fond qui ne trompe personne, ni les autres, ni soi.

Toutes ces vertus professionnelles pouvaient tirer du sentiment de l'abnégation religieuse une partie de leur force; mais ce sentiment devait, comme tous les autres, rester simple, sage, sans emportement ni subtilité. De tout temps, le danger avait été dans ces excès de zèle. Il s'était accru après la transformation de l'institution en monastère. L'invasion des idées de Mme Guyon l'avait rendu menaçant. C'est une dame de Saint-Cyr qui avait introduit « les nouveautés », Mme de la Maisonfort, fort goûtée d'abord de Mme de Maintenon, chez qui l'habitude d'une discrétion voulue n'avait jamais complètement amorti la promptitude à la confiance. Mme de la Maisonfort avait été bientôt éconduite; mais tout l'esprit du quiétisme n'était pas sorti de la maison avec elle. On se complaisait dans les raffinements d'analyse intérieure, on recherchait les délicatesses de grâce d'état, les beaux procédés, les ragoûts d'oraison; on était tout à l'esprit, ne voulant rien accepter, rien entendre qui n'en portât la marque. Mme de Maintenon faisait la guerre, une rude guerre, à ces précieuses de religion. Elle la faisait en vue des demoiselles, que l'exemple pouvait entraîner dans des voies funestes; elle le faisait pour les maîtresses elles-mêmes, que cette agitation maladive détournait de leur devoir. L'esprit religieux qu'elle portait en toute chose, d'une rigueur parfois étroite dans les applications, était, en son principe, robuste et sain. Dans les supérieures elle cherchait le bon sens et la modération, dans les novices, l'ouverture de cœur et la simplicité. A l'égard des Dames comme à l'égard des demoiselles, elle était sans pitié pour les fausses pudeurs de sentiment et de langage : le jour où elle s'égayait aux dépens de la classe *jaune* qui avait rougi en entendant le mot de culotte, ou de la classe *bleue* devant laquelle on n'osait prononcer le mot de mariage, le trait atteignait les maîtresses en même temps que les élèves. Au fond, ces effarouchements puérils ne l'inquiétaient pas. Ce qu'elle surveillait avec une préoccupation ardente, c'était le développement des dispositions à une sorte de mysticisme inquiet. Elle en démêlait admirablement les ressorts cachés, elle en mettait à nu l'orgueil secret. Dans ces retours de la conscience sur elle-même, dans ces picotements, ces scrupules, elle savait trouver et n'hésitait pas à démasquer le fond commun : l'amour-propre « qui s'épluche pour se satisfaire et qui aime mieux se tourmenter que s'oublier ». A la piété qui enfle l'esprit et le dégoûte, elle opposait la piété qui inspire les sentiments généreux; à la fausse simplicité dont on s'enorgueillit, la simplicité vraie qui fait qu'on se renonce; aux rêveries tendues qui attristent et épuisent, « les débandements d'imagination et les relâchements de gaîté »; à la religion spéculative, la religion d'action. « Vous ne pouvez pas avoir de plus mauvaise compagnie que vous-même, répète-t-elle sans cesse dans ses *Lettres édifiantes;* sortez de votre intérieur; soyez à tout le monde, au lieu d'être à vous seule; ne vous abîmez point dans des bagatelles, et faites bonnement ce que vous avez à faire. Les devoirs d'état sont la véritable piété. Il n'y a point de haire ni de cilice qui vaille une occupation bien remplie. Un retranchement de réponses sèches, fières et rudes, un sincère abandon au bien d'autrui vaut mieux que tous les jeûnes et que tous les appétits de perfectionnement déraisonnable. Une médecine donnée dans l'obéissance suivant votre charge, dans l'apothicairerie, vous sera plus utile et meilleure qu'une oraison hors d'œuvre, et c'est ce bon esprit-là que je voudrais établir dans la maison. »

Tous les esprits n'étaient pas en état de recevoir le même conseil de la même façon. A l'origine surtout, les Dames étaient de provenance et de complexion très diverses. Mme de Maintenon prenait le ton avec toutes : avec Mme de Saint-Pars dont la compréhension un peu lourde, même dans la subtilité, n'était guère faite pour quitter terre, comme avec Mme de Bouju, sa chère *Jaune*, dont l'esprit éthéré n'avait jamais fait que deux élèves, devenues folles par excès de scrupule; avec Mme du Radouay, intelligence pénétrante qui aimait à se rendre compte, comme avec Mme du Veilhan, âme vaillante que les bulletins de campagne exaltaient, esprit politique qui suivait et expliquait les négociations de paix. Parmi les Dames de la fondation et de la première époque, quelques-unes attiraient particulièrement ses sympathies : Mme de Brinon, Mme de Fontaine, Mme du Pérou, Mme de Saint-Aubin, Mme de Berval, Mme de Montalembert. Mme de la Maisonfort, Mme de Glapion ; — Mme de Brinon, une grande dame qui n'a jamais voulu cesser de l'être, d'humeur hautaine, d'esprit entreprenant, aimant l'éclat, le bruit, les fêtes, composant des tragédies pour Saint-Cyr avant Racine et empruntant à Fagon ses formules, une sorte de femme savante, mais avec du fond et de la grâce, frayant avec tous les beaux esprits, assez en cour auprès de Louis XIV, qui ne manquait pas d'indulgence pour ses hardiesses et qui l'avait consultée pour la rédaction des Constitutions, dont il fallut se séparer pourtant parce qu'elle aurait définitivement « tout gâté », mais avec laquelle il n'y eut jamais rupture, parce qu'elle savait faire aimer son esprit de ressources et de bonne compagnie; — Mme de Fontaine, la première supérieure générale élue après la transformation de Saint-Cyr, d'intelligence droite et élevée, de caractère accommodant et fidèle dans l'obéissance, tout à fait propre à exécuter un plan de réforme, instruite et mieux préparée à l'enseignement qu'elle avait fourni dans la classe *bleue* qu'à la haute direction, d'une beauté remarquable et telle, que, « Madame lui ayant mis un jour, par forme de jeu, une coiffure de cour, elle la lui enleva bien vite de peur qu'elle ne se vît et ne se rendît compte de l'admiration qu'elle excitait » ; — Mme de Pérou, arrivée en pleine maturité au gouvernement de la maison et rappelée huit fois au généralat, rassise et sage comme Mme de Fontaine, mais de portée plus haute et de plus ferme appui; — Mme de Saint-

Aubin, qui, enlevée à la fleur de l'âge et ayant été la première que la communauté eût perdue, avait laissé dans tous les cœurs un souvenir gracieux; — Mme de Berval, sérieuse et avisée, capable de tenir la plume (c'est elle qui avait mis en ordre les *Lettres* et les *Entretiens*), mais cherchant ses aises, aimant son indépendance et se faisant trop souvent rappeler à l'observation des règles qui lui pesaient; — Mme de Montalembert, une singulière, toujours en quête de perfection idéale et de voies extraordinaires, illuminée et superstitieuse, qui n'ouvrait les lettres de Mme de Maintenon que devant le saint Sacrement, après avoir invoqué le saint Esprit pour obtenir la grâce d'en profiter, et à qui « Madame, que ce jeu désobligeait fort, envoya un jour un gros paquet où il n'y avait que ces mots : « Je souhaite que votre rhume passe; ma santé est bonne. » — Mme de la Maisonfort, la *chanoinesse*, associée aux premiers efforts de Mme de Brinon, et née pour s'entendre avec elle, persuadée qu'elle faisait merveille « en remplissant l'esprit des demoiselles des histoires profanes, des fables des fausses divinités, des philosophes et choses semblables », « éprise bientôt après, du premier coup, de Mme Guyon, de ses élans, de ses mouvements subits, de ses renoncements, et qui portait son vol si haut que nul ne la pouvait suivre : » cœur ardent, intelligence sans équilibre; — enfin Mme de Glapion, la perle de Saint-Cyr, dont les défauts auraient été les vertus des autres, joignant une âme délicate et tendre à un savoir étendu, ayant étudié la médecine, la pharmacie, la botanique, la chirurgie avec profit et sans se laisser enivrer, se délectant à faire des recueils de cartes, en dessinant elle-même, fort en secret (car c'était une étude peu appréciée), ayant du goût pour toutes les sortes d'esprit, mais se laissant attacher à l'apothicairerie pendant quatre ans « pour s'amortir », infirmière adorée de ses malades, maîtresse de classe originale, qui aurait voulu, pour le catéchisme comme pour le reste, qu'on se bornât à suivre l'enfant de question en question, de curiosité en curiosité, supérieure remarquable, élue l'année même de la mort de Louis XIV, et entre les mains de qui Mme de Maintenon laissa l'avenir de sa chère maison avec confiance : la seule, disait-elle, qui n'eût en rien trompé ses espérances, et qui la représentait si bien dans ses grâces solides que, d'après les *Mémoires* des Dames, pendant dix ans on crut la voir en elle toujours vivante.

XIV

Ces conseils si pressants, ces directions si précises, Mme de Maintenon les appuyait de son action. Bien des institutions nous apparaissent dans le passé, indépendantes et comme isolées de leur fondateur : l'établissement créé, ils en avaient retiré la main. On ne conçoit pas Saint-Cyr sans l'action personnelle de Mme de Maintenon. Ce qu'elle avait été pendant tant d'années chez tout le monde, elle le devient là, où elle était chez elle : la lumière, la vie, le charme. Elle s'était fait réserver une chambre à Noisy; à Saint-Cyr, elle avait un appartement. C'est là qu'elle se retira après la mort du roi. Pendant sa vie, elle ne faisait le plus souvent qu'y passer les journées. Mais quelles journées! Le matin, elle arrivait avant le lever, aidait à habiller les petites, surveillait le ménage, prenait sa part de tous les embarras, entrait en classe et suivait les exercices. Ses visites n'étaient jamais des surprises; on l'attendait toujours; tant on savait bien que, si elle pouvait s'échapper, ne fût-ce que quelques heures, elle viendrait; et dès qu'elle était arrivée, elle s'utilisait; on lui avait demandé une semonce pour telles ou telles, et elle leur faisait à part son petit prône, un entretien général, et elle parlait : « ce que Saint-Cyr lui a fait perdre de temps en ce genre, dit Saint-Simon, est incroyable. » Les demoiselles, les novices, les dames avaient chacune leur tour; elle n'était jamais si pressée qu'elle ne laissât en passant le mot qui porte, le rayon qui éclaire. Elle est « toujours en train d'éducation »; elle aime à s'entendre dire et elle se dit volontiers à elle-même « qu'elle n'est pas sans talent là-dessus : c'est son sensible ». Pendant dix-huit mois elle avait pris les classes, toutes les classes l'une après l'autre, non par intermittence et par caprice, mais comme une maîtresse à la tâche, pour se mieux rendre compte. Elle n'a pas de plus grande joie que d'assister aux récréations : elle entre dans les divertissements et fait sa provision d'observations fécondes. A Rueil, elle connaissait toutes ses filles par leur nom : Andrée, Manette, Jacquette, Armande, Benedicte. Fanchon, Louison; à Saint-Cyr, il n'est personne dont elle ne puisse « interpeller les défauts ». Lorsque le roi la mène en campagne, au siège de Mons ou de Dinant, lorsqu'il la retient à Saint-Germain ou à Fontainebleau, elle écrit, et c'est à ces absences plus ou moins prolongées, dont elle souffre et s'attriste, que nous devons son intéressante et si riche correspondance. Tout le monde lui adresse des lettres, et elle répond à tout le monde. Nulle ne doit craindre de la fatiguer; il faut que ce qu'elle a reçu le matin ait satisfaction le soir : malgré le besoin de sommeil qui la presse, elle trouve la force de prendre la plume ou de dicter; elle écrit partout où elle trouve un coin de table, dans une chambre encombrée de monde, avec dix dames, trois princesses et six chiens autour d'elles; elle n'est pas toujours sûre de pouvoir finir, mais elle commence, et c'est autant de fait : faute de mieux, le mot partira inachevé. On dit dans la maison qu'elle ne cesse de prêcher; elle réplique que c'est parce qu'on l'y pousse; mais elle ne fait pas difficulté de le reconnaître, elle a toujours quelque morale à entamer et elle s'y abandonne de bon cœur.

Elle ne se borne pas d'ailleurs à éclairer les consciences, à rectifier les esprits, à échauffer les cœurs; elle est l'intendante générale de la maison; elle traite avec les fournisseurs, envoie les provisions et pour toute chose veut savoir son compte : à Dieu ne plaise qu'elle cherche à thésauriser; mais elle hait le désordre et aime mieux « nourrir les demoiselles que de crever les laquais ». Elle avait souvent été à elle-même son propre maître d'hôtel, et chez Mme de Montchevreuil elle ne faisait pas de façon à mettre la main au pot-au-feu. Il ne lui en coûte point d'être « l'économe, la femme d'affaires, la servante de Saint-Cyr ». Elle a le génie de l'organisation et le goût de l'administration; rien ne la rebute ni ne la trouve indifférente. A la veille d'une campagne, Napoléon savait exactement le nombre des chevaux qu'il avait dans les écuries de l'armée et le nombre de bottes de foin dont il disposait pour les nourrir. Mme de Maintenon est au courant de ce que les armoires de Saint-Cyr contiennent de linge; il ne faudrait pas essayer de la tromper sur les paquets de tabliers qu'elle a fait passer; quand elle envoie des boîtes de dragées ou de confitures, elle dit à qui elles doivent aller et elle sait à qui elles vont.

Il est rare d'associer ce soin minutieux du détail à l'intelligence supérieure des intérêts généraux. Ce qui est plus rare encore, c'est d'y porter l'entrain, la passion. « J'aurais beau frotter votre plancher, disait-elle aux demoiselles, aller querir du bois ou laver la vaisselle, je ne me croirais pas rabaissée ni moins heureuse. » Elle a des devoirs ailleurs et elle s'y consacre, mais « non sans en avoir parfois jusqu'à la gorge »; elle s'en plaint même trop vivement parfois, à notre gré. Ce n'est qu'à Saint-Cyr qu'elle goûte la satisfaction de son dévouement. Saint-Cyr la console des « austérités du monde et de la Cour ». Jamais existence, on peut en croire son témoignage, confirmé par Saint-Simon, ne fut plus enchaînée aux règles de l'étiquette, plus dépendante de tout le monde. Elle le racontait aux demoiselles : sa chambre à Versailles est comme une église : depuis le moment où elle se lève jusqu'à celui où elle se couche, il s'y fait comme une procession ; chacun y passe et s'y arrête : le roi ne la quitte, bien portante ou malade, qu'à l'heure qu'il s'est fixée : il faut qu'elle l'écoute, qu'elle l'entretienne, qu'elle l'amuse ; elle succombe sous le poids de la fatigue et des soucis. A Saint-Cyr, il semble qu'elle renaisse ; lorsqu'elle a passé le seuil de la maison, sa vie s'illumine. De ses chères filles elle aime tout, leurs négligences, leurs défauts, tout jusqu'à leur poussière. « Je ne crois pas, disait-elle, qu'il y ait de jeunesse ensemble qui se divertisse plus que la nôtre ni d'éducation plus gaie, » et elle participe à cette gaieté.

Les joies du présent n'étaient pas les seules qu'elle éprouvât. La connaissance qu'elle avait du caractère des demoiselles lui permettait de choisir parfois ou tout au moins d'aider à choisir pour chacune d'elles l'établissement qui pouvait le mieux lui convenir. Elle les suivait dans leur province au milieu de leurs occupations journalières, les réconfortait, les animait au devoir, leur découvrait leur bonheur. Cette sorte de prolongement, cette durée qu'elle s'efforçait de donner à son action sur ses filles, elle était arrivée à en concevoir l'ambition et l'espérance pour Saint-Cyr. Son vœu suprême était de mettre la maison en état de se passer d'elle. « Voilà où je tends, écrit-elle, voilà le fond de mon cœur, voilà ce qui fait ma vivacité et mon impatience. » C'est la raison qui lui fait attacher tant d'importance à l'observation des moindres règles et à leur caractère de perpétuité. Plus elle avance dans la carrière, plus elle se convainc qu'elle ne fait que remplir une mission, que c'est Dieu qui l'a appelée à fonder Saint-Cyr, que dans les conseils de la Providence sa vie, si étonnante pour elle-même, n'a pas d'autre objet ; et en mourant, après trente ans d'efforts, dont le succès semblait assuré, elle dut emporter la pensée qu'elle avait accompli sa destinée.

Après la publication des *Lettres et Entretiens* par M. Th. Lavallée, Sainte-Beuve écrivait : « La cause de Mme de Maintenon est désormais gagnée ; cette correspondance nous la montre arrivée dans un sens à la perfection de sa nature, et ayant réussi un jour à la produire, à la modeler dans une œuvre immense qui a eu son cours et à laquelle est resté attaché son nom. » Le dernier mot est-il dit, en effet? Ne reste-t-il aucune prévention, aucun nuage? Il nous semble qu'aujourd'hui encore ceux qui sont le plus disposés à goûter Mme de Maintenon dans ses talents et ses vertus pédagogiques en restent à l'admiration et au respect. D'où vient cette sorte de réserve presque invincible? Peut-être d'abord de ce que Mme de Maintenon a réussi, en tout ce qu'elle a tenté; elle remarquait qu'au milieu de ses traverses elle avait finalement été trop heureuse pour qu'on ne lui attribuât pas plus d'esprit qu'elle n'en voulut jamais avoir. Peut-être aussi de ce qu'elle aimait trop à parler d'elle-même : ici encore, au surplus, elle comprenait le péril mieux que personne : « Nous aimons à parler de nous, disait-elle, en signalant la chose comme un défaut, dussions-nous parler contre; » et elle ne parlait pas contre. Mais ne serait-ce pas surtout qu'alors même que nous sommes le plus disposés à nous laisser porter par ce courant de bonne humeur, reposante et gaie, qu'elle fait entrer avec elle à Saint-Cyr, nous ne pouvons secouer la tristesse des ennuis et des malheurs de cette fin de règne si douloureusement vieillissante? Peut-être enfin n'y a-t-il là que l'effet ineffaçable des calomnies de génie que Saint-Simon a si âprement attachées à sa mémoire?

Pour être en quelque sorte plus libre dans ses sentiments, on voudrait presque qu'il ne subsistât d'elle que ce qui se rapporte à Saint-Cyr, ou qu'on pût détacher de sa vie, pour l'enfermer comme dans un cadre à part, tout ce qui a trait à l'éducation. Cependant, même en se la figurant ainsi à souhait, ne resterait-il qu'une image absolument aimable? Chose étrange, on en est parfois à se demander ce qu'elle était pour les enfants. Nous avons sur ce point les témoignages les plus formels et les plus favorables. « Ses discours étaient vifs, simples, naturels, insinuants, persuasifs, disent les Dames de Saint-Cyr; on ne finirait pas si l'on voulait raconter tout le bien qu'elle fit aux classes dans nos temps heureux. » « Elle a toujours fort aimé les enfants, ajoute Longuet, et les enfants sentaient si fort cette bonté qu'ils étaient plus libres avec elle qu'avec personne. » Ce qui vaut mieux encore que ces éloges, elle a pour elle l'appui des faits. Retenue à Fontainebleau et trop éloignée de Saint-Cyr pour y faire des visites quotidiennes, elle avait créé des écoles à Avon; elle allait y faire la classe, ou, quand elle était empêchée par la maladie, elle donnait la leçon dans ses appartements : Saint-Cyr en était presque jaloux. Que l'un de ces enfants habitué à toutes les misères vînt à tomber malade, elle n'appelait rien moins que le médecin de la cour : « Voilà M. Fagon qui marche pour Jeannette. » Dans sa dernière maladie, comme il soufflait un vent très vif, elle pensait aux *rouges* et disait à Mme de Glapion : « Ces pauvres enfants souffrent bien du froid; je voudrais en tenir trois ou quatre dans ma niche. » Les traits de cette nature ne sont pas rares dans sa vie; elle a des dévouements pour lesquels on ne saurait la comparer qu'à une sœur de charité. Elle aurait passé sa vie, s'il l'eût fallu, dans sa première école de Rueil, « à tuer des poux, à graisser de la gale, à faire laver des pieds ». Saint François de Sales, le doux François de Sales est son livre de chevet. C'est elle-même enfin qui le dit : « elle a une sensibilité qui aurait besoin d'un rude mords. » Et malgré tout, il semble que ce que les enfants, comme tout le monde, éprouvent à côté d'elle, tient plus du respect et de la confiance que de la tendresse. Mme de Caylus, Mlle d'Aumale, Jeanne de Pincré, la duchesse de Bourgogne, ses élèves de prédilection, et toutes les demoiselles qu'elle appelait auprès d'elle comme secrétaires, ont conservé le souvenir de sa dignité affable, plutôt que de son affection.

Elle possédait au plus haut degré l'esprit de l'éducation : en avait-elle l'âme? Tout se tient dans le caractère comme dans la vie. Le chevalier de Méré, Bussy, ses ennemis eux-mêmes nous la montrent en sa jeunesse, tenant tout le monde à distance sous le charme de son regard spirituel et vif, mais froid. C'est également à une certaine distance de son cœur que nous laisse sa correspondance. On ne résiste pas au prestige de cette raison ornée, de ce bon sens fin, pénétrant, enjoué, tant qu'on a le livre en mains; le livre fermé, le prestige s'efface, et de cette nourriture si solide et si agréable il reste comme un arrière-goût un peu âpre. Quelle différence avec la moelleuse et onctueuse abondance, l'imagination émue, le cœur tendre de Mme de Sévigné! Tandis que Mme de Sévigné semble s'exciter, pour ainsi dire, à s'abandonner, — car elle n'est pas sans excès non plus dans sa manière, — on dirait que Mme de Maintenon travaille toujours à se retenir : on sent que telle a été l'habitude de toute sa vie; c'est comme le pli de son esprit. Dans la grâce, il lui manque cette sorte de négligé, de superflu, qui achève la séduction. Elle avait au surplus le sentiment de ce qu'elle conservait au fond d'elle-même : « je vous aime plus que ma sécheresse ne me permet de vous le dire, » écrit-elle à son frère. Souvent aussi, vers la fin de sa vie surtout, elle éprouvait une sorte de lassitude et d'épuisement : « En vérité, s'écrie-t-elle, la tête est quelquefois près de me tourner, et je crois que si l'on ouvrait mon corps après ma mort, on y trouverait mon cœur sec et tors comme celui de M. de Louvois. »

Mais est-il juste d'insister sur les attraits qu'elle n'a pas voulu se donner? « Peu de gens, disait-elle, sont assez solides pour ne regarder que le fond des choses; » et c'est le fond des choses seul qui l'intéressait. Elle n'avait même pas la ressource de varier le thème de ses observations, car c'est le propre des sujets d'éducation qu'il faut sans cesse revenir aux mêmes maximes et ne pas craindre de se répéter. Ses lettres étaient faites moins pour être lues que méditées. Il n'y faut pas chercher « ce qui pétillait de brillant et de fin sur son visage quand elle parlait d'action », suivant le mot de Choisy; elles donnent « le dessin plutôt que le coloris de son esprit ». (Sainte-Beuve.) Mais dans cette gravité de ton, quelle souplesse! Quelle force et quelle tenue dans cette pensée presque toujours juste, toujours sobre, également éloignée du paradoxe et de la déclamation! Et quel modèle de ce style qu'elle recommandait aux demoiselles, « simple, naturel, sans tour, succinct »! Mme de Maintenon est un écrivain de race. Sa langue est souvent pleine et savoureuse comme celle de Molière, subtile et délicate comme celle de Fénelon; Saint-Simon l'admire sans réserve. Quelque effort qu'elle eût fait pour s'imposer à elle et à Saint-Cyr toutes les formes d'austérité, elle n'a jamais pu se défaire du goût de ce que son siècle avait produit autour d'elle de plus noble et de plus achevé. Le premier jour de la représentation d'*Athalie*, elle avait senti avant tout le monde que c'était le chef-d'œuvre de Racine, et quelques années après la réforme de 1692, elle avait fait elle-même rentrer *Esther* à Saint-Cyr, « les demoiselles ne pouvant apprendre rien de plus beau ». Cette exactitude et cette finesse de sens littéraire, jointes à la sûreté et à la profondeur du sens moral, impriment à tout ce qu'elle a écrit sur l'éducation un caractère particulier d'efficacité pénétrante. Certaines de ses maximes paraîtront excéder le cadre de l'éducation moderne, qui met à part, pour le réserver à la famille, tout ce qui touche au domaine de la conscience religieuse. Même dans l'ordre des vérités purement humaines, on pourra discuter ses principes: il est difficile de méconnaître son autorité. Quand elle ne satisfait pas pleinement la raison, elle éveille la réflexion, la stimule, l'élève. C'est le profit qu'on tirera, je l'espère, de la lecture de ces Extraits.

Quelques mots seront peut-être utiles pour indiquer la méthode que nous avons suivie dans la composition de ce volume. Deux systèmes se présentaient pour la disposition de ces Extraits : le groupement par nature de matière : *Pédagogie générale*, *régime intérieur*, *programme d'études*, *discipline*, etc. ; et le classement par ordre chronologique. C'est l'ordre chronologique que nous avons cru devoir adopter et pour deux raisons : d'abord parce qu'il nous a paru avoir l'avantage de permettre de suivre la pensée de Mme de Maintenon dans son développement naturel et dans ses transformations; ensuite parce que les mêmes lettres traitent souvent de plusieurs questions à la fois et qu'il aurait fallu les découper, c'est-à-dire en mutiler ou en détruire la vie pour faire rentrer chaque pièce détachée dans son cadre spécial. Nous nous sommes borné à rapprocher sous forme de notes, surtout pour les premiers morceaux qui renferment les principes fondamentaux — à titre de compléments utiles, d'éclaircissements ou même de simples comparaisons, — certains passages des *Lettres* auxquelles nous n'avons pu faire une place. Pour ces notes aussi d'ailleurs, nous nous sommes fait un devoir d'indiquer la date du morceau auquel il était emprunté.

Dans le choix des Extraits, nous nous sommes donné pour règle de prendre soit en totalité, soit par fragments, les *Lettres*, *Avis*, *Conseils*, *Entretiens*, *Conversations* ou *Proverbes* d'un intérêt pédagogique permanent. L'objet de ce volume est non de faire connaître les règles qui se pratiquaient à Saint-Cyr, mais celles qui, représentant des maximes générales d'éducation, peuvent et doivent être suivies partout.

Le nombre des morceaux aurait pu être plus considérable; nous nous sommes restreints à l'essentiel. Au texte nous n'avons ajouté aucun commentaire. Le fond étant de pédagogie courante est accessible à tous les lecteurs; la langue parfois incorrecte, si l'on regarde à la construction grammaticale, mais toujours ferme et limpide, rendait toute glose superflue. Partout où l'observation, dépassant la mesure ou ne répondant plus à nos mœurs, prête le flanc à la critique, il nous a paru bon que ceux auxquels le livre est destiné fussent directement juges.

Il n'eût pas été sans intérêt peut-être, ni sans profit assurément, de fournir en regard des pensées de Mme de Maintenon, les pensées analogues de quelques-uns de ses contemporains, moralistes ou pédagogues, Fleury, Fénelon, La Bruyère, Mlle de Scudéry, Mme de Sévigné, Mme de Lambert, etc., ou des interprètes les plus autorisés des doctrines de l'éducation en France, Montaigne, Port-Royal, Rousseau, Mme de Genlis, Mme de Necker, Mme Guizot, etc. Nous avions commencé à faire ce travail de rapprochements critiques; mais pour le bien faire, il fallait une place dont nous ne disposions pas, et nous avons mieux aimé renoncer à toutes les comparaisons que d'en établir d'insuffisantes.

Enfin nous avons adopté partout, sauf un très petit nombre de variantes, le texte établi avec tant de soin par M. Th. Lavallée.

Mme DE MAINTENON

EXTRAITS

DE SES LETTRES, AVIS, ENTRETIENS, CONVERSATIONS
ET PROVERBES[1]

SUR L'ÉDUCATION

I

LETTRES

1. — INSTRUCTION AUX DAMES DE SAINT-LOUIS

Instruction générale.

1er août 1686[2].

Dieu ayant voulu se servir de moi pour contribuer à l'établissement que le Roi a fait pour l'éducation des pauvres demoiselles de son royaume, je crois devoir communiquer aux personnes qui sont destinées à les élever ce que mon expérience m'a appris sur les moyens de leur

1. Sur la méthode suivie dans le choix et la disposition de ces Extraits, voir l'*Introduction*, p. LXIV.
2. Cette instruction est le premier acte de direction appliqué à la maison de Saint-Louis. — Voici comment Mme de Maintenon rappelle

donner une bonne éducation; c'est assurément une des plus grandes austérités que l'on puisse pratiquer, puisqu'il n'y en a guère qui n'aient quelque relâche, et que, dans l'instruction des enfants, il faut y employer toute la vie[1].

Quand on veut seulement orner leur mémoire, il suffit de les instruire quelques heures par jour, et ce serait même une grande imprudence de les accabler plus longtemps; mais quand on veut former leur raison, exciter leur cœur, élever leur esprit, détruire leurs mauvaises inclinations, en un mot, leur faire connaître et aimer la vertu, on a toujours à travailler, et il s'en présente à tous moments des occasions. On leur est aussi nécessaire dans les divertissements que dans leurs leçons, et on ne les quitte jamais qu'elles n'en reçoivent quelque dommage.

Mais comme il ne sera pas possible qu'une seule personne puisse conduire un certain nombre d'enfants, il sera

elle-même l'origine et le caractère de l'institution : « Dieu sait que je n'ai jamais pensé à faire un aussi grand établissement que le vôtre, et que je n'avais point d'autres vues que de m'occuper de quelques bonnes œuvres pendant ma vie, ne me croyant point obligée à rien de plus, et ne trouvant que trop de maisons religieuses; moins j'ai eu de part à ce dessein et plus j'y reconnais la volonté de Dieu, ce qui me le fait beaucoup plus aimer que si c'était mon ouvrage; il a conduit le Roi à cette fondation, comme vous l'avez su, lui qui, de son côté, ne veut plus souffrir de nouveaux établissements (c'est-à-dire d'établissements religieux). » (*Lettre à Mme du Pérou*, 20 octobre 1686.)

1. « Si les Dames de Saint-Louis veulent suivre les intentions de leur fondateur, il faut qu'elles se regardent comme chargées uniquement du soin des jeunes demoiselles qui font partie de la communauté. .. L'institution de Saint-Louis est une manière de collège : il faut que tout ait rapport à l'instruction et à l'éducation, et que la maison se conforme à ce qui est le plus utile à l'avancement des demoiselles.» (*Avis aux Dames de Saint-Louis*, 1688.)

« Qu'elles (toutes les Dames) entrent de bonne foi dans l'obligation qu'elles ont sur les demoiselles; qu'elles ne les regardent point comme des externes, où il faut aller faire son heure d'instruction et puis retourner à la communauté; les demoiselles doivent ici aller avant tout; la communauté n'est faite que pour elles, et c'est l'intention du fondateur; on ne fait pas seulement vœu de les instruire, mais de les élever, et ce terme comprend tous les soins des mères envers leurs enfants; il faut donc quitter toute autre affaire pour celle-là. » (*Extrait* nécessaire d'avoir plusieurs maîtresses pour la même classe; il faut qu'elles agissent avec une grande union et un très grand rapport des mêmes sentiments, que leurs maximes soient pareilles, et qu'elles tâchent de les insinuer avec les mêmes manières[1].

Il est besoin, dans cet emploi plus que dans aucun autre, de s'oublier entièrement soi-même, ou au moins, si l'on s'y propose quelque gloire, il n'en faut attendre qu'après le succès, et cependant se servir des moyens les plus simples pour y parvenir. Quand je dis qu'il faut s'oublier soi-même, c'est qu'il ne faut songer qu'à se faire entendre et à persuader; il faut abandonner l'éloquence, qui pourrait attirer l'admiration des auditeurs[2]; il faut même badiner avec les enfants dans de certaines occasions et s'en faire aimer pour acquérir sur eux un pouvoir dont ils puissent profiter. Mais il ne faut pas se méprendre aux moyens dont on doit se servir pour se faire aimer; il n'y a que les moyens raisonnables qui réussissent, et il n'y a que les intentions droites qui attirent la bénédiction de Dieu[3].

On doit moins songer à orner leur esprit qu'à former

d'un ancien règlement pour les maîtresses des classes de Noisy, 1080.) — « Plus je travaille et plus je vois qu'il faut une vigilance continuelle et une patience sans bornes; vos filles ne peuvent être bien élevées que par cette attention dont il ne faut pas se départir un moment. » (*Lettre à Mme de Bouju*, 4 mars 1703.)

1. « Que toutes les Dames agissent dans une grande union, de sorte que les demoiselles soient persuadées qu'elles sont gouvernées dans le même esprit. » (*Extrait du règlement de Noisy*, 1080.) — « Il faut gouverner les demoiselles avec une grande dépendance de la première maîtresse; il faut se soutenir les unes les autres pour vouloir la même fin et les mêmes moyens. » (*Lettre à Mme de Bouju*, 4 mars 1703.) — Cf *Entretiens*, nos 13, 14, 20 et 31, Lettre, no 43.

2. « Qu'elles (les Dames et novices) ne cherchent jamais l'éloquence, ce n'est que par vanité, et nous ne savons pas seulement ce que c'est qu'éloquence. » (*Lettre à Mme du Pérou*, décembre 1080.)

3. « Entrez dans l'esprit et dans les maximes de cette maison et comptez que le moyen le plus sûr pour se faire aimer des demoiselles est de s'en faire estimer. » (*Lettre à Mme de Gautier, Dame de Saint-Louis et infirmière*, 1080.)

leur raison ; cette méthode, à la vérité, fait moins paraître le savoir et l'habileté des maîtresses ; une jeune fille qui sait mille choses par cœur brille plus en compagnie et satisfait plus ses proches que celle dont on a pris soin seulement de former le jugement, qui sait se taire, qui est modeste et retenue, et qui ne paraît jamais pressée de montrer son esprit.

Il faut quelquefois leur laisser faire leur volonté pour connaître leurs inclinations, leur apprendre la différence de ce qui est mal, de ce qui est bien, de ce qui est indifférent, et leur accorder tout ce qui est de cette dernière espèce.

Je crois que toutes les personnes qui se donneront la peine de lire ceci entendront aussi bien que moi ce que je veux dire par les choses indifférentes ; mais comme je ne songe qu'à être utile, j'entrerai dans un détail qui peut-être pourra paraître ennuyeux. La manière de vie uniforme des jeunes demoiselles de Saint-Cyr fournit moins de sujets de leur faire ces sortes de distinctions qu'aux enfants nourris dans le monde, où il s'en trouve tous les jours de nouvelles occasions ; mais on peut, par exemple, leur accorder une compagne au lieu d'une autre, une promenade d'un côté au lieu d'un autre, un jeu et mille bagatelles qui leur font voir que l'on ne veut être maîtresse que quand il le faut et qu'elles le seraient en tout si elles étaient raisonnables. J'excepte des exemples que j'ai donnés ceux où il se pourrait trouver des conséquences. Une compagne peut être dangereuse, une promenade peut avoir quelque inconvénient, un jeu peut n'être pas de saison ; mais je voudrais qu'en les refusant on leur en dît la raison, autant que la prudence le peut permettre, et tâcher même de leur refuser ce qui serait mal avec une fermeté qui ne se rende jamais : il n'est pas croyable combien ces manières-là rendent le gouvernement facile et absolu.

Il est bon de les accoutumer à ne voir jamais rien accorder à leur importunité. Il faut être implacable sur les vices, et les punir ou par la honte ou par des châtiments qu'il faut faire très rigoureux, et le plus rarement que l'on peut.

Il faut bien se garder de la dangereuse maxime de quelques personnes qui, par une crainte scrupuleuse que Dieu ne soit offensé, évitent soigneusement les occasions où les enfants pourraient faire paraître leurs inclinations; on ne peut trop les connaître pour leur inspirer l'horreur du vice et l'amour de la vertu, dans laquelle il faut les affermir, en leur donnant des principes qui les empêchent de manquer par ignorance.

Il faut étudier leurs inclinations, observer leur humeur, et suivre leurs petits démêlés pour les former sur tout; car l'expérience ne fait que trop voir combien l'on fait de fautes sans les connaître, et combien de personnes sont tombées dans le crime sans être nées plus méchantes que d'autres qui ont vécu innocemment.

Il faut donc leur apprendre à éviter les occasions, et qu'une des plus dangereuses est la mauvaise compagnie.

On doit leur apprendre toutes les délicatesses de l'honneur, de la probité, du secret, de la générosité et de l'humanité, et leur peindre la vertu aussi belle et aussi aimable qu'elle l'est.

Quelques petites histoires convenables à ce dessein leur sont très propres et utiles, et les instruisent en les divertissant; mais il faut qu'elles soient persuadées que si la vertu n'a la religion pour fondement, elle n'est point solide, et que Dieu ne soutient point, mais réprouve ces vertus païennes et héroïques qui ne sont que les effets d'un orgueil délicat et insatiable pour les louanges.

Il n'est pas nécessaire de faire de longues instructions sur ces matières-là, et il vaut mieux les placer selon les occasions qui se présentent.

Il faut se faire estimer des enfants, et le seul moyen pour y parvenir est de ne leur point montrer de défauts, car on ne saurait combien ils sont éclairés pour les démêler; cette étude de leur paraître parfaite est d'une grande utilité pour soi-même[1].

Il ne faut jamais les gronder par humeur, ni leur donner lieu de croire qu'il y a des temps plus favorables les uns que les autres pour obtenir ce qu'ils désirent.

Il faut caresser les bons naturels, être sévère avec les mauvais, mais jamais rude avec aucuns[2].

Il faut par des complaisances leur faire aimer la présence de leurs maîtresses, et qu'ils fassent devant elles les mêmes choses que s'ils étaient abandonnés à eux-mêmes[3].

Il faut entrer dans les divertissements des enfants, mais

1. « Elles (les novices) se rendront elles-mêmes des modèles que les demoiselles puissent imiter, en leur inspirant la vertu par leur exemple...

... Elles se tiendront continuellement en garde contre leurs passions et contre leur humeur; elles auront un grand soin que, sans affectation, leurs yeux, leurs discours, leurs postures, leur extérieur en un mot, tous leurs procédés soient mesurés, ayant affaire à des yeux clairvoyants à qui rien n'échappe, qui sont toujours portés à juger désavantageusement des personnes qui les reprennent. » *Avis aux novices*, 1687.

2. « Il faut tâcher de distinguer les fautes qui sont de conséquence pour le bon ordre d'avec celles qui n'en sont pas : par exemple, une demoiselle travaille mal, apprend difficilement tout ce qu'il faut qu'elle sache : il faut avoir patience et ne se point rebuter; une demoiselle sort de la classe sans permission : il ne faut point avoir de la patience là-dessus, il la faut punir, parce qu'il y a une faute de sa volonté, et qui pourrait autoriser les autres à aller où il leur plairait. Il ne faut point être pointilleuse, chercher à découvrir leurs fautes, épier les occasions de les confondre; au contraire, il ne faut pas tout entendre, ou pour mieux dire, ne pas montrer tout ce qu'on voit et tout ce qu'on entend; il faut faire semblant d'ignorer ce qu'on peut, comme un mot échappé, un rire hors de saison, une faute courte et passagère. » (*Extrait d'un règlement pour les maîtresses de Noisy*, 1680.) — Voir plus bas *Lettre* n° 10, et *Entretiens*, n°s 76 et 77.

3. «.... Ce que je ne puis assez vous recommander, c'est l'esprit de simplicité : qu'elles (les demoiselles) soient sincères, franches, ennemies des moindres duplicités. Suivez cette idée en tout : voyez si elles sont fines ou si elles veulent l'être; si elles sont de bonne foi dans leur conduite et dans leur conversation; car cette droiture de cœur, qui est la simplicité, se remarque en tout; si elles sont capables d'avouer leurs faiblesses, leurs fautes; si, dans leur confiance, elles ne re-

il ne faut jamais s'accommoder à eux par un langage enfantin, ni par des manières puériles; on doit au contraire les élever à soi en leur parlant toujours raisonnablement; en un mot, comme on ne peut être ni trop, ni trop tôt raisonnable, il faudrait accoutumer les enfants à la raison dès qu'ils peuvent entendre et parler, et d'autant plus qu'elle ne s'oppose pas aux plaisirs honnêtes qu'on doit leur permettre.

Les agréments extérieurs, la connaissance des langues étrangères, et mille autres talents dont on veut que les filles de qualité soient ornées, ont leurs inconvénients pour elles-mêmes; car ces soins prennent un temps qu'on pourrait employer plus utilement. Les demoiselles de la maison de Saint-Louis ne doivent pas être élevées de cette manière, quand on le pourrait; car, étant sans bien, il n'est pas à propos de leur élever l'esprit et le cœur d'une façon si peu convenable à leur fortune et à leur état.

Mais le christianisme et la raison, qui est tout ce que l'on veut leur inspirer, sont également bons aux princesses et aux misérables; et si nos demoiselles profitent de ce que je crois qu'elles entendront, elles seront capables de soutenir tout le bien et tout le mal qu'il plaira à Dieu de leur envoyer[1].

tiennent rien; si elles disent le bien qui est en elles comme le mal quand on leur demande; car la simplicité est ingénue et ne cherche que la vérité, sans vouloir se louer ni se blâmer. Voyez où elles se portent naturellement, et observez-les avant de leur ouvrir l'esprit sur toutes ces délicatesses, de peur qu'elles ne songent à vous les montrer pour vous tromper.... » (*Lettre à Mme du Pérou*, décembre 1686.)

1. On rapprochera utilement de cette Instruction les traits essentiels de deux *Notes* rédigées, l'une la même année (1686) pour Saint-Cyr, l'autre l'année précédente pour la maison de Noisy.

« L'éducation est chrétienne, raisonnable et simple. On les instruit de la religion et on tâche de leur inspirer une piété solide, accommodée aux différents états où il plaira à Dieu de les appeler. On les élève en séculières, bonnes chrétiennes, sans exiger d'elles les pratiques *religieuses* (c'est-à-dire les pratiques de couvent)... On leur forme

2. — MAXIMES OU NOTES SUR L'ÉDUCATION[1].

1690.

Observer l'humeur et la capacité de chaque enfant, et ensuite se conduire selon leur naturel, car il y en a qui se corrigent aussi facilement par une correction de parole

autant qu'on le peut une conscience simple, droite et ouverte.... On évite tout ce qui pourrait trop exciter leur esprit et leur curiosité.... On veut qu'elles parlent et écrivent simplement.... On les instruit des devoirs des femmes du monde et de tous les états où elles pourront se trouver. Elles sont toutes traitées également et il n'y en a pas une de négligée. On ne les distingue que par la sagesse, sans égard au plus ou moins de naissance, ni aux protections qu'elles pourraient avoir, ni aux agréments naturels. On les rend simples et ingénues à tout dire, en les reprenant avec raison et douceur. On essaye toujours de la douceur avant de venir à la rigueur. On diversifie leurs instructions; on les fait courtes, parce qu'elles sont fréquentes; on les égaye souvent. On se sert de tout jusque dans leurs jeux pour former leur raison. On tâche de les rendre franches, simples, généreuses, sans finesse, sans mystère, sans respect humain, voulant bien que toutes voient que celles qui sont occupées des autres deviennent les maîtresses de tout. » (*Note pour les demoiselles de Saint-Louis*, 1686.) — « Je voudrais qu'on inspirât aux demoiselles : .... une conscience droite, simple et ouverte; .... qu'il ne faut point être curieux et se borner à un petit nombre de livres; que toute piété consiste dans l'observance des commandements et la pratique des vertus. Leur faire aimer le silence et le travail. Chercher des inventions ou quelque intérêt pour leur donner le goût du travail. Expliquer ce qu'on leur dit; les rendre simples à tout dire, en ne les grondant jamais. Réjouir leur éducation. Diversifier leurs instructions. Reprendre continuellement et doucement. Regarder les classes comme le principal de la maison. Que la supérieure soit ingénieuse à faire des distinctions qui mettent l'émulation dans les classes. Qu'on peut se servir de petites inventions pour mettre cette émulation, mais qu'il faut pourtant se garder des distinctions qui élèvent trop les unes et qui découragent trop les autres. Qu'on leur apprenne à parler français, mais simplement. Qu'elles écrivent de même. Qu'on leur parle chrétiennement et toujours raisonnablement. Qu'on égaye souvent leurs instructions, et qu'on ne leur en fasse pas de trop longues. Qu'on les élève en séculières, bonnes chrétiennes, sans exiger d'elles des pratiques religieuses, comme de n'oser lever les yeux.... Qu'on les aime toutes également.... » (*Note pour la maison de Noisy*, 1685.) — Voir également les *Maximes ou notes sur l'éducation*, 1690, n° 2, et l'*Avis aux maîtresses de classes*, (décembre 1691), n° 4 que par celle de la main; épuiser la raison et la douceur avant que d'en venir à la rigueur; ne point rabaisser leur courage, mais leur montrer en quoi consiste la bonne gloire.

Ne leur faire jamais d'histoires dont il faille les désabuser quand elles ont de la raison, mais leur donner le vrai comme vrai, le faux comme faux.

Ne leur faire jamais peur que du péché, et encore par des raisons solides, et non par des inventions qui remplissent leurs têtes de fausses idées.

Il ne faut être partiale que pour le mérite et la vertu, en sorte qu'on connaisse que celles qu'on favorise et qu'on aime le mieux, c'est parce qu'elles sont les plus sages.

Ne pardonner jamais le mensonge ni tout ce qui est vice.

Convaincre les enfants qu'on les aime, et que ce qu'on fait est pour leur bien.

Être en garde contre les plus petits défauts, afin qu'on ne puisse reprocher à la maîtresse ce qu'on reprend dans les écolières.

Ne laisser rien apprendre par cœur qui ne soit excellent; donner de grandes et solides idées de religion aux demoiselles qui sont capables de les concevoir[1].

1. « Apprenez-leur la religion dans toute sa grandeur : faites bien voir qu'elle est en esprit et en vérité; qu'elle ne consiste point dans les seules pratiques extérieures ni dans une observance judaïque de la loi, mais qu'elle doit être dans le cœur; que c'est elle qui doit entrer dans toutes nos actions, qui doit les animer et les régler, depuis les plus importantes jusqu'aux plus petites. Qu'il faut être soumise, fidèle à toutes les pratiques de la religion, mais sans gêne et sans scrupule. — (*Avis aux maîtresses des classes*, 1680.) « Instruisez-les de ce qui est nécessaire et solide; ne donnez rien à leur curiosité, empêchez les grands raisonnements, raffinements, objections, et tâchez de démêler si c'est la vérité qu'elles cherchent ou si elles veulent disputer pour se divertir, pour embarrasser ou pour montrer leur esprit. Si la simplicité est nécessaire et aimable dans la société, elle est encore d'une plus absolue nécessité dans la piété... Donnez-leur des maximes fortes et libres, faites taire leur esprit et animez leur cœur... Donnez-leur des pratiques d'oraison sans raffinement; qu'elles soient simples dans la présence de Dieu.... » (*Lettre à Mme du Pérou*, décembre 1680.)

Reporter tout à Dieu et à la Providence.

Leur montrer souvent ce qu'il y a de faux dans les plaisirs du monde et de solide dans leur retranchement.

Ne leur faire rien affecter à l'extérieur de trop gêné, mais leur faire pratiquer la modestie et la bienséance convenables aux personnes de notre sexe.

Leur soulager l'obéissance en leur rendant raison de tout ce qu'on leur refuse quand la chose d'elle-même paraît faisable.

Avoir toujours beaucoup de complaisance pour tout ce que l'on peut accorder sans blesser la règle.

Leur faire aimer la vertu en la leur montrant par ce qu'elle a de plus attirant pour elles.

Se ménager de telle sorte dans son autorité, que la crainte n'empêche pas la liberté de l'esprit des enfants dans les temps de récréation.

Leur former tout doucement les sentiments du cœur par beaucoup de mépris pour la lâcheté et pour la bassesse.

Les faire juger d'un événement, leur donner de certains choix qui puissent faire connaître ce qu'elles pensent et ce qu'elles conçoivent, comme, par exemple : lequel aimeriez-vous mieux d'être reine avec tous les avantages qui accompagnent cet état, mais sans aucune des qualités nécessaires à la royauté, ou d'être pauvre demoiselle sans biens, privée de tous les plaisirs du monde, mais ayant d'ailleurs de la sagesse, de l'esprit et de la vertu, etc. ? Et ensuite les faire convenir, quand elles choisissent ce dernier, qu'il faut que le mérite soit d'un grand prix, puisqu'on le préfère à tout ce qui charme et qui éblouit dans le monde, et les exciter par là à l'amour de la vertu et à la correction de leurs défauts.

Il ne faut point forcer l'esprit des enfants ni s'opiniâtrer à les rendre toutes des merveilles, car il est impossible que dans un si grand nombre il n'y en ait d'un médiocre génie; mais il ne faut semer ni insinuer que ce qui est bon, et laisser le succès à la Providence. Il est impossible que des filles qui ne voient dans leur jeunesse que de bons exemples et qui n'écoutent que de bonnes paroles, ne deviennent avec le temps tout ce qu'elles peuvent être, du plus au moins : ainsi il faut se réjouir de celles qui font des progrès, et espérer pour les autres qu'elles en feront ou qu'elles sont capables d'en faire.

Il faut prendre garde à un abus que forme quelquefois la trop grande tendresse de conscience, c'est de se mettre en garde pour empêcher que la conduite ne soit cause que les enfants offensent Dieu, comme, par exemple, ne les point interroger sur un fait, parce qu'on craint qu'ils ne mentent ; ne leur rien commander, parce qu'on se persuade qu'ils désobéiront. Cette maxime est pernicieuse à l'éducation des enfants. Quoique ce soit l'effet d'une bonne cause, il faut en tout avoir l'esprit droit, et songer qu'il est impossible de tuer un monstre bien caché ; ainsi il faut, pour connaître les vices et les inclinations de la jeunesse, remuer leurs passions avec discrétion, leur faire la guerre, et ne pas craindre leurs vices ; leur aider à les surmonter dans un âge où le plus grand péché est de laisser croître les inclinations naissantes du péché.

Il faut éviter de donner de la jalousie, mais il faut donner de l'émulation, en louant et récompensant beaucoup celles qui en sont dignes devant celles qui en sont indignes.

Il ne faut jamais excuser les défauts de celles qu'on conduit, en leur présence, quand la supérieure les reprend ; c'est une mollesse qui gâte l'éducation et qui fait croire qu'on n'oserait les fâcher, ce qui rend leurs défauts plus hardis et affaiblit l'autorité des maîtresses.

Il ne faut rien promettre aux enfants qu'on ne leur tienne, soit récompense, soit châtiment ; ne les point corriger mollement, mais user rarement du fouet ; et quand on le donne, le faire craindre pour toujours, afin qu'on ne recommence pas, ce qui doit être onéreux.

Il faut les accoutumer à trouver bon qu'on les reprenne de leurs défauts et à aimer d'en être averties ; il ne faut point souffrir celles qui accuseraient par inclination d'accuser.

Il ne faut pas souffrir qu'on traite de rapporteuses celles qui donnent des avis aux maîtresses, mais il ne faut pas que les maîtresses souffrent qu'on leur dise des riens inutiles à corriger ou propres à altérer l'amitié.

Il ne faut jamais chercher à se faire aimer de la jeunesse que par les moyens qui lui sont utiles.

Il ne faut jamais se décourager dans l'éducation : ce qui ne vient pas tôt peut venir tard, mais il se faut armer de beaucoup de patience.

Il faut se souvenir que ce qu'on ne recueille pas sur la terre dans les soins qu'on prend de bien élever les enfants, on le trouvera immanquablement au ciel, si on les instruit dans la vue de Dieu.

---

3. — LETTRE A Mme DE FONTAINES,

maîtresse générale des classes.

Sur la réforme de Saint-Cyr.

20 septembre 1691[1].

La peine que j'ai sur les filles de Saint-Cyr ne se peut réparer que par le temps et par un changement entier de l'éducation que nous leur avons donnée jusqu'à cette heure; il est bien juste que j'en souffre, puisque j'y ai contribué plus que personne, et je serai bien heureuse si Dieu ne m'en punit pas plus sévèrement. Mon orgueil s'est répandu par toute la maison, et le fonds en est si grand qu'il l'emporte même par-dessus mes bonnes intentions.

1. Cette lettre marque la date et les causes de la réforme de Saint-Cyr. (Voir notre *Introduction*.)

Dieu sait que j'ai voulu établir la vertu à Saint-Cyr, mais j'ai bâti sur le sable. N'ayant point vu ce qui seul peut faire un fondement solide, j'ai voulu que les filles eussent de l'esprit, qu'on élevât leur cœur, qu'on formât leur raison; j'ai réussi à ce dessein : elles ont de l'esprit, et s'en servent contre nous; elles ont le cœur élevé, et sont plus fières et plus hautaines qu'il ne conviendrait de l'être aux plus grandes princesses; à parler même selon le monde, nous avons formé leur raison, et fait des discoureuses, présomptueuses, curieuses, hardies. C'est ainsi que l'on réussit quand le désir d'exceller nous fait agir. Une éducation simple et chrétienne aurait fait de bonnes filles dont nous aurions fait de bonnes femmes et de bonnes religieuses, et nous avons fait de beaux esprits que nous-mêmes, qui les avons formés, ne pouvons souffrir; voilà notre mal, et auquel j'ai plus de part que personne. Venons au remède, car il ne faut pas se décourager; j'en ai déjà proposé à Balbien[1], qui vous paraîtront peut-être bien petits; mais j'espère, avec la grâce de Dieu, qu'ils ne seront pas sans effet. Comme plusieurs petites choses fomentent l'orgueil, plusieurs petites le détruiront. Nos filles ont été trop considérées, trop caressées, trop ménagées; il faut les oublier dans leurs classes, leur faire garder le règlement de la journée, et leur peu parler d'autre chose. Il ne faut point qu'elles se croient mal avec moi; ce n'est point leur affliction que je demande; j'ai plus tort qu'elles; je désire seulement réparer par une conduite contraire le mal que j'ai fait. Les bonnes filles m'ont plus fait voir l'excès de fierté qu'il faut corriger que n'ont fait les mauvaises, et j'ai été plus alarmée de voir la gloire et la hardiesse de Mlles de..., de..., et de..., que de tout ce que l'on m'a dit des libertines de la classe.

1. Mlle Balbien était une sorte de fille de confiance fort entendue en tout ce qui concernait les questions de ménage intérieur et de toilette. Par ses soins Mme de Maintenon fit modifier l'uniforme des demoiselles. (Voir notre *Introduction.*)

Ce sont des filles de bonne volonté, qui veulent être religieuses, et qui, avec ces intentions, ont un langage et des manières si fières et si hautaines qu'on ne les souffrirait pas à Versailles aux filles de la première qualité. Vous voyez par là que le mal est passé en nature, et qu'elles ne s'en aperçoivent pas. Priez Dieu et faites prier pour qu'il change les cœurs, et qu'il nous donne à toutes l'humilité; mais, madame, il ne faut pas beaucoup en discourir avec elles. Tout à Saint-Cyr se tourne en discours; on y parle souvent de la simplicité, on cherche à la bien définir, à la bien comprendre, à discerner ce qui est simple et ce qui ne l'est pas, puis dans la pratique on se divertit à dire : par simplicité, je prends la meilleure place; par simplicité, je vais me louer; par simplicité, je veux ce qu'il y a de plus loin de moi sur la table. En vérité, c'est se jouer de tout, et tourner en raillerie ce qu'il y a de plus sérieux. Il faut encore défaire nos filles de ce tour d'esprit railleur que je leur ai donné, et que je connais présentement très opposé à la simplicité; c est un raffinement de l'orgueil qui dit par ce tour de raillerie ce qu'il n'oserait dire sérieusement. Mais, encore une fois, ne leur parlez ni sur l'orgueil ni sur la raillerie; il faut la détruire sans la combattre, et par ne s'en plus servir; leurs confesseurs leur parleront sur l'humilité, et beaucoup mieux que nous; ne les prêchons plus, et essayez de ce silence qu'il y a si longtemps que je vous demande : il aura de meilleurs effets que toutes nos paroles.

Je suis bien aise que Mlle de... se soit enfin humiliée; louons-en Dieu, et ne la louons point; c'est encore une de nos fautes de les trop louer. N'irritez point leur orgueil par de trop fréquentes corrections; mais quand vous aurez été obligée d'en faire quelqu'une, ne les admirez pas de les avoir bien prises.

Quant à vous, ma chère fille, je connais vos intentions; vous n'avez, ce me semble, nul tort particulier en tout ceci; il n'est que trop vrai que le plus grand mal vient de moi; mais prenez garde, comme les autres, de n'avoir pas votre part dans cet orgueil si bien établi partout qu'on ne le sent presque plus. Nous avons voulu éviter les petitesses de certains couvents, et Dieu nous punit de cette hauteur; il n'y a point de maison au monde qui ait plus besoin d'humilité extérieure et intérieure que la nôtre : sa situation près la cour, sa grandeur, sa richesse, sa noblesse, l'air de faveur qu'on y respire, les caresses d'un grand roi, les soins d'une personne en crédit, l'exemple de la vanité et de toutes les manières du monde qu'elle vous donne malgré elle par la force de l'habitude, tous ces pièges si dangereux nous doivent faire prendre des mesures toutes contraires à celles que nous avons prises. Bénissons Dieu de nous avoir ouvert les yeux : il vous inspire la piété; elle augmente tous les jours chez vous; établissons-la solidement. Ne soyons point honteuses de nous rétracter, changeons nos manières d'agir et de parler, et demandons instamment à Dieu qu'il change le fond de nos cœurs, qu'il ôte de votre maison cet esprit d'élévation, de raillerie, de subtilité, de curiosité, de liberté de juger et de dire son avis sur tout, de se mêler des charges les unes des autres, au hasard de blesser la charité; qu'il ôte cette délicatesse, cette impatience des moindres incommodités : le silence et l'humilité en seront les meilleurs moyens. Faites part de ma lettre à notre mère supérieure; il faut que tout soit commun entre nous.

---

4. — AVIS AUX MAITRESSES DES CLASSES

Décembre 1691.

Vous ne pouvez trop, ni trop tôt, imprimer la religion dans le cœur des enfants qui sont commis à vos soins; il serait à désirer qu'on leur en eût parlé avant qu'elles vinssent chez vous, et vous aurez peut-être bien de la peine à effacer la mauvaise éducation que l'on aura donnée à quelques-unes.

Mais soit qu'il faille établir ou détruire, travaillez sans cesse à leur faire connaître la religion dans toute sa grandeur, dans toute sa beauté, sa solidité et sa simplicité....

Que leur éducation soit simple et toute chrétienne ; ne vous servez jamais de citations ni d'exemples profanes qui enorgueillissent et dégoûtent de l'humilité du christianisme.

Tous les chrétiens doivent être humbles et simples; entre les chrétiens, les personnes de notre sexe y sont encore plus obligées, et entre les personnes de notre sexe, les demoiselles de votre maison, qui sont sans fortune, et ne doivent avoir rien d'élevé dans leur éducation.

Ne leur souffrez aucun vice; faites-leur la guerre sans relâche dès que vous les apercevrez.

Mais reprenez-les avec une grande douceur, et soyez patientes pour le succès de votre travail.

Possédez-vous en reprenant les fautes de vos filles; et si vous sentez quelque émotion, remettez à une autre fois ce que vous avez à dire. Ce serait une excellente pratique de ne jamais rien commencer sans avoir consulté et prié Dieu.

Ne croyez pas qu'un discours animé par la colère les persuade et les touche davantage: outre qu'elle n'opère point la justice, les enfants démêlent bien vite qu'on se laisse aller à son humeur dans ce qu'on leur dit.

Un châtiment ou une réprimande faite de sang-froid et quelquefois au bout de huit jours, leur fera plus d'impression : elles voient par cette conduite que l'impatience ou le chagrin n'a point de part à ce que l'on fait.

Dites-leur toujours les choses comme elles sont; ne les outrez point et n'abusez pas de leur innocence pour leur persuader ce qu'elles verraient dans la suite qui ne serait pas vrai....

Faites-leur voir que la vraie piété est de remplir ses

devoirs; qu'elles apprennent celui des femmes, celui des mères, les obligations envers les domestiques, ce que l'on doit d'édification au prochain, et quelle sorte de vie elles peuvent et doivent mener dans le monde[1].

Inspirez-leur une grande modestie avec leurs compagnes, soit dans les actions, soit dans les discours.

Ne les laissez jamais inutiles; il vaut mieux qu'elles jouent que de ne rien faire : l'oisiveté et la conversation entre elles est ce qu'il y a de pis. Faites-les passer d'un exercice à un autre, et que dans les récréations elles se divertissent à des jeux qui les occupent toutes ensemble.

Ayez une grande douceur pour elles et une patience sans bornes; semez et attendez les fruits, ils viendront dans leur temps[2]. Servez-vous toujours de termes honnêtes en leur parlant, et n'employez l'autorité que le plus rarement que vous pourrez.

Ne désirez point d'être aimées d'elles, par mollesse et par amour-propre, mais faites-vous-en aimer, afin de vous servir du pouvoir que vous aurez sur leur esprit pour les porter à Dieu; c'est ainsi que l'on met tout à profit en faisant tout pour lui.

Pour acquérir ce pouvoir, montrez-leur de l'amitié, faites-leur tous les plaisirs qui ne pourraient leur nuire, supportez-les dans leurs infirmités, consolez-les dans leurs

1. « Que la piété qu'on leur inspirera soit gaie, douce et libre; qu'elle consiste plutôt dans l'innocence de leur vie, dans la simplicité de leurs occupations, que dans les austérités, les retraites, les délicatesses sur la dévotion et les raffinements. » (*Avis aux maîtresses des classes*, 1692.) — « Il faut leur montrer une piété douce, aimable et gaie. » — (*Lettre à Mme de Montfort*, 14 septembre 1691.) — « Ne prenez pas la piété trop sévèrement; traitez-en doucement. » (*Lettre à une demoiselle de la classe bleue*, 1691.)

2. « Ne relevez point les fautes des *jaunes* et des *bleues*[a]; ayez patience, tout viendra en son temps. » (*Lettre à Mlle de Radouay*, 1692.) — « Semez sans jamais vous décourager; d'autres feront pour vous la moisson; mais qu'importe, pourvu que vous ayez fait votre devoir? » (*Lettre à une novice*, 1694.)

a. Sur les dénominations des *rouges* et des *bleues*, voir notre *Introduction*.

tristesses, attendez-les avec une grande patience, soulagez-les dans leurs maux; ne montrez jamais d'inclination pour les plus agréables, et que toute votre conduite les persuade que vous ne comptez que sur ce que Dieu leur comptera.

Appliquez-vous particulièrement à former celles qui doivent sortir les premières de votre classe[1]; renoncez au plaisir de jouir de votre travail; allez au bien tout droit, sans vous compter pour rien.

N'ayez plus de commerce avec elles quand vous n'en serez plus chargées; quelque confiance qu'elles puissent avoir en vous, il faut qu'elle finisse; que tout cède à l'union et à la charité qui doit être entre les Dames qui les gouvernent, qu'il ne faut jamais blesser sous quelque prétexte que ce soit.

Que le même esprit d'union vous empêche de vous plaindre de celles qui viennent des autres classes; ce serait, en quelque manière, blâmer celles qui les gouvernaient : recevez-les de bon cœur telles qu'elles sont.

Ne pressez pas trop vos filles sur la piété; contentez-vous de les instruire et de les édifier; c'est à Dieu à faire le reste : lui seul peut toucher le cœur....

Ne leur permettez jamais de pratiques qui puissent nuire à leur santé; mais, dans tout le reste, élevez-les durement le plus qu'il vous sera possible.

Rendez-les ménagères et laborieuses; elles en seront plus propres à tous les partis qu'elles peuvent prendre; accoutumez-les à ne point perdre de temps : je ne compte point pour perdu celui qu'elles emploient à se divertir, quand il est réglé[2].

Que vos demoiselles soient bien droites, mais sans affectation ni rien de mondain; ne souffrez pas qu'à l'église elles aient la tête de travers ni le corps courbé : c'est le

1. Mme de Maintenon est revenue plus tard et bien des fois sur l'observation contraire : « Les demoiselles doivent toutes être traitées également. »

2. Voir plus bas la *Lettre* n° 5 et la note.

cœur qui doit être prosterné devant Dieu, mais ce n'est point la posture qui excite la ferveur; il ne faut rien de singulier quand on est à la vue de tout le monde.

Ne les accoutumez pas à une grande diversité de lectures; sept ou huit livres qui sont en usage dans votre maison suffiraient pour toute leur vie, si elles ne lisaient que pour s'édifier : la curiosité est dangereuse et insatiable.

Tâchez de leur faire aimer saint François de Sales : ses livres sont solides, et mènent à la plus grande perfection avec des manières douces; que le vieux langage ne les rebute pas : il faut s'attacher au sens, et cette difficulté n'arrêtera pas celles qui auront un bon esprit.

Il me semble que j'ai passé trop légèrement l'endroit où je vous dis que les conversations qu'elles ont les unes avec les autres sont très dangereuses; vous ne pouvez trop les éviter, mais il faut que ce soit par leur en ôter les occasions beaucoup plus que par en faire des défenses.

Je ne vous ai pas aussi assez expliqué le conseil que je vous donne de les élever durement, et de rien faire cependant qui puisse nuire à leur santé. Il faut leur permettre très rarement les veilles et les jeûnes, à cause de leur jeunesse, mais tâchez de les faire travailler à tout ce qui se présente; qu'elles mangent de tout, qu'elles soient sobres, qu'elles soient couchées et assises durement, qu'elles ne s'appuient jamais, qu'elles ne se chauffent que dans le grand besoin, qu'elles se servent les unes les autres, qu'elles balayent et fassent les lits, etc.; elles en seront plus fortes, plus adroites et plus humbles.

Quand elles font des fautes, pardonnez-leur quelquefois par un esprit de douceur et de patience, mais que les flatteries qu'elles vous feraient n'y aient jamais de part. Ne leur laissez pas croire qu'il y ait des temps et des manières pour vous gagner, et que toute votre conduite soit fondée sur la charité et sur la raison.

Vous savez que j'ai voulu que leurs coffres fussent ouverts, et qu'il régnât une fidélité dans la maison qui n'eût besoin d'aucune précaution; j'avais conçu cette idée de l'assemblée de filles d'une naissance noble, et que Dieu a appelées ici : je crois qu'on aurait pu y réussir, si on n'avait point pardonné les premières fautes qu'on fit après avoir été averties. Tâchez de mettre, autant qu'il se pourra, les choses sur ce pied-là, sans vous rebuter des difficultés que vous y trouverez dans les commencements.

Donnez-moi, avant que je parte, une liste des bonnes filles de toutes les classes, afin que je voie celles que j'espère que vous y ajouterez pendant mon voyage.

---

6. — LETTRE A UNE MAITRESSE DES CLASSES.

Sur la lâcheté.

1692.

Il est vrai, ma chère fille, que j'ai reproché souvent la lâcheté à Saint-Cyr, et qu'il me paraît qu'il y en a beaucoup dans l'esprit et dans le corps. J'appelle lâcheté cette délicatesse sur les moindres réprimandes, ce découragement qui s'ensuit, ces ménagements qu'on désire, ces récompenses continuelles dès qu'on a fait la moindre partie de son devoir, ce goût pour la dévotion sensible, ces peines quand il faut servir Dieu sans foi et sans goût, cette envie d'être à son aise sans que rien ne nous coûte, ce chagrin contre soi-même quand on trouve des difficultés à se corriger; je crois, ma chère fille, que voilà une partie de la lâcheté de l'esprit. Venons à celle du corps : cette recherche continuelle des commodités, qui ferait établir des machines qui apportassent toutes les choses dont on a besoin sans étendre le bras pour les aller prendre, cette frayeur des moindres incommodités, comme du vent, du froid, de la fumée, de la poussière, des puanteurs, qui fait faire des plaintes et des grimaces comme si tout était perdu, cette lenteur dans l'ouvrage qu'on ne fait que par force et qu'on ne se soucie pas d'avancer, cette indifférence que ce qu'on fait soit bien fait, cette peur d'être grondée qui est la seule chose qui occupe, sans se soucier du bien dans ce qu'on nous confie, ce balayage qu'on aime autant qu'il laisse des ordures que de n'en pas laisser, pourvu qu'on ne nous en dise rien, le linge mal plié et rangé en désordre, les ouvrages faits avec des gens qui empêchent de les bien faire, ces portes et ces fenêtres mal fermées pour ne pas s'en donner la peine, ce rayon de soleil qui met une classe en désordre et où les demoiselles courent, soit dans la chambre ou au chœur, pour leur sauver cette incommodité, cette impossibilité de s'acquitter d'une commission exactement parce qu'on s'en remet sur la première personne qu'on trouve, sans se soucier jamais du fait, cette impatience de ne pouvoir attendre en paix....

J'étais en bon train, ma chère fille, mais je n'ai pu continuer ma lettre, et je ne sais plus ce que je voulais dire; adieu, ma chère fille, je vous donne le bonsoir[1].

---

6. – ENTRETIEN AVEC LES MAITRESSES.

Sur la conduite à tenir à l'égard des demoiselles[2].

31 décembre 1694.

Dans un chapitre du dernier jour de l'année, où Mme de Maintenon se trouva, elle laissa parler la mère supérieure,

1. « Accoutumez-les à être ménagères, agissantes, adroites, fidèles dans les plus petites choses comme dans les plus grandes, exactes, véritables jusqu'à s'accuser elles-mêmes quand il convient, remplies d'honneur, de bonne foi, de probité, mais de cet honneur chrétien qui n'a rien de superbe ni de païen. » (*Avis aux maîtresses des classes*, 1692.)

2. Les *Entretiens* sont un des moyens d'éducation que Mme de Maintenon aimait à appliquer tant aux Dames qu'aux élèves. Elle s'en était toujours servie : elle s'en servit surtout après la réforme. (Voir notre *Introduction*.)

comme elle faisait ordinairement quand elle y venait, et quand la supérieure eut fini, Mme de Maintenon ajouta : « Votre mère a passé légèrement un article bien essentiel, c'est la nécessité de vous faire estimer des demoiselles par une conduite toute religieuse et régulière ; comptez que l'empressement que vous avez à vous instruire, et toutes vos questions qui partent d'un si bon fonds, mes bonnes intentions, mes misérables discours, et tous les moyens que nous pourrions prendre pour établir une vraie piété, une vertu solide et un bon esprit dans vos classes, seront sans fruit si vos demoiselles ne vous estiment pas, et elles ne vous estimeront qu'autant qu'elles vous verront vraiment vertueuses et régulières. Vous ne sauriez croire comme elles sont clairvoyantes sur vos moindres défauts, tout ce qu'elles en diraient, les comparaisons qu'elles feraient de vous autres, comme elles sauraient démêler celles qui sont les plus exactes de celles qui le seraient moins, comme elles diraient : C'est une telle qui nous garde, nous pourrons l'entretenir ; c'est cette autre, nous n'aurons pas un mot d'elle. Qu'est-ce à dire cela ? sinon une telle est régulière, et l'autre ne l'est pas.

« Évitez la familiarité avec les demoiselles, surtout avec les grandes ; elle serait très contraire au bon ordre et à la régularité de la maison. Il ne faut pas traiter les novices comme des compagnes avec qui l'on est but à but, quoique vous les ayez pour aider dans vos charges ; et si vous leur parlez aussi librement et familièrement que vous le faites entre vous, vous n'en serez jamais respectées. Vous devez toujours vous regarder comme leurs mères.

« Il m'est revenu que, dans vos récréations, vous parlez des défauts de vos demoiselles, sous prétexte, dites-vous, que vous êtes leurs mères ; mais ce n'est pas une raison pour divulguer dans une communauté des fautes et des défauts qui peuvent prévenir contre elles et leur nuire beaucoup, surtout si dans la suite elles voulaient être religieuses ici. Ce sont des filles de seize à dix-huit ans, leur réputation commence à n'être plus indifférente, et vous devez la ménager aussi soigneusement que le christianisme vous oblige à conserver délicatement la réputation de notre prochain; autrement vous pourriez bien tout bonnement, et sans y penser, être aussi médisantes que nous autres dans le monde. Soyez circonspectes dans vos paroles, soyez délicates sur la charité; vous savez mieux que moi combien il est aisé de pécher considérablement en cette matière : vous en instruisez les autres. Considérez toujours, avant que de parler, si ce que vous allez dire a quelque nécessité ou utilité, ou du moins s'il est innocent. Je ne vois pas à quoi peut servir de parler des défauts de vos demoiselles; je vous ai dit quelquefois en riant que je vous abandonnais le prochain *rouge;* c'est une raillerie. Il est vrai que dans le fond il y a moins de précautions à prendre à l'égard de ces enfants, parce qu'elles sont dans un âge où leurs défauts ne font pas grande impression, surtout lorsqu'ils sont légers; je ferais cependant scrupule de parler de ceux qui sont considérables.

« Si vous étiez frappées de ce que quelques défauts s'établiraient parmi vos demoiselles, ou quelque mauvaise coutume ou manière, je ne trouverais pas mal que vous dissiez en général que vous craignez qu'un tel défaut ne se glisse dans les classes, ni qu'on en cite même des exemples; cela vous instruit les unes et les autres, vous précautionne ou vous relève; mais je ne voudrais jamais que l'on nommât les demoiselles qui ont ces défauts; je trouverais même moins d'inconvénient à marquer positivement quelle sorte de faute quelqu'une aurait faite que de dire : C'est une humeur difficile, c'est un esprit mal fait, c'est un mauvais caractère; car ces choses-là notent toujours d'une manière très fâcheuse, et ne manquent point de laisser une mauvaise impression. »

Quand Mme de Maintenon eut cessé de parler, la mère supérieure lui demanda pardon, au nom de la communauté, des fautes qu'on avait faites pendant toute l'année; elle répondit : « Je vous l'accorde de bon cœur, mes chères enfants, et je suis pleine d'espérance que nous allons faire merveille à l'avenir ; je suis résolue de me livrer tout entière, et de vous aider de tout mon pouvoir à établir dans nos classes ce bon esprit et cette éducation solide dont je vous parle si souvent ; celle que nous leur avons donnée jusqu'ici a été trop extérieure et superficielle ; travaillons toutes ensemble à la rendre chrétienne, raisonnable et solide. Je vous demande pardon, si je vous parle si librement aux récréations, si je vous dis quelquefois des choses trop dures ; je me persuade que vous ne vous en offensez pas, parce que vous voyez le cœur dont elles partent, et que je n'envisage que votre utilité et le bien de votre établissement. Je serais bien fâchée de vous donner mon esprit, mes idées, mes maximes particulières, et je puis vous assurer que je ne vous fais aucune décision qui soit un peu importante, que je ne l'aie auparavant consultée plus d'une fois à des personnes capables de m'éclairer. »

---

7. — RAPPORT D'UNE VISITE DE Mme DE MAINTENON aux demoiselles de la classe bleue par deux d'entre elles, à Mme de Berval, leur maitresse.

Janvier 1693.

Puisque vous nous avez ordonné de vous écrire ce que nous dîmes hier à la récréation, nous le ferons le plus exactement et le plus simplement qu'il nous sera possible. Mme de Maintenon eut la bonté de venir exprès pour corriger nos lettres, comme nos maîtresses l'en avaient priée ; elle fit d'abord approcher toutes les demoiselles, et celles de qui l'on devait corriger les lettres étaient les plus proches d'elle ; elle leur montra l'une après l'autre les défauts qui étaient dans celles qu'on lui présenta, nous faisant voir particulièrement combien le style simple, naturel et sans tour est le meilleur, et celui dont toutes les personnes d'esprit se servent, nous disant que le principal pour bien écrire est d'exprimer clairement et simplement ce que l'on pense. Elle nous donna pour exemple M. le duc du Maine, qu'elle faisait écrire lorsqu'elle en était chargée, qu'il n'avait encore que cinq ans ; elle nous raconta que, lui ayant dit un jour d'écrire au Roi, il lui avait répondu fort embarrassé qu'il ne savait point faire des lettres. Mme de Maintenon lui dit : « Mais n'avez-vous rien dans le cœur pour lui dire? — Je suis bien fâché, répondit-il, de ce qu'il est parti. — Eh bien ! écrivez-le, cela est fort bon. » Puis elle lui dit : « Est-ce là tout ce que vous pensez? n'avez-vous plus rien à lui dire? — Je serais bien aise qu'il revînt, répondit le duc du Maine. — Voilà votre lettre faite, lui dit Mme de Maintenon, il n'y a qu'à le mettre simplement comme vous le pensez, et si vous pensiez mal, on vous redresserait. » C'est de cette manière, ajouta-t-elle, que je lui ai montré, et vous avez vu les jolies lettres qu'il a faites. Mme de Loubert, notre première maîtresse, lui dit qu'elle nous ferait grand plaisir de vouloir bien se donner la peine de nous en faire un modèle; elle y consentit, et prit pour sujet celui des lettres qu'elle venait de corriger; elle en écrivit une en billet et une en lettre, pour nous en montrer la différence. Nous n'osions lui marquer l'envie que nous avions qu'elle nous en fît comme pour une personne à qui nous devions du respect; une de nos maîtresses voulut bien le faire pour nous. Mme de Maintenon nous demanda, avec sa bonté ordinaire : « Pour qui, mes enfants, voulez-vous que je vous la fasse? » Nous lui répondîmes de manière à lui faire entendre que ce serait pour elle, comme pour une bienfaitrice. « Eh bien! dit-elle, puisque vous le voulez, je vais vous en faire une de cérémonie et de respect aux personnes âgées, quoiqu'elles ne fussent pas de meilleure maison que vous. » Et s'adressant à une de nous, elle lui dit : « Par exemple, vous devez du respect à un vieux M. T..., votre oncle, que je connais, quoiqu'il soit de la même maison que vous; vous me devez aussi du respect par rapport à mon âge; » comme nous voulant dire qu'il n'y avait que cela qui dût nous la faire respecter, tant son humilité est grande; mais il ne nous siérait pas, ma mère, de vous en parler, vous la connaissez mieux que nous.

Après avoir fait la lettre que nous lui avions demandée, elle eut la bonté de nous la lire, et nous dit ensuite : « Vous voyez que je l'ai faite respectueuse et tendre, mais c'est pour celles qui me regardent comme leur mère et que je regarde comme mes filles. » Nous vous dirons encore ce qu'elle nous fit remarquer des derniers mots de sa lettre, qui font voir la tendresse qu'elle nous permet de lui marquer, ayant la charité de nous regarder comme ses filles; elle nous dit donc : « Si une personne que je ne connaîtrais pas m'écrivait ainsi, cela ne serait pas bien, quoique je ne m'en soucie pas; mais pour celles de Saint-Cyr, j'aime fort qu'elles me marquent de la tendresse, et qu'elles m'écrivent sans façon. »

J'oubliais, ma mère, un fait remarquable de la journée d'hier, c'est que la maîtresse générale vint chercher Mme de Maintenon; et comme elle n'osait l'interrompre, une de nos mères l'en avertit, parce qu'il y avait déjà quelque temps qu'elle attendait. La maîtresse générale approcha donc, et Mme de Maintenon lui dit d'un air agréable : « Eh bien! que voulez-vous? nous avons bien ici d'autres affaires, pourquoi nous importuner? » Elle lui répondit du même ton : « Je ne savais pas, madame, que vous fussiez si bien occupée. » Mme de Maintenon, lui ayant répondu en fort peu de mots, reprit son occupation; mais comme, en nous levant pour laisser passer la maîtresse générale, il s'était élevé beaucoup de poussière, Mme de Loubert, notre première maîtresse, marqua à Mme de Maintenon la peine qu'elle en avait, laquelle reprit aussitôt avec bonté : *Ces pauvres enfants, j'aime jusqu'à leur poussière.* Nous fûmes toutes pénétrées de la manière tendre dont elle dit ces paroles, et nous en pensâmes pleurer. Elle fit aussi tout cela avec tant d'application qu'elle fut obligée de s'essuyer plusieurs fois le visage. Avant que de s'en aller, elle nous dit : « Mes chers enfants, croyez-vous que cela vous puisse profiter? » Nous lui répondîmes que nous espérions que la peine qu'elle avait prise ne serait pas inutile. Elle sortit en nous disant qu'elle le souhaitait de tout son cœur.

C'est avec bien du plaisir, ma mère, que nous nous sommes acquittées de ce que vous avez souhaité de nous; nous vous prions d'excuser tous les manquements que vous y remarquerez; mais nous croyons qu'il n'est pas besoin de vous expliquer combien nous sommes remplies de reconnaissance pour Mme de Maintenon, qui nous donne tous les jours de nouvelles marques de sa bonté; c'est ce qui nous fait souhaiter un aussi heureux sort que celui qu'ont eu quelques-unes de nos compagnes d'être auprès d'elle. Nous n'espérons pas que le bonheur nous en veuille assez pour cela, mais du moins nous allons nous appliquer de toutes nos forces à profiter de toutes les bontés dont elle nous honore présentement, et nous tâcherons toute notre vie de faire honneur à l'éducation qu'elle nous procure, à laquelle elle veut bien s'employer si souvent elle-même. Nous sommes, ma mère, avec un profond respect, vos très humbles et très obéissantes servantes,

D'Osmond et Du Bouchot[1].

1. Mlle d'Osmond fut quelque temps attachée à Mme de Maintenon comme secrétaire; puis elle épousa le marquis d'Havrincourt. — Mlle du Bouchot fit profession aux Carmélites.

9. — LETTRE A UNE DAME DE SAINT-LOUIS, maîtresse des ouvrages.

Sur les travaux manuels.

16 avril 1695

Je suis ravie de ce que vous me mandez sur le travail des demoiselles, mais je n'approuve pas les empressements que vous avez toutes pour les louer et pour que je les loue : c'est par cette conduite qu'on les a gâtées et qu'elles croient qu'on leur en doit de reste; quand elles font leur devoir, dites-leur donc simplement que l'ouvrage va bien et rien de plus. Ayez soin aussi de le diversifier afin qu'elles s'en lassent moins; il faut passer du neuf au vieux, du beau au grossier, des habits au linge, aux bonnets, aux coiffes, et enfin qu'elles sachent un peu de tout. Il faut que leur intérêt l'emporte en tout sur le vôtre qui serait de faire travailler les mêmes aux mêmes choses, pour qu'elles le fissent mieux et plus vite; c'est ce que des marchands feraient. Mais pour vous qui êtes des mères, prenez-en les sentiments et tâchez de leur apprendre un peu de chaque chose; elles s'ennuieront moins et il leur sera meilleur que d'exceller dans une seule sorte d'ouvrage. Il faut que les *jeunes* travaillent aux habits : ce sera une utilité pour la maison, parce qu'elles auront quelques années à y travailler et que les *bleues* deviennent *noires* et qu'elles ne travaillent plus guère. Souvenez-vous aussi que je vous ai conseillé de ne jamais donner rien de pressé aux *vertes* et aux *rouges;* il faut que leurs exercices aillent devant le travail, et que ni les maîtresses, ni les filles ne se piquent point d'honneur là-dessus. Vous avez toutes besoin d'un bon esprit qui sache prendre le milieu et aller droit, qui s'oublie soi-même pour le bien de celles dont vous êtes chargées. Les ouvrages exquis qui vous sont défendus dans la Constitution sont des agnus, des colifichets, des niches, des châsses et choses semblables qui, sous prétexte de piété, sont de vrais amusements d'enfants. Ils sont meilleurs que l'oisiveté dans les maisons où il y a peu de chose à faire; mais pour vous autres, vous ne manquerez pas de travail avec la famille dont Dieu vous a chargées : le linge, les habits, les coiffes, les bas, les meubles, les ornements quand il en faudra; tout cela fournira d'ouvrage abondamment, et il arrivera souvent qu'on ne pourra tout faire.

---

9. — LETTRE A MADAME DU PÉROU.

Sur le régime des enfants et la nécessité du relâchement pour les maîtresses.

1696.

Madame, j'ai toujours oublié de vous demander pourquoi on continue à donner du pain bis aux demoiselles dans un temps où le blé n'est pas cher; il est très bien qu'elles apprennent par leur propre expérience les inégalités des biens de la terre, et qu'elles aient quelque part aux souffrances publiques; mais il faut les remettre dans le train ordinaire quand il n'y a rien qui doive nous en tirer. La pente des communautés est de retrancher sur la nourriture plutôt que sur des commodités ou des embellissements dont il faudrait se passer. Cependant, comme la nourriture est réglée et frugale, il n'y faut guère toucher. Les filles en murmurent dans leur cœur d'autant plus amèrement qu'elles n'osent presque en parler. Je tâche en tout de vous faire profiter de mes expériences; mais pour en revenir aux demoiselles, comptez que c'est principalement par votre conduite que vous leur inspirerez la droiture, la bonté et la raison que vous leur désirez de si bonne foi.

Ne croyez pas, ni pour vous, ni pour vos filles, que celles qui ne sentent point de tristesse n'ont pas besoin de relâchement. Les occupations sérieuses minent peu à peu sans qu'on s'en aperçoive que trop tard; c'est pourquoi, ma chère fille, il faut prévenir cet accident par des débandements d'esprit qui soient innocents. Prenez garde seulement qu'il ne s'y passe rien de contraire à la modestie religieuse, rien de mondain, rien d'emporté, rien d'excessif; mais que la douceur, la sainte liberté, la simplicité, la charité, la modestie, règnent en tout....

---

10. — LETTRE A UNE PREMIÈRE MAITRESSE des vertes.

Sur la discipline.

Février 1697.

Que puis-je répondre à votre lettre, ma chère fille, et que pourrais-je dire que je n'aie dit et écrit cent fois? mais puisque vous le voulez, je vous dirai encore qu'il faut bien se garder de punir toutes les fautes de vos filles : les pénitences deviendraient communes et ne feraient plus d'impression. Il faut laisser passer beaucoup de fautes sans faire semblant de les voir; il faut quelquefois les punir en marquant qu'on les voit, faire semblant de les écrire, prendre un air sérieux sans dire un mot : il y a des filles mortifiées par un ton, par un geste. Il faut, en d'autres temps, les reprendre en public; une autre fois, les corriger en particulier par des avis de piété; enfin, il n'y a rien où il ne faille plus de diversité; on ne peut là-dessus faire des règles, le bon sens en doit décider.

Poursuivez soigneusement le vice; soyez patiente pour les fautes de jeunesse; soyez ferme pour celles qui troublent l'ordre de la maison. Il est vrai qu'il faut que vos filles fassent ce qui est marqué, c'est-à-dire qu'elles se couchent à l'heure réglée et qu'elles y dînent; mais pour le silence il faut prendre ce que l'on peut; les religieuses y manquent et vous voulez que les enfants y soient exacts. Les maîtresses doivent vous avertir de tout en particulier, mais c'est à elles à s'accommoder à vous, soit que vous punissiez ou que vous ne punissiez pas. Il me semble que vous êtes douce et ferme, c'est ce qu'il faut; et c'est la conduite de Dieu, ferme dans la fin où il faut toujours aller, douce dans les moyens dont il faut se servir, selon les occasions, selon les besoins, selon les temps[1]....

1. « Il faut punir le plus rarement qu'il vous sera possible, et, pour cela, il ne faut pas voir toutes les fautes; mais quand on ne peut ignorer que vous les avez vues, il ne faut pas les pardonner si elles sont considérables et ont été déjà pardonnées; il ne faut non plus attaquer tout à la fois, mais commencer par le plus pressé. Il est question présentement de mettre les demoiselles sur le pied d'une obéissance très exacte; c'est donc à quoi il faut vous appliquer très sérieusement, sans vouloir pourtant chercher ponctuellement les fautes que vous pouvez ignorer; par exemple, une fille parle pendant le silence, il faut lui dire : Mademoiselle, vous parlez; si elle se tait pour toujours, il faut en demeurer là; si elle parle encore, ou quelque autre, il faut lui dire en un mot : Mademoiselle, vous avez désobéi. Rien n'affaiblit tant une réprimande que la quantité des paroles. » (*Lettre à une maîtresse des classes*, 1692.)

« Je ne voudrais pas qu'on épluchât trop pointilleusement une fille qui dit une parole, et c'est dans ces occasions que je voudrais ne pas tout voir et ne pas tout entendre. Quant aux réponses des demoiselles aux maîtresses, je punirais sévèrement tout ce qui ne serait pas conforme au respect qu'elles vous doivent. Combien de fois vous ai-je dit que vous deviez les élever en mères, et qu'elles doivent vous respecter en enfants! Souffrirait-on qu'une fille dît, en parlant de sa mère : « Elle est plaisante de dire que je parle? » Il n'y a point de petites fautes en pareil cas; mais comptez que vous ne serez jamais respectées que vous ne soyez respectables, et que vous ne le serez que lorsque les demoiselles vous verront faire votre devoir sans y manquer jamais. Comment respecter une maîtresse qui se cache de ses supérieures et qui fait autrement en leur présence que lorsqu'elles n'y sont pas? » (*Lettre de Mme de Berval*, mai 1697.) — Cf., *l'Instruction aux Dames de Saint-Louis*, 1er *août* 1686, Lettre n° 1.

11. — LETTRE A Mme DE BERVAL.

Sur les qualités qu'il faut aux demoiselles qui désirent être Dames de Saint-Louis.

6 août 1698.

Je crois, ma chère fille, que dans le choix des sujets pour votre maison, vous devez vous attacher à la droiture de l'esprit et à la bonne humeur, car je ne parlerai point ici de la piété et de la vocation, puisque vous ne pouvez avoir de doute là-dessus. Tâchez donc de suivre dans les classes les filles qui ont l'esprit bien fait, qui prennent simplement ce qu'on leur dit, qui ne sont ni difficultueuses, ni raisonneuses, ni soupçonneuses, ni pointilleuses, qui se font aimer des plus sages et haïr de personne, dont on aime la société, qui parlent peu, qui sont timides, qui aiment à faire plaisir, qui sont actives, car toutes ces qualités marquent un bon esprit et un bon cœur. Prenez le milieu entre un trop grand goût pour l'esprit et la crainte des grands esprits: on aura toujours assez d'esprit quand on l'aura droit, doux et commode; les grands esprits vous rendront de grands services, s'ils sont dociles et soumis. Craignez les discoureuses; défaites-vous de ce que j'entends souvent: cette fille, dit-on, n'a pas de talents pour l'instruction, et n'a pas de facilité à parler. Il ne faut pour parler, mes chères filles, que savoir ce qu'on veut dire, et avoir du bon sens. Que j'aurais grand'peur d'une fille éloquente, et qui se distinguerait par là[1] !...

Tâchez de distinguer l'activité de la dissipation et de

1. « Madame dit un jour que ce n'était nullement son avis qu'on reçût une fille qui ne serait pas propre à l'éducation quand même elle aurait du talent pour les autres charges; parce que l'éducation des demoiselles était notre principale affaire; qu'elle n'entendait pas cependant qu'on dût exclure une fille parce qu'elle n'aurait pas le don de la parole, ni de la facilité pour l'instruction, quand d'ailleurs elle pourrait être capable d'autres fonctions dans les classes, puisque ce qu'on appelle éducation ne se termine pas à la seule instruction, et qu'il y a mille autres choses à faire dont une fille qui a bon esprit peut fort bien

la légèreté; craignez les esprits légers, inquiets, peu maîtres d'eux-mêmes, qui font beaucoup de bruit et peu d'ouvrage, qui tourmentent ceux qui sont au-dessous d'eux, qui donnent de la peine et n'en prennent guère. Examinez la bonne foi jusque dans les moindres choses; il y en a qui ne les font que superficiellement, qui balayent sans se soucier que le lieu en soit plus net, et ainsi du reste; ces caractères sont mauvais et se portent en tout. Aimez les bonnes filles, qui se donnent tout entières à ce qu'elles font; la vertu en retranchera l'extrémité et le profit vous en demeurera. Voyez dans les récréations celles qui sont simples, gaies et commodes, qui prennent tout en bonne part, qui ne se fâchent de rien : c'est ce que j'appelle être de bonne humeur; examinez si sur ce qu'on dit elles vont droit au fait; si elles cherchent à s'instruire quand elles n'entendront pas d'abord, si elles se rendent à la raison ou si elles parlent pour parler, si elles aiment à embarrasser, si elles ne sont pas frappées et convaincues par la raison. Je serais infinie si je disais tout ce qu'il y a à examiner et je vous embarrasserais peut-être. Comptez que les bons caractères d'esprit sont ceux avec qui on est à son aise, à qui il faut peu de ménagements, et pour une religieuse je vous ai déjà dit que je préférerais à toutes les autres celle que la supérieure mettrait à toutes les charges de la maison, sans craindre de la fâcher. Vous, par exemple, ma chère fille, comptez que vous n'êtes pas telle que je désirerais, si votre supérieure ne sent qu'elle pourrait vous mettre, en sortant de la charge de maîtresse générale, quatrième maîtresse des *rouges*[1],

être capable; qu'en ce cas les maîtresses devraient se partager; que les unes instruiraient, et que les autres s'appliqueraient au reste, qui n'est pas moins nécessaire, mais qu'elle ne croyait pas qu'on dût jamais recevoir une fille qui aurait une entière incapacité pour les classes. » (*Entretien avec les Dames*, 1699.)

1. Voir plus bas *Entretien* n° 12.

12. — ENTRETIEN AVEC LES DAMES,

Sur les bons et les mauvais caractères d'esprit; qu'il est important de bien connaître les filles qu'on reçoit pour la maison.

12 avril 1700.

Le 12 d'avril de l'année 1700, Madame nous dit à la récréation: « Je crains qu'on ne compte trop ici sur ce que les demoiselles qui se présentent pour le noviciat ont fait aux classes; on aura vu commettre une faute considérable à une fille, on lui aura vu quelques défauts, c'en est assez pour être prévenue contre elle; cela n'est pas juste; vous ne devez compter pour le bien et pour le mal que sur la persévérance, parce qu'une fille qui s'est soutenue la même dans toutes les classes montre que c'est son caractère. Ainsi je ne ferais pas faire un long noviciat à celle qui aurait bien fait partout, et sans en exclure une dont on aurait été mécontente dans les premières classes, et qui paraîtrait fort changée à la classe *bleue*, je prolongerais son noviciat, afin de lui donner le temps de s'affermir dans le bien, si son changement était sincère, et d'éprouver s'il est dissimulé, ou si c'est un esprit léger et inconstant dont il serait à craindre qu'après avoir bien fait quelque temps, elle ne retombât dans ses premiers défauts.

« Une des choses à quoi vous devez autant vous appliquer dans le choix de vos sujets, continua Madame, c'est de connaître le caractère des filles: il est très important de n'en prendre que de bons, parce que c'est ce qui se rectifie le moins; la piété qui peut retrancher tous les vices n'ôte que rarement les défauts qui viennent du caractère de l'esprit. Pour moi, j'aimerais mieux ce que vous appelez ici une méchante, qui n'est souvent qu'une espiègle, que je ne m'accommoderais d'un esprit de travers, ou d'une mauvaise humeur, quoique pieuse. J'aime assez ce qu'on appelle de méchants enfants, c'est-à-dire enjouées, glorieux, colères, et même un peu têtus, une fille un peu causeuse, vive et volontaire, parce que ces défauts se corrigent aisément par la raison et la piété, et même presque toujours par l'âge seul. Mais un esprit mal fait, un esprit de travers se soutient en tout. « Qu'appelez-vous, lui dit-on, un esprit de travers, un esprit mal fait ? — C'est, répondit Madame, un esprit qui ne se rend point à la raison, qui ne va point au but, qui croit toujours qu'on veut lui faire de la peine, qui donne un mauvais tour à tout, et qui, sans être malicieux, prend les choses tout autrement qu'on n'a prétendu les dire. Mais rien n'est pire qu'un esprit faux, ou déguisé et dissimulé, ou entêté et opiniâtre; prenez garde à tous ces défauts et à l'humeur, ce sont les plus importuns pour une communauté; car rien n'appesantit plus le joug de la supériorité que d'avoir à gouverner des esprits difficiles, auxquels il faut mille ménagements. Dieu souffre tous ces défauts parce qu'on peut bien être sauvé, ayant l'esprit mal fait : il est, ajouta-t-elle agréablement, plus indulgent que nous, car il reçoit bien des gens en son paradis que je serais bien fâchée que nous admissions dans notre communauté. Cependant, il n'est que trop commun de trouver de ces esprits de travers même dans les sociétés les plus saintes; car, dit-elle en riant, les couvents sont pleins de filles qui souvent ne savent ce qu'elles disent, mais qui savent bien ce qu'elles font, parce qu'agissant de bonne foi, Dieu qui agrée tout ce qui est sincère leur tient compte de leur piété, quoiqu'elle ne soit pas toujours fort droite; mais, bien qu'on puisse se sauver avec une dévotion de travers, je vous le redis encore, je n'en voudrais point recevoir ici pour rien au monde à cause de l'obligation où vous êtes d'inspirer une piété droite à vos demoiselles. — Qu'appelez-vous, dit Mme de Glapion, une dévotion sincère et cependant de travers? — C'est, par exemple, répondit Mme de Maintenon, quitter le saint Sacrement pour aller prier Dieu devant l'image d'un saint, sortir de sa classe quand on y doit être pour aller faire des prières de surérogation, mettre la tête contre un lambris de peur de laisser échapper sa dévotion, et être toute troublée si l'on est interrompue pour quelque chose de nécessaire; c'est être une heure à la porte du confessionnal à attendre que la contrition tombe du ciel, et dire encore après cela qu'on n'est pas disposé à se confesser parce qu'on ne sent point la douleur de ses péchés; c'est dépenser beaucoup à orner une chapelle pendant qu'on laisse manquer ses sœurs saines et malades de leurs besoins, employer à la prière beaucoup plus de temps qu'il n'est marqué, et négliger de remplir les devoirs de sa charge, et mille choses semblables. »

Mme de Riencourt demanda si c'était la même chose d'être un peu boudeuse ou d'être de mauvaise humeur. « Non, répondit Madame en riant; je permettrais bien un peu de bouderie; il n'y a guère d'enfants qui n'y soient sujets; ils n'ont pas pour cela l'esprit mal fait; mais j'appelle une mauvaise humeur celle d'une personne aisée à blesser, qui est soupçonneuse, qui philosophe sur un air, sur une parole, enfin avec qui l'on n'est point à son aise, à qui l'on craint d'avoir à faire, au lieu qu'une fille de bon esprit est celle qui prend tout en bonne part, qui laisse tomber beaucoup de choses sans les relever, et qui, bien loin de croire qu'on a dessein de l'attaquer, quand on n'y pense pas, ne s'aperçoit pas même de celui qu'on aurait de la fâcher, qui s'accommode de tout, qui trouve des facilités à tout ce qu'on veut, qu'une supérieure peut mettre sans ménagement à toutes les charges et avec toutes sortes de personnes; voilà ce que j'appelle un bon esprit; c'est un trésor pour une communauté. Ainsi ce que je crois de plus important dans une fille, après la bonne vocation et la piété, c'est ce bon esprit : quand vous trouverez cela, passez par-dessus les autres défauts, car vous ne trouverez jamais de sujets accomplis. — Quels défauts pourrai avoir une personne qui aurait ces bonnes qualités? dit Mme de Gautier. — Elle pourrait, répondit Madame, être un peu glorieuse, ou trop vive, ou dissipée, ou prompte, ou impatiente, ou lente, peu capable, peu intelligente; mais tout cela se corrige avec le temps et la piété. » — Mme de la Haye dit qu'on trouvait dans la petite Boulainvilliers toutes les bonnes qualités dont Madame venait de parler; qu'elle avait toujours contenté ses maîtresses, et n'avait jamais rien eu à démêler avec ses compagnes. — « Il est vrai, repartit Mme de Gautier, que c'est un bon esprit, mais elle paraît avoir un tempérament bien délicat, quoiqu'elle soit rarement malade. — Croyez-vous, reprit fortement Madame, que les tempéraments les plus délicats rendent le moins de services à la maison ? Vous-même êtes une preuve du contraire; et combien en avez-vous ici de malsaines qui remplissent les charges où on les met! Quand une fille délicate à du courage joint un bon sens et un bon esprit, elle vous est plus utile qu'une fille forte et robuste qui n'aurait pas ces bonnes qualités. Croyez-moi, Dieu partage ses dons et vous ne trouverez pas tout dans la même personne; il est rare que ces esprits doux, faciles et accommodants se trouvent dans un corps grossier. »

---

13. — ENTRETIEN AVEC LES DAMES.

Sur la nécessité de l'union entre toutes les dames.

1700.

Madame nous dit qu'elle ne pourrait trop dire combien il était nécessaire d'agir de concert dans les charges, et que ce concert ne consistait pas seulement dans la soumission des subalternes pour ne rien faire de leur autorité; que les officières et la supérieure même ont un grand besoin de consulter celles qui dépendent d'elles avant que d'agir et de donner des ordres. « Pour moi, ajouta-t-elle, qui suis à la classe des *rouges*, tantôt première et tantôt subalterne pour essayer de tout, j'ai déjà fait l'expérience de ce que je vous dis, et j'ai éprouvé plusieurs fois l'inconvénient qu'il y a pour les maîtresses de ne se pas consulter. Par exemple, j'ai vu faire une faute à une petite fille qui m'a paru assez grossière et qui m'a même donné une assez mauvaise opinion d'elle; je l'ai mise en pénitence sans consulter les maîtresses. La première est venue un moment après, à qui j'ai rendu compte de la faute et de la pénitence que je venais d'imposer; elle m'a dit : « Ah! Madame, que j'en suis fâchée! cette petite fille a de bonnes inclinations; cette faute ne vient point de malice, et je ne crois pas qu'il en faille tirer de conséquence; et la marque de cela, c'est qu'elle me vint trouver hier au soir et me dit telles et telles choses. » — Quand je l'eus entendue, ajouta Madame, je vis bien que j'avais eu tort; je fus fort fâchée d'avoir donné ma pénitence, et je tirai ma conclusion qu'il ne fallait rien faire dans les charges sans concert, et qu'il faut que les demoiselles vous voient tellement unies qu'elles croient ne pouvoir déplaire ou contenter une sans déplaire ou contenter toutes les autres; car il arrivera que si la première maîtresse punit ou récompense sans consulter ses aides, elle le fera souvent mal à propos, et de plus, elle découragera un enfant en lui donnant pénitence pour une faute qu'elle n'a faite que par surprise, et qui d'ailleurs contente ses maîtresses[1]. »

---

14. — ENTRETIEN AVEC LES DAMES.

Sur l'attachement des demoiselles, leurs conversations et la distribution des emplois.

1700.

Madame dit aussi qu'il arriverait immanquablement que quelquefois les demoiselles feraient confidence à leurs

1. Sur la participation de Mme de Maintenon aux classes et l'organisation des classes, voir notre Introduction. — Cf. *Instruction* n° 1.

maîtresses du goût qu'elles ont pour elles, du dégoût qu'elles ont pour les autres, que quelques-unes le feraient par sincérité, d'autres par flatterie; et que, pour éviter qu'elles ne fassent de ces sortes de discours, il faut les recevoir non pas sévèrement, mais d'une manière qui marque qu'on est si uni les unes avec les autres qu'on n'est pas flatté de ces sortes de préférences; qu'on peut leur répondre, par exemple : Je suis ravie que vous m'aimiez, si cela vous donne plus de croyance en moi pour le bien que je veux vous insinuer; mais si vous m'aimez par de bons endroits, vous aimerez bientôt les autres comme moi, car vous trouverez en elles la même amitié pour vous, et que nous pensons si fort les mêmes choses qu'on ne nous doit point regarder comme si nous étions de différentes personnes[1].

« Il leur faut peu parler, ajouta-t-elle, et leur ôter les occasions de parler beaucoup elles-mêmes, et pour cela, aux heures de récréation, les porter le plus qu'on peut à s'occuper à des jeux innocents. Il faut peu parler, parce que, premièrement, en parlant beaucoup on se hasarde à leur dire des choses qui ne conviennent point ou qui peuvent être mal prises par quelques-unes d'elles, supposé même qu'elles fussent bonnes. Il faut les mettre tantôt haut, tantôt bas, par rapport aux petits emplois dont on les charge, et ne point faire façon de donner le soin des lieux à celles, par exemple, qui auraient été dans les emplois les plus importants; mais pour en user de la sorte, il faut que ce soit d'une manière qui ne les puisse aigrir; il faut qu'en cela elles voient qu'on agit avec un esprit d'équité, puisqu'il ne serait pas juste que quelques-unes eussent toujours les emplois agréables, et les autres tout ce qu'il y a de dégoûtant. Quand elles verront qu'on n'a une telle conduite que par raison, que c'est l'esprit de votre maison et que toutes les maîtresses la gardent, cela n'indisposera point leur cœur, et ne laissera pas de rompre leur volonté. »

1. Voir *Instruction aux Dames de Saint-Louis*, n° 1.

15. — LETTRE A Mme DE GRUEL, maîtresse des rouges.

Sur la nécessité de la douceur.

5 mars 1701.

Vous admirez beaucoup trop ce que je fais pour votre classe, mais, tel qu'il est, vous ne l'imitez pas assez. Vous parlez à vos enfants avec une sécheresse, un chagrin, une brusquerie qui vous fermera tous les cœurs; il faut qu'elles sentent que vous les aimez, que vous êtes fâchée de leurs fautes, pour leur propre intérêt, et que vous êtes pleine d'espérances qu'elles se corrigeront; il faut les prendre avec adresse, les encourager, les louer, en un mot il faut tout employer, excepté la rudesse, qui ne mène jamais personne à Dieu. Vous êtes trop d'une pièce, et vous seriez très propre à vivre avec des saints; mais il faut savoir vous plier à toutes sortes de personnages, et surtout à celui d'une bonne mère qui a une grande famille qu'elle aime également.

---

16. — LETTRE A Mme DE GRUEL.

Sur la direction des petites classes.

7 mars 1701.

J'ai toujours oublié de vous dire ce que j'ai remarqué, il y a quelques jours, en vous entendant expliquer l'Évangile; il me paraît que vous embrassiez trop de matières, il en faut peu pour des enfants; vous parlez trop aussi, et je crois qu'il faudrait les faire parler davantage, pour voir s'ils entendent et s'ils comprennent. Je trouvai encore que vous étiez trop éloquente; par exemple, vous dites qu'il fallait faire un divorce éternel avec le péché : cela est vrai, et bien dit; mais je ne crois pas qu'il y ait trois filles dans votre classe qui sachent ce que c'est qu'un divorce; soyez simple et ne songez qu'à vous rendre bien intelligible....

Avril 1701.

Vous ne voulez pas que je vous menage, et votre zèle pour l'institut vous rend capable de tout souffrir pour vous former; c'est sur ce fondement que j'agis avec vous. Vous parlez trop et trop vite dans vos instructions; il est impossible que vos filles puissent vous suivre; vous ne les faites point assez parler : c'est par ce qu'elles vous diront que vous connaîtrez si elles profitent; appliquez-vous à parler en peu de mots : il ne faut pas dire tout ce qui se présente, quoique très bon. Je vous ai souffert un visage triste, sérieux, sec et chagrin, parce que j'ai cru que la peine que vous aviez d'avoir à vous dissiper dans des jours d'un si grand recueillement pouvait y contribuer; mais après Pâques il faut avoir un ton gai, ou, du moins, tranquille, et des manières d'une bonne mère avec ses enfants.

---

17. — ENTRETIEN AVEC LES DAMES.

Sur la discipline.

701.

Dans une de nos journées de travail, Madame nous dit : « Vous me demandez que je vous instruise sur les classes : l'expérience vous en apprendra plus que je ne saurais vous en dire; c'est moins l'esprit qui m'a appris ce que j'en sais, que ce que j'ai expérimenté moi-même dans le temps que j'élevais les princes. Il faut avoir une conduite proportionnée aux divers caractères; il faut une conduite ferme, mais il ne faut point trop gronder; il faut souvent fermer les yeux et ne point tout voir, et surtout prendre garde à ne point aigrir vos filles et à ne les pas pousser bout indiscrètement. Il y a des jours malheureux où elles sont dans une émotion, dans un dérangement, prêtes à murmurer; tout ce que vous feriez alors, toutes les remontrances, toutes les réprimandes, ne les remettraient pas dans l'ordre. Il faut couler cela le plus doucement que l'on peut, afin de ne point commettre son autorité, et il arrivera quelquefois que le lendemain elles feront des merveilles. Il y a des enfants si emportés et qui ont des passions si vives, que quand une fois ils sont fâchés, vous leur donneriez dix fois le fouet de suite, que vous ne les mèneriez pas à votre but; ils sont incapables dans ce temps-là de raison, et le châtiment est inutile. Il faut leur laisser le temps de se calmer, et se calmer soi-même; mais afin qu'ils ne puissent croire que vous vous rendez, et que par leur opiniâtreté ils sont devenus les plus forts, il faut user d'adresse, faire intervenir un médiateur, ou dire qu'on ne remet la chose à une autre fois que pour la rendre plus terrible, et ne pas croire qu'ils soient colères et emportés toute leur vie, parce que dans la jeunesse ils ont les passions vives. Je l'ai vu dans M. le duc du Maine; c'est l'homme du monde le plus doux; et dans son enfance, comme il était toujours aigri par des maux et par des remèdes violents, il était quelquefois dans un feu et dans une impatience que tout le monde me reprochait de souffrir. On le mettait dans un bain bouillant, et parce qu'il criait, qu'il était de mauvaise humeur, on voulait que je le grondasse; mais je vous avoue que je n'en avais pas le courage; je m'en allais écrire, je me faisais appeler, afin qu'il ne crût pas que je tolérais son impatience et sa mauvaise humeur (ce qui, me semble, était bien pardonnable en ces occasions); et puis ces remèdes lui échauffaient si fort le sang, que tout ce que je lui aurais pu faire, tout ce que j'aurais pu lui dire dans ce temps-là ne l'aurait point adouci. Il faut donc étudier les moments, prendre les moyens convenables pour corriger les enfants. Quelquefois un regard, une parole, les remet dans leur devoir, ou une conversation particulière, où vous les faites entrer en raison en leur parlant avec bonté. Il y en a qu'il faut reprendre en public, quelquefois même plusieurs fois, avant de les punir; il y en a d'autres qu'il faut punir d'abord sans faire paraître de ménagement; enfin la discrétion et l'expérience vous apprendront le parti qu'il faut prendre suivant les occasions; mais vous ne réussirez point si vous n'agissez avec une grande dépendance de l'esprit de Dieu.

« Quand vous trouvez des enfants plus difficiles ou mal nées, il faut profiter de tout pour travailler incessamment et patiemment à leur correction, comme de l'occasion d'une fête, d'une lecture, d'une communion, pour les animer et les encourager à entreprendre elles-mêmes la destruction de leurs défauts; mais encore une fois, ne les rebutez point par des corrections trop fréquentes ou faites sur-le-champ; par exemple, si vos demoiselles parlent dans le réfectoire ou dans les corridors, ou qu'elles se dérangent, ce n'est point le temps de les reprendre ou de les tirer par la manche pour les faire marcher sur une même ligne; c'est là ce qui les impatiente et leur fait faire de sottes réponses dont on est un peu coupable par son impatience; on ne réussit pas par cette précipitation; quand elles sont en mouvement, elles ne vous entendent qu'à demi, et ce que vous dites augmente le dérangement; s'il est considérable, redressez-le avec fermeté et à propos; sinon, ayez patience tant que le bien surmontera le mal; c'est l'avis que saint Paul nous donne dans l'épître d'aujourd'hui, et comptez que quoi que vous fassiez, il y aura toujours quelques filles qui parleront ou qui se dérangeront; il est impossible que cela soit autrement dans un si grand nombre. »

Une maîtresse lui dit que depuis quelque temps elle sentait un esprit de murmure dans sa classe, que quelques-unes disaient bien de petites choses mal à propos, et elle demanda s'il ne fallait point faire quelque exemple pour l'arrêter. « Je vous dirai toujours la même chose, dit

Mme de Maintenon; priez pour elles en ces occasions et agissez avec bien de la discrétion; je crois que vous rendrez vos filles souples par ne point faire d'attention à leurs petits raisonnements; quand elles verront que vous ne faites pas semblant de les entendre, ou que vous prenez en riant un trait qu'elles lancent à dessein de vous chagriner et que vous allez toujours votre chemin, elles cesseront de raisonner.

« J'ai encore à vous recommander à leur sujet de ne leur jamais rien dire de déraisonnable, et encore moins de leur jamais faire faire des choses qu'elles voient bien, ou qu'elles verront un jour ne l'être pas; vous n'êtes pas obligées à leur rendre toujours raison de ce que vous exigez d'elles, quoiqu'il soit ordinairement bon de le faire; mais ordonnez avec hauteur, sans changer de ton ni de visage, et dites avec un ton de voix doux et ferme : Mes sœurs ou mesdemoiselles, il faut faire cela aujourd'hui; vous ne ferez point un tel exercice, vous n'irez point en tel endroit, vous travaillerez tout le jour.... »

Madame nous dit ensuite qu'ayant entretenu les novices sur l'éducation, elles lui avaient demandé ce qu'il faudrait faire à une petite fille qui rougirait jusqu'au blanc des yeux d'orgueil et de dépit quand on la reprend, et qui pourtant ne dit mot; qu'elle leur avait répondu que pour elle, elle l'admirerait d'avoir assez de pouvoir sur elle pour se taire; qu'il ne fallait pas faire semblant de voir ces sortes de mouvements, non plus que les répugnances qu'on voit bien qu'elles ont pour de certaines choses qu'on leur fait faire. « Il faut passer par-dessus sans s'embarrasser ni leur en faire une querelle, quand elles sont assez sages pour ne point éclater et pour ne point entraîner les autres au murmure manifeste; car nous sommes hommes, et nos passions remueront toujours quand elles seront contrariées[1]. »

1. Voir *Instruction* n° 1.

18. — ENTRETIEN AVEC LES DAMES.

Sur les changements de classe.

1701.

Une des Dames disait un jour à Madame : « Je ne sais comment accorder le soin particulier que vous nous recommandez d'avancer et de former les douze plus âgées de la classe, avec celui que je voudrais prendre des plus âgées dont on peut se servir pour inspirer le bien qu'on veut établir dans les demoiselles. — Il faut, répondit Madame, s'occuper de bonne foi de ces douze plus grandes, parce qu'on les doit bientôt perdre, sans néanmoins que cette attention préjudicie au soin général de la classe, qu'il ne faut jamais négliger. J'en dis de même de celui que vous voulez avoir des plus sages, que je crois fort utile. Il est bien certain que si quelques-unes de vos filles avaient un bon esprit, elles le communiqueraient aux autres comme elles se communiquent leurs travers. Vous devez donc tâcher d'en former quelques-unes des plus raisonnables pour vous aider à établir dans vos classes la raison, la droiture, la bonne foi, le courage. — Comment s'y prendre? continua la maîtresse. — Comme j'ai fait aujourd'hui aux *rouges*, répliqua Madame; j'ai demandé d'abord quatre des plus raisonnables : on m'a présenté de grandes filles prêtes à monter à une autre classe; j'en ai demandé quatre plus jeunes, qui puissent, en restant plus longtemps, servir à inspirer le bon esprit aux autres; je leur ai parlé là-dessus, je les y ai exhortées; je les verrai de temps en temps pour leur parler raisonnablement. C'est ainsi que je vous conseille d'en user : il faut former les jeunes de quelque espérance, et les avancer sur leurs exercices et leurs ouvrages, pour qu'elles vous aident à former leurs compagnes, et les âgées pour leur bien particulier, parce qu'elles sont le plus pressées, ayant moins de temps que les autres.

« Il y a dans vos classes, ajouta Madame, une chose qui me fait toujours de la peine, et que je tolère parce qu'elle me paraît irrémédiable, c'est que ces filles dont vous avez pris un soin particulier, et dont pour la plupart vous avez fait des merveilles, deviennent, en sortant de votre classe, les dernières de celle où elles montent et sont comptées pour rien, ce qui les afflige et les décourage, se voyant tellement déchues qu'au lieu qu'il n'était question que d'elles, elles sont comme oubliées. Or il y a peu de personnes qui n'aient besoin d'être soutenues pour se maintenir dans le bien; et il n'est pas étonnant qu'elles dégénèrent quand elles ne le sont plus comme elles l'étaient auparavant. Cependant je n'y vois guère de remède, car la maîtresse de la classe où elles entrent a ses mérites anciens, dont elle est bien plus touchée que des nouveaux, parce que les premiers sont son ouvrage et que ce qui est nôtre nous paraît toujours plus merveilleux que les choses où nous n'avons point de part. — Que voudriez-vous donc qu'on fît, Madame, dit Mme de Glapion, pour soutenir ces merveilles nouvellement arrivées dans une classe? Les mettriez-vous d'abord au nombre des bonnes filles? — Je ne veux rien dire sur cela, répondit-elle agréablement, car je sais bien que, quoi que je puisse vouloir, je ne parviendrais pas à persuader qu'un mérite étranger pût valoir celui que nous regardons comme le fruit de notre travail. La maîtresse des *jaunes*, par exemple, à qui celle des *vertes* donnera des filles sur le pied d'excellentes trouvera que les médiocres de sa classe valent infiniment mieux, et n'admettra les nouvelles qu'après avoir jugé de leur mérite par sa propre expérience, sans vouloir s'en rapporter au jugement de la maîtresse qui les a données; et avant qu'elle puisse les connaître par elle-même, il se passera bien du temps encore; après cela arrivera-t-il souvent qu'elle n'en fera pas grand cas, pendant qu'aux *vertes* on les trouvait admirables, parce que chaque maîtresse attache le mérite à des qualités bien différentes. L'une ne comptera que sur la dévotion : si elle n'en remarque pas une bien sensible à une fille, elle ne l'estimera guère, quelque bonne qualité qu'elle puisse avoir; au contraire, si elle en trouve une autre bien dévote, elle la prônera comme une merveille et n'aura pas d'yeux pour voir ses défauts. Une autre qui aimera beaucoup l'ouvrage ne connaîtra point d'autre mérite, et si une fille travaille bien, elle la mettra au nombre des excellentes, quelque défaut qu'elle ait. Une autre attachera le mérite à l'esprit, à l'intelligence, aux agréments et à d'autres semblables qualités, et comptera pour de médiocres sujets celles qui n'en seront pas bien pourvues. Je ne voudrais pas exclure du nombre des bonnes filles celles qui se distingueraient par ces sortes de talents, mais ce n'est pas par là que je jugerais du mérite. — Qu'appelleriez-vous donc, dit une de nos sœurs, une bonne et excellente fille? — Ce serait, répondit Madame, celle qui aurait des inclinations portées au bien, qui aurait de la piété, qui aimerait à plaire à ses maîtresses et à les contenter toutes, et non pas celle qui en aimerait une avec passion et compterait pour rien de mécontenter les autres; un esprit droit et simple, qui serait frappé de la raison et sur qui elle ne coulerait pas comme l'eau sur la toile cirée, une humeur douce et accommodante, une fille qui se prendrait par la douceur, qui ne serait pas aisée à blesser, qui ne ferait point de peine aux personnes avec qui elle vit, qui serait courageuse et dure sur elle-même, qui aimerait l'ouvrage, je ne dis pas qui travaillerait bien, car elle pourrait être née maladroite, sans en être moins bonne; mais je ne choisirais pas pour mes mérites des filles molles, paresseuses et difficultueuses, qui se fâchent aisément. — Comment éviter, dit-on, de négliger les filles qui montent d'une classe à l'autre, car la maîtresse de celle où elles arrivent est obligée de prendre un soin particulier d'avancer et de former les plus âgées de sa classe de préférence à elles? — Il est vrai, répondit Madame, qu'elle doit s'occuper beaucoup des filles dont il faudra plus tôt se défaire (c'est un désintéressement que j'ai toujours demandé, et ce qui me fait regarder comme irrémédiable l'oubli des mérites nouveaux venus à une classe); mais, sans en être occupée comme des plus grandes, je voudrais du moins qu'on les soutînt sur le pied qu'on les a données, et que, si elles étaient de bonnes filles à la classe qu'elles quittent, on ne les mît point au nombre des mauvaises ou des médiocres à celle où elles arrivent. Je ne désapprouverais pas cependant qu'on leur donnât un peu de temps pour les éprouver et pour mériter les distinctions, et je n'approuverais point du tout qu'on mît au nombre des sages celles qui ne le mériteraient point, ou qu'on leur donnât des distinctions peu de temps avant le changement des classes, sous prétexte de les faire mieux recevoir à celles où elles sont prêtes de monter, afin, comme l'on dit quelquefois, de faire valoir la marchandise : cela ne serait pas de bonne foi. »

---

10. — ENTRETIEN AVEC LES DAMES

Sur les fatigues inutiles.

1701.

«... Vous avez ici tant d'occasions de vous fatiguer, nous dit Madame, que je voudrais bien que vous ne le fissiez point inutilement. Une des peines que j'ai à ma classe est de faire asseoir nos Dames : ou elles se promènent, ou elles demeurent debout, et j'en voyais une dernièrement qui raccommodait la jupe d'une petite fille en cette posture; n'aurait-elle pas fait aussi bien de s'asseoir? Pour moi, je voudrais qu'on le fît dès qu'il n'y a plus de nécessité de faire autrement. Si vous voulez voir ce qui se passe dans tous les coins de votre classe, faites-y un tour, puis asseyez-vous, tantôt appuyée sur un bout de la table, ou bien dans vos grandes chaises, une autre fois sur leurs bancs auprès d'elles; enfin ménagez-vous; si ce n'est pour la lassitude présente, que ce soit pour celle qui pourrait venir. J'ai été huit jours à me remettre d'une après-dînée où, passant d'une chose à une autre avec nos maîtresses, je demeurai presque tout le jour debout. Vous ne serez pas toujours jeunes, mes chères filles. Si, lorsque vous avez été maîtresses, vous avez gardé cette manière de veiller et d'agir autour de vos demoiselles, je ne m'étonne pas qu'on ait trouvé les classes fatigantes. Je vois aussi que, quand nos novices ont été là deux heures de suite, elles n'en peuvent plus : elles sont rouges et enflammées. Savez-vous ce qui arrive? c'est qu'après s'être fatiguée mal à propos par une mortification mal entendue, on est si lasse le reste du jour qu'on en est de mauvaise humeur et avec soi et avec les autres; car le corps s'épuise et l'esprit en devient plus faible. Pour moi, quand j'établis une de nos petites filles pour apprendre *ba bé* à celles qui arrivent, je la fais fort bien asseoir, et la disciple est à genoux devant elle, parce qu'elle n'a pas longtemps à rester dans cette posture. J'ai remarqué dans vos dortoirs que vous faites tout autrement : vous coiffez vos demoiselles assises devant les petites tables comme des dames à leur toilette. Et qui a jamais entendu parler de cela? n'avons-nous pas toutes été coiffées par la femme de chambre de notre mère, ou par une gouvernante qui nous met à terre devant elle, la tête sur un vilain tablier? Ne gâtez donc point vos demoiselles, je vous en prie; asseyez-vous pour les habiller; vous êtes leurs mères, traitez-les bonnement comme vos filles. Ne dites pas que vous ne pensez pas à vous reposer de si bonne heure : eh! quand vous sortez de votre lit, vous ne pensez pas que vous pourrez être lasses; quelque vigoureuses que vous vous sentiez à six heures du matin, souvenez-vous qu'il faut agir jusqu'à neuf heures du soir, et ménagez-vous à cette intention. Je ne prétends point par là que vous soyez des filles lâches et qui craignent le travail; je voudrais des filles qui ménageassent un quart d'heure de repos qu'elles peuvent prendre sans nuire à leurs charges, et sussent perdre trois heures de leur sommeil, se lever la nuit, quand il gèle bien serré, pour soulager une petite fille ou pour faire le tour de son dortoir si on le croit nécessaire, mener les demoiselles à la promenade le jour qu'on aurait plus besoin de se coucher que de se promener. Il faut ici du courage et de la discrétion : voilà vos véritables mortifications. Si vos demoiselles voyaient une de leurs maîtresses qui ne mangeât point, qui demeurât toujours dans une posture gênante, qui s'allât enrhumer dans une porte, elles la canoniseraient sans autre examen, bien qu'elle ne soit pas la plus sage au moins en cela; elles seraient, au contraire, scandalisées d'en voir une qui mange tout simplement ce qu'on lui donne ou qui évite ce qui pourrait l'incommoder, quand elle le peut sans manquer à ses devoirs. J'espère pourtant que si l'on tient en cela un juste milieu, elles ne pourront ne pas être édifiées de vous voir si simples à prendre les soulagements nécessaires et à ménager vos forces, et si courageuses pour les sacrifier, et pour n'y pas même faire attention dès qu'il s'agit de vos devoirs. »

---

20. — INSTRUCTION A LA CLASSE BLEUE.

Sur la suffisance des demoiselles.

1701

« Il me revient bien des choses, dit Madame, et je les rapporte toutes à vous, pensant toujours à vous, mes chères enfants; aussi je veux vous parler sur la gloire, sur la suffisance. Mgr le cardinal de Noailles fait sa visite présentement au Val-de-Grâce : il m'a dit qu'on s'y plaignait que les demoiselles de Saint-Cyr étaient glorieuses, qu'elles n'y étaient point aimées. Je ne sais où vous avez pris cette suffisance; cela ne se voit point dans la noblesse. Il ne faut jamais parler de votre naissance, et ce n'est que pour vous instruire qu'on en parle. Vous ne voyez pas vos maîtresses vous vanter leurs parents; elles sont cependant demoiselles comme vous. Je parlais à la récréation de Mme de Dangeau : c'est une princesse étrangère; elle est venue en France pour être fille d'honneur de Mme la Dauphine; n'ayant pas un sol, elle a épousé M. de Dangeau, qui est un gentilhomme; elle voit passer devant elle je ne sais combien de gens qui ne sont seulement pas nobles; vous m'avouerez que cela est bien triste pour elle. Elle pourrait dire : il est bien dur à une princesse de se voir traitée de la sorte; mais non; il y a dix-sept ou dix-huit ans que je suis avec elle; je ne crois pas que depuis ce temps-là elle ait jamais dit un seul mot de sa naissance. On dit que vous n'en parlez pas non plus entre vous; c'est donc hors d'ici que vous portez cette suffisance. Celles qui iront dans le monde sentiront bien vite combien la noblesse est misérable; présentement elle est comptée pour rien; c'est au bien, à la fortune, au savoir-faire, qu'on regarde dans le monde. Vous verrez bien des bourgeois marcher sur votre tête et entrer dans des maisons dont la porte vous sera fermée. Je n'ai pas d'instruction à leur donner là-dessus : elles sont assez humiliées et méprisées. Vous avez ici un grand bien, qui est l'éducation. Les pauvres demoiselles qui sont dans le monde n'ont pas le même bonheur, et la misère est si grande présentement dans la noblesse qu'un père fait sa servante de sa fille, ne lui demandant pas autre chose que de mettre la viande au pot, et n'a pas le temps de lui apprendre la moindre chose, ce qui fait qu'elles ont mille défauts. »

Une maîtresse dit à Madame qu'ayant demandé à M. l'abbé Brunet ce qu'on disait des demoiselles de Saint-Cyr : « Je ne sais si je dois le dire, répondit-il, mais on dit qu'elles sont un peu glorieuses, qu'elles ont des airs hautains, et qu'elles sont un peu sensibles. — Je n'en suis pas surprise, dit Madame, et pour la sensibilité je ne dirais point que cela n'est point de demoiselles; après avoir été élevées si doucement, il n'est pas étonnant qu'elles soient sensibles dans le monde à ce qu'on leur dira; car on ne les reprendra pas avec la même charité. »

---

21. — INSTRUCTION A LA CLASSE ROUGE.

Sur la journée d'une enfant raisonnable et l'habitude de la règle.

1701.

Mme de Maintenon demanda à Mlle de Provieuse si elle savait ce que c'était qu'une fille raisonnable. La demoiselle ne sachant pas trop que répondre à cette question[1], Mme de Maintenon lui dit : « Une personne raisonnable, c'est une personne qui fait toujours et à chaque heure du jour ce qu'elle doit faire, qui commence la journée par adorer Dieu de tout son cœur, non pas seulement parce qu'on lui a dit de le faire, ou parce que les autres le font, mais qui pense tout de bon à s'offrir à Dieu et tout ce qu'elle sera pendant le jour. Elle se lève promptement, s'habille avec diligence, modestie, et le plus proprement qu'elle peut; fait bien son lit, arrange bien ses hardes, aide aux plus petites, si elle a du temps de reste. Elle descend à la classe, y prie Dieu avec respect et avec dévotion, sans badiner, sans rire, car rien n'est plus sérieux que de prier Dieu. Après cela elle déjeune aussi de tout son cœur; s'il est permis de parler, elle le fait; sinon elle garde le silence et s'entretient avec Dieu. Elle va au chœur pour entendre la messe; elle pense à se bien placer, elle regarde si ses compagnes ont de la place; elle se met vis-à-vis d'elles; elle ne regarde point de tous côtés pour voir ceux qui entrent ou qui sortent; elle s'applique aux parties de la messe avec tout le respect et la dévotion dont elle est capable, parce que

1. Cette instruction s'adresse à des enfants de sept à dix ans.

de toutes les choses de la religion, c'est la plus sainte. Elle retourne à la classe, où elle s'occupe à ce qui est marqué ; elle s'applique à bien apprendre à lire, à écrire; si elle est capable de montrer aux autres, elle s'y donne tout entière, comme si sa vie en dépendait ; elle écoute avec attention et respect, tâche de comprendre ce que l'on dit et d'en tirer quelque profit pour sa conduite intérieure ou extérieure, selon la matière dont on parle. Avant d'aller dîner, elle fait son examen particulier, pour voir en quoi elle peut avoir déplu à Dieu dans la matinée, pour lui en demander pardon, et prendre résolution de mieux faire le reste du jour ; elle regarde surtout si elle n'est tombée en rien dans le principal défaut dont elle a entrepris de se défaire. Voilà notre personne raisonnable au réfectoire ; qu'y fait-elle? Elle y mange de bon appétit ; point en gourmande, la tête sur son assiette, mais de bonne grâce et proprement ; et puisque Dieu a bien voulu qu'on trouvât du plaisir dans le manger, elle le prend sans scrupule et avec simplicité. Elle écoute la lecture avec encore plus de plaisir, et c'est sa principale attention ; elle fait la récréation d'aussi bon cœur que le reste, y apporte la joie, saute, danse, et joue volontiers à tout ce que les autres désirent ; elle pense à les réjouir, car cette personne raisonnable fait bien tout ce qu'elle fait, et il ne serait pas raisonnable d'être sérieuse à la récréation, et de n'y vouloir jamais parler que de choses graves ou de dévotion. Elle écoute ensuite la lecture ou l'instruction, tâche de la retenir, et demande ce qu'elle n'entend pas ; elle apporte la même application aux exercices de l'après-midi qu'elle a fait à ceux du matin ; elle travaille de son mieux, elle ne perd pas un moment de temps, elle chante avec les autres, et est ravie de chanter les louanges de Dieu ; elle écoute le catéchisme sans ennui, tâchant de s'en bien instruire. Elle va souper comme elle a dîné, et ensuite à la récréation, où il faut encore bien sauter, se promener, jouer et rire, car cette personne est fort gaie.

Elle fait la prière et l'examen, et s'ira coucher parfaitement contente de sa journée. »

Ensuite Mme de Maintenon, s'adressant à ces jeunes demoiselles, leur dit : « Ne trouvez-vous pas tout cela bien raisonnable? et ne l'est-il pas en effet d'adorer Dieu, de l'aimer et d'apprendre à le servir? C'est pour cela seul que nous sommes au monde ; c'est la première chose qu'on nous apprend dans notre catéchisme, parce que c'est la plus importante et la plus nécessaire, et ce que vous devez faire toute votre vie. N'est-il pas encore bien raisonnable que des jeunes personnes apprennent à lire, à travailler, et toutes les autres choses qu'on vous montre ici? Vous serez bien aises, quand vous retournerez dans le monde, de savoir faire quelque chose, ou pour votre ménage, ou pour vous personnellement, ou pour vos parents, suivant les occasions. Il est aussi très raisonnable que vous vous réjouissiez; vous en avez bien des sujets, mes chères enfants : vous êtes chrétiennes, quel bonheur! que de gens qui ne le sont pas, et qui ne le seront jamais! Vous êtes ici dans une bonne maison, à l'abri de toutes sortes de maux corporels et spirituels ; vous êtes jeunes et gaies; réjouissez-vous donc, cela est de votre âge ; je prie Dieu, mes enfants, que vous en ayez toute votre vie autant de sujet que vous en avez présentement. »

« Notre première maîtresse, dit Mlle de Saint-Bazile, nous parle presque continuellement de raison, et nous dit souvent que, si c'était une marchandise qu'on pût acheter, elle en ferait bonne provision pour nous en donner à toutes. — C'est en effet une excellente marchandise, dit Mme de Maintenon ; c'est elle qui apprend à s'accommoder de tout, à vivre avec toutes sortes de personnes, et à savoir se passer de celles qui nous plaisent davantage. »

Mme de Gruel dit qu'une demoiselle sortie d'ici n'avait pu durer avec les gens avec qui elle était, parce qu'ils n'avaient pas une piété assez droite. « Sa piété elle-même n'était pas droite, repartit Mme de Maintenon; elle en savait la définition, mais elle ne la pratiquait pas, puisqu'elle consiste à s'accommoder à son état et aux personnes avec qui on vit. Une personne bien raisonnable sait supporter bien patiemment ceux qui ne le sont pas, sans même leur laisser apercevoir qu'elle les supporte; elle fait son compte en elle-même d'en rencontrer partout où elle va, de sorte que rien ne la surprend ni ne la fâche. Je vous assure, mes chères enfants, que, sans être prophétesse, je vous prédis que vous aurez beaucoup à souffrir. Dieu a disposé les choses de telle manière qu'il y a des peines dans tous les états; et cependant on aime la vie, quoiqu'elle soit remplie d'afflictions et de disgrâces. Que serait-ce si Dieu y avait mis beaucoup de plaisirs? On ne pourrait se résoudre à la quitter; on ne penserait point à cette vie éternelle qui est le fondement de notre espérance. Comptez donc, mes enfants, que vous aurez partout de la contrainte, soit que vous vous fassiez religieuses, ou que vous retourniez dans le monde. On croirait que les religieuses en ont beaucoup plus que les personnes mariées; c'est tout le contraire. Les filles sont présentement bien contraintes. On les marie sans leur demander leur consentement, sans s'informer de l'humeur de celui qu'on leur destine, s'il est raisonnable, s'il a de la piété, de sorte qu'elles se trouvent engagées pour toute leur vie sans presque savoir à qui. Il est certain que les contraintes des religieuses ne sont pas si grandes que celles qu'on a à essuyer dans le monde. Vous passez ici une vie douce et tranquille, et vous ne savez presque ce que c'est que la peine; vous le sentirez un jour.

« Vous croyez peut-être que quand vous serez de grandes personnes, vous n'aurez plus de règles à garder, et je réponds à cela que, si vous êtes aussi raisonnables que j'espère que vous le serez, vous saurez bien vous faire vous-mêmes une règle de journée que vous suivrez fidèlement, au cas qu'il n'y en ait pas dans l'endroit où vous serez. C'est assez pour l'ordinaire d'avoir sa liberté pour ne savoir qu'en faire. C'est pour cela qu'autrefois, quand nous faisions des voyages, quelques dames et moi, n'eût-ce été que pour six semaines, la première chose à quoi nous pensions, c'était de nous faire une règle. Étant à Richelieu pour quelque temps, nous réglâmes nos journées d'une manière fort agréable. On se levait à l'heure qu'on voulait; nous descendions dans la chambre de Mme de Richelieu[1] pour lui souhaiter le bonjour; nous allions à la messe ensemble, et revenions causer avec elle jusqu'au dîner, pendant lequel on faisait une lecture; après quoi nous tenions conversation, ne manquant jamais de travailler; ce fut dans ce temps que je fis cet ornement de tapisserie que j'ai depuis donné aux Dames de Saint-Louis. Après la conversation, chacune se retirait dans sa chambre et y faisait ce qu'elle voulait; à trois heures et demie, on se rassemblait chez Mme de Richelieu pour y garder le silence ou chanter; à quatre heures, on s'allait promener jusqu'au souper, puis on causait une demi-heure, et après la prière, qui se faisait en commun, chacun se retirait de son côté. On ne manqua pas à un point de cette règle pendant six semaines; ce temps-là m'a toujours paru le plus heureux de ma vie, et je vous avoue que, depuis que je suis à la Cour, je n'en ai point eu de pareil. Cela vous fait voir, mes enfants, que vous n'êtes pas les seules qui ayez une règle, et que toute personne raisonnable s'en fait une, ou se la fait faire par son directeur, et la suit fidèlement, quand rien ne l'en empêche. On a pour l'ordinaire mauvaise opinion d'une personne que l'on voit vivre sans règle, se levant un jour matin, un jour tard, dînant tantôt à une heure, tantôt à une autre, et ainsi de toutes les choses qu'elle a à faire. Adieu, mes enfants, devenez bien raisonnables, et je vous assure que vous serez fort aimables. »

1. Dame d'honneur de la Reine.

22. — INSTRUCTION A LA CLASSE JAUNE.

Sur la mauvaise gloire.

1701

« Il y a longtemps que je vous parle de cet orgueil mal placé que je tâche de détruire à Saint-Cyr, et cependant je l'y trouve encore. Je ne saurais comprendre ce qu'a fait une de vous. On l'envoie balayer, et parce qu'on lui marque ce qu'elle doit faire, elle s'en choque et dit : une servante ne doit pas me commander, c'est à nous à faire ce que nous voulons. Peut-on voir une telle insolence? Quoi! parce qu'on vous dit : vous balayerez là, ou vous ferez cela, vous êtes choquée! Mais moi, si on m'envoyait aider à une servante, la première chose que je ferais serait de demander ce qu'elle veut que je fasse, car certainement je ne saurais par où commencer. Il faut qu'il y ait bien du travers dans votre tête. Et où en serions-nous, si c'était un affront de s'instruire de gens au-dessous de soi? On le fait tous les jours, et personne ne s'avise de s'en croire déshonoré. On dit à une autre de porter du bois et de balayer; elle répond qu'elle n'est pas une servante. Non certainement vous ne l'êtes pas; mais je souhaite qu'au sortir d'ici vous trouviez une chambre à balayer, vous serez trop heureuse, et vous saurez alors que d'autres que des servantes balayent. Je me souviens qu'allant un jour chez Mme de Montchevreuil qui attendait compagnie, elle avait bien envie que sa chambre fût propre, et ne pouvait pas la nettoyer elle-même parce qu'elle était malade, ni la faire faire par ses gens, qu'elle n'avait pas alors; je me mis à frotter de toutes mes forces pour la rendre nette, et je ne trouvai point cela au-dessous de moi. J'aurais beau frotter votre plancher, aller querir du bois ou laver la vaisselle, je ne me croirais point rabaissée pour cela. Que tout le monde vienne à Saint-Cyr et qu'on vous trouve toutes le balai à la main, on ne le trouvera pas étrange et cela ne vous déshonorera pas. Nous sommes toutes nées demoiselles, mais pauvres demoiselles, et comme dit Jeannette, j'aurais beau m'élever au-dessus du rang où Dieu m'a fait naître, je ne serai jamais qu'une simple demoiselle. On ne peut se donner la naissance ni se l'ôter; ainsi toutes ces choses ne sauraient vous faire mépriser. Il n'y a que les gueux revêtus qui ont cette sotte gloire et qui croiraient se rabaisser en les faisant. Vous ne serez pas moins nobles, pour porter du bois ou pour balayer; vos preuves sont ici et vous devez croire qu'on ne doute point de votre noblesse. Je suis persuadée que vous feriez toutes ces choses avec plaisir si on ne vous le disait point, quand ce ne serait que pour sortir de votre banc, monter et descendre; et parce qu'on vous y envoie une fois en trois mois, cela vous fait faire mille insolences. C'est un orgueil insupportable. On connait dans le monde la noblesse par son honnêteté; elle aime à faire plaisir, à soulager, à épargner de la peine, et il est étonnant que vous ne vouliez pas rendre service à une maison qui fait tant pour vous. Encore une fois, vous n'en seriez pas dégradées. Il faut que je vous dise une parole de Mlle Balbien, qui m'a toujours paru admirable. Elle était à la tête des *bleues*, dans le temps que les Dames faisaient leur noviciat. On obligea une demoiselle de lui venir demander pardon, et elle lui dit : « Voyez, mademoiselle, où vous a réduite votre orgueil, jusqu'aux pieds d'une couturière, d'une petite femme de chambre ! » Cela n'est-il pas admirable? Voilà une femme qui mériterait assurément bien d'être née de parents nobles. Rien n'est si beau que de ne point sortir de son état. Ceux qui ont le cœur véritablement noble ne sont point portés à s'élever ni à mépriser personne. Si on forçait une de vous de servir chez quelque particulier et qu'elle ne pût s'y résoudre, aimant mieux passer ses journées depuis le matin jusqu'au soir à travailler pour gagner

1 Voir page 13, note.

ce qui lui serait nécessaire, je ne pourrais la blâmer. Si on venait faire à une autre la proposition d'un mariage avec un homme sans naissance, et qu'elle me répondit je ne puis vaincre la répugnance que je sens là-dessus, je la plaindrais de ce qu'elle refuse un parti qui pourrait la rendre heureuse, mais je ne le trouverais pas étrange, car ce sont des inclinations ordinaires à la noblesse. Si j'entendais dire à une demoiselle : j'aurais bien mieux aimé voir mourir mon frère que de savoir qu'il a fui, et de penser qu'il passe pour un poltron, je dirais aussi : voilà qui est d'un cœur noble et j'en pense tout autant que vous. Si plusieurs disaient : j'aime mieux être toute ma vie vêtue d'étamine que de recevoir des présents, vivre de mes cinquante écus avec ce que je puis gagner par mon travail que de prendre quelque chose, je dirais : voilà des demoiselles qui sentent leur noblesse, et c'est en cela justement que consiste la bonne gloire. »

---

23 — LETTRE AUX MAITRESSES DES CLASSES.

Sur la discipline

Septembre 1702.

Votre institut est composé d'intérieur et d'extérieur; vous êtes faites pour instruire et pour vous livrer sans réserve à l'éducation des demoiselles; comment accommoder cette dissipation avec le recueillement et avec la pratique du silence qui est dans votre règle? Voilà, mes chères filles, sur quoi roulent vos difficultés. Vous accommoderez tout, si vous évitez l'empressement dans vos actions et si vous prenez le milieu dans votre conduite. Gardez-vous bien de parler continuellement à vos filles; gardez-vous bien de ne leur parler qu'aux instructions; toutes les extrémités sont à éviter; mettez-vous bien dans l'esprit que l'éducation est un ouvrage fort lent, qu'il faut y travailler tous les jours, mais tranquillement, qu'il faut reprendre vos enfants tantôt doucement, tantôt sévèrement, toujours chrétiennement, toujours raisonnablement; qu'après avoir semé, il faut attendre patiemment le fruit qui peut être réservé pour une autre maîtresse ou dans une autre classe. Mettez-vous encore dans l'esprit qu'il faut accommoder leur intérêt avec le vôtre, qu'il faut prendre du temps pour vous recueillir, qu'il faut en employer à vous reprendre pour elles, qu'en tout cela le bon sens et la bonne volonté doivent régler. Vous voudriez que tout le fût, et savoir combien de paroles il faut dire et combien de pénitences il faut donner; ce que vous désirez est impossible; il faut faire selon l'occasion, ne se piquer ni d'être sévères, ni d'être douces; il faut donner quatre pénitences publiques par semaine, si on les mérite; il faut être longtemps sans en donner, si on n'y voit point de nécessité; mais ce discernement sera plus aisé à trouver en quatre personnes qu'en seize, et ç'a été une de mes raisons pour rendre les premières maîtresses si absolues. Il faut tâcher d'en donner de raisonnables, et que les autres se conforment à elles, autrement vos classes n'iront jamais bien. J'ai dit souvent et montré moi-même à égayer un peu les instructions, afin de réveiller l'attention des enfants; mais il ne faut pas que cela aille jusqu'à devenir une récréation.

Il ne faut pas accoutumer les filles à faire tant de questions; les avertissements ne sont pas une pratique pour les classes; la meilleure invention que je vous puisse donner pour gouverner vos demoiselles, c'est de vous en faire estimer; car tant qu'elles vous verront faire des fautes, elles feront des chansons, se moqueront de vous, et auront peu de créance en ce que vous leur direz : on n'en fait point accroire aux enfants, ils voient plus clair qu'on ne pense. Adieu, vous devez être contentes de moi.

24. — LETTRE A Mme DE GLAPION
première maîtresse des bleues.

Sur l'efficacité de l'exemple.

6 novembre 1702.

Je vous sais très bon gré, ma chère fille, de votre tendresse pour les *bleues*, et je voudrais qu'elles vissent la vivacité de votre lettre, et qu'elles en eussent la reconnaissance qu'elles doivent. J'irai à leur classe avec une entière confiance en Dieu et en elles; ma plus grande peine est de ne le pouvoir pas encore. Je les conjure de pratiquer par avance ce qu'elles savent que je leur demanderai. Si j'avais réussi par les châtiments aux petites classes, je me trouverais embarrassée avec de grandes filles; mais, n'ayant employé que la raison, la douceur et la patience, je ne puis douter qu'elles ne soient encore plus sensibles à ces manières-là que des enfants. Nous nous accommoderons bien ensemble, je vous en réponds. Ne vous affligez point du mal qu'on dit d'elles, et tirez-en le profit de ne jamais parler en mal de ce qui se fait aux classes. Jugez de la peine que vous feriez par celle qu'on vous fait : vous savez combien de fois je vous l'ai recommandé; c'est vous autres qu'il faut former à la droiture et à la raison; vos filles auront l'esprit que vous leur donnerez et vous le leur donnerez moins par vos discours que par vos exemples. Soyez donc simples dans tout ce que vous faites; ne vous blessez pas aisément; n'exagérez point ce que vous dites; portez la paix partout; aimez à concilier les esprits; laissez tomber tout ce qui peut fâcher; agissez en tout dans la présence de Dieu et le plus parfaitement que vous le pourrez. Par ces moyens-là, votre éducation fera d'excellentes filles, et vous remplirez la fin de votre institut en les envoyant édifier tous les couvents et toutes les familles. Je vous embrasse, ma fille.

25. — ENTRETIEN AVEC LES DAMES.

Sur le trop d'attention à faire plaisir aux demoiselles et à prévenir leurs besoins.

28 juin 1702.

Le 28 juin, Madame eut la bonté de passer tout le jour avec nous; ayant dit d'abord en riant qu'elle était résolue de ne dire que des inutilités, elle soutint quelque temps la conversation sur ce ton-là fort agréablement. On parla de la mollesse qui règne présentement dans le monde. Madame nous dit qu'on la porte si loin, que les jeunes personnes même ne veulent pas se donner la moindre peine pour se procurer un divertissement; que l'on ne connaît pas l'usage des plaisirs de l'esprit; que l'on ne pense qu'à manger et à se mettre à son aise; que les femmes passent la journée en robe de chambre, couchées dans une grande chaise, sans aucune occupation, sans conversation, sans lecture; que tout est bon, pourvu qu'on soit en repos. — Une de nos sœurs ayant dit qu'on sentait ce même esprit dans nos demoiselles, qui aiment mieux quelquefois se priver de jouer ou de se promener, que de prendre la peine de sortir de la classe et de chercher des jeux. Mme de Bouju, qui ignorait le projet de Madame parce qu'elle n'était pas venue au commencement, croyant que c'était une belle occasion de la mettre en vivacité et de lui faire dire quelque chose d'utile, lui demanda où nos demoiselles pouvaient avoir pris l'esprit du monde, étant venues si jeunes dans la maison. « Ma sœur, répondit-elle, il n'est pas besoin de l'enseigner, puisque chacun le trouve dans son propre fonds. — Mais que faudrait-il faire, ajouta-t-elle, pour détruire cette mollesse? » Madame, qui voulait tenir sa résolution, changea de propos, et nous regardait d'un air d'intelligence, avec cette bonté et familiarité qu'elle veut bien avoir avec nous. Mme de Bouju, n'en sachant pas la raison, la demanda à celle qui était auprès d'elle. Mme de Radouay, à qui elle s'adressa, dit tout haut : «Voilà ma sœur de Bouju, Madame, qui demande ce que vous avez dit d'utile; elle ignore la résolution que vous avez prise de livrer ce jour aux inutilités. » Madame reprit en riant, et avec beaucoup de vivacité : « Que veut cette affamée de bonnes choses? Que pourrais-je dire que je n'aie pas dit cent fois? » Puis, l'apostrophant, elle ajouta vivement : « Vous vous plaignez que vos demoiselles sont paresseuses, qu'elles ont l'esprit de mollesse; pourquoi le leur donnez-vous par la trop grande application que vous avez à leur faire plaisir? D'où vient que vous leur donnez tant de récréations extraordinaires, des promenades et des amusements, comme si elles n'étaient pas toutes en âge de travailler, je dis même les petites? Quelle est la fille qui ne travaille pas depuis le matin jusqu'au soir dans la chambre de sa mère, et n'en fait pas son plaisir? Elle n'y trouve, le plus souvent, que de la mauvaise humeur à essuyer, beaucoup de désagréments, quelquefois même des mauvais traitements? et personne ne s'avise de la plaindre et de lui procurer des délassements. La plupart travaillent assidûment toute la semaine, et ne se promènent que les fêtes et dimanches; et vous autres, qui êtes obligées, par les règles établies dans votre maison, de faire mener à vos demoiselles une vie sans comparaison plus douce que celle que la plupart mèneraient chez elles, au lieu de tâcher d'y mêler un peu de dureté, autant que l'ordre général le peut permettre, vous n'êtes occupées, au contraire, qu'à l'adoucir; non contentes qu'elles aient tous les jours une grande heure de promenade le soir, et presque tout le jour le dimanche, vous les y menez encore à la récréation du matin, et à des heures extraordinaires. Pour moi, je gémis quand je vous vois si empressées à leur chercher des amusements dès qu'elles ont huit ans; devraient-elles en avoir d'autre que le plaisir d'un travail aussi doux que l'est celui de vos demoiselles? Si vous les accoutumiez à goûter ce plaisir dès cet âge, vous les empêcheriez d'en désirer d'autres qui seraient aussi dangereux que celui-ci est innocent, et par là vous leur rendriez un des plus grands services qu'elles puissent attendre de vous pour le présent. Quel avantage de contenir de jeunes personnes qu'il est si dangereux d'abandonner à elles-mêmes dans ces temps de récréation, où les conversations entre elles sont si pernicieuses! Pour l'avenir, cet amour de l'ouvrage serait un préservatif contre toutes sortes de maux. La maxime des gens d'expérience est qu'une fille doit être coquette ou laborieuse.

« Il faut en toutes choses, ajouta Madame, avoir du discernement. Quand je vous blâme de chercher trop à faire plaisir à vos filles, et de les promener à toutes les récréations, je n'entends pas que vous leur retranchiez toute promenade et tout délassement, car ils leur sont nécessaires; je n'en blâme que l'excès, et je trouve fort bon que l'hiver, où la saison les contraint d'être renfermées tout le jour, une maîtresse qui voit un rayon de soleil puisse, sans être molle, profiter de ce beau temps passager pour les mener à la promenade; elle fera même très bien, cela étant aussi bon pour leur santé que pour leur plaisir; mais en été, où elles y vont le soir, je ne vois pas de raison qu'elles y aillent ordinairement à d'autres heures.

« Quand je vous exhorte aussi à faire travailler même les petites à la récréation, et d'exiger d'elles qu'elles travaillent assidûment et diligemment dans les autres heures, à ne pas souffrir qu'elles n'aient de l'ouvrage que par contenance, sans se soucier de l'avancer, je conviens cependant que dans le temps d'un froid excessif ou d'une chaleur étouffante, où vous sentez vous-mêmes que les bras vous tombent et que vous ne sauriez presque travailler, je conviens, dis-je, que vous pourriez sans mollesse ne point demander autant d'ouvrage aux demoiselles dans ces temps-là que dans un autre; il faut un peu, pour ainsi dire, fermer les yeux et ne pas montrer qu'on s'aperçoit qu'elles travaillent lentement : on pourrait même les mener travailler dans un lieu moins chaud que la classe *bleue*, qui est sur une cuisine et qui a le soleil tout le jour; il ne faut pas non plus y regarder de si près à la récréation, car il est nécessaire qu'elles se réjouissent. »

« En vérité, Madame, dit Mme de la Haye, nous n'avons guère suivi votre projet de récréation, car au lieu d'inutilités vous avez dit des choses bien solides; mais vous n'en serez point fâchée et vous en verrez le fruit. Nous sommes bien obligées à ma sœur de Bouju d'être insatiable. » Madame répondit en souriant : « Vous avez entamé un chapitre sur lequel je sens que je ne finirais pas de vous quereller. — Volontiers, dîmes-nous; il serait dommage de ne pas tout dire aujourd'hui. » Elle continua donc : « Je crains que vous ne gâtiez vos demoiselles par l'inclination que vous avez à les louer, à les admirer, à les récompenser, dès qu'elles font leur devoir. Si elles ont bien fait dans un office, il faut que l'officière les prône, qu'elle leur procure une collation, une promenade; voilà ce qui les gâte et ce qui peut leur faire croire qu'on leur en doit de reste, quoiqu'elles n'aient fait après tout que ce qu'elles doivent faire. Il suffirait qu'en les remettant entre les mains des maîtresses, elle dît simplement : j'en ai été contente; et cela, non pour leur faire plaisir, mais pour en rendre compte. Il faudrait dire de même : elles ne font rien qui vaille. »

Mme de Sailly demanda si ce n'était pas une bonne raison de prendre une suppléante quand la maîtresse a un rhumatisme ou une fluxion qui l'empêche de mener les demoiselles à la promenade. « C'est là une pauvre raison, repartit Madame, pour embarrasser une communauté à vous chercher une suppléante qui quitte sa charge ou ses sœurs à la récréation pour aller promener vos demoiselles; c'est trop les gâter que d'avoir pour elles ces sortes d'égards. Il faut faire céder tout à leur sûreté préférablement à leur plaisir. Quel inconvénient y aurait-il de les laisser quelque temps sans prendre l'air? cela n'arrive-t-il pas souvent à des enfants dans le monde qui sont plus distingués qu'elles? Et pour vous donner un exemple de votre connaissance, Mlle d'Aubigné ne demeura-t-elle pas ici très longtemps sans sortir de sa chambre, parce que sa gouvernante avait un rhumatisme? N'aurait-on pas pu la confier à une autre, si on avait été aussi occupé de son divertissement que vous l'êtes de celui de vos demoiselles? Et tout le temps qu'elle a été chez moi à Versailles, elle n'a pris l'air que les fêtes et les dimanches, parce que mes femmes travaillent les jours ouvriers. » On lui dit que s'il n'y avait qu'une maîtresse d'incommodée, elle pourrait demeurer à la classe avec une partie des demoiselles, et l'autre irait au jardin. « Fort bien, dit Madame, si cela accommode les maîtresses, mais il ne faut pas qu'elles s'en contraignent. — En quoi remarquez-vous ce peu de courage que vous reprochez à nos demoiselles? dit une de nos sœurs. — En ce qu'elles n'entreprennent rien avec affection, répondit Madame; elles ne se soucient point de réussir, elles ne craignent qu'une seule chose, qui est d'être reprises ou punies; elles s'embarrassent fort peu que tout aille mal, pourvu qu'elles se puissent tirer à quartier et dire : ce n'est pas moi. Elles vous laisseraient volontiers mourir, pourvu, dit-elle en riant, que vous ne revinssiez point de l'autre monde les en reprendre. Les bons cœurs sont autrement disposés; ils aiment mieux faire trop que trop peu, et ils consentiraient volontiers à être grondés, pourvu que tout allât bien. Ma pauvre Nanon[1] est si affectionnée à mon service, que, si je la chassais par une porte, elle reviendrait par une autre pour me servir. — Ce défaut de nos demoiselles, dit Mme de Berval, vient, je crois, de mal entendre une maxime qui dit qu'il vaut mieux être appelée que chassée. — Oui, reprit Madame, elles tournent tout en mal, parce qu'elles n'agissent pas simplement; elles font des réflexions infinies sur ce qu'on pensera. Demandez à une fille si elle veut être religieuse

1. Femme de chambre de Mme de Maintenon.

de Saint-Louis ; au lieu de répondre simplement ce qu'elle veut, elle fera mille détours et retours sur ce qu'on pensera de sa réponse. Leur travers vient aussi de ce qu'elles prennent pour elles des maximes qui ne conviennent qu'à des religieuses fort avancées dans la perfection, et qu'elles leur donnent un mauvais sens. Ne les avons-nous pas vues se mettre dans la sainte indifférence dont il était question du temps du quiétisme, et la porter jusqu'à ne montrer aucun désir du noviciat, attendant qu'on leur proposât d'y entrer? Ce manque de courage et ce fonds de mollesse que je vois dans nos demoiselles ne m'inquiètent point pour celles qui sortent, parce que je suis persuadée qu'elles n'auront pas essayé durant trois mois de la vie qui les attend hors d'ici qu'elles reviendront de cette faiblesse, et que la nécessité où elles seront de ménager tout le monde, sans trouver personne qui les ménage, les fera bientôt changer de sentiments, comme nous l'expérimentons déjà en plusieurs. Je vaudrais que vous entendissiez parler nos Carmélites[1]. Vous savez qu'elles étaient ici de nos merveilles; elles disent fort agréablement qu'elles ont bien à décompter, qu'elles étaient accoutumées à être louées, admirées, ménagées, et croyaient être regardées comme des merveilles dans les maisons où elles ont été, mais qu'elles ont eu beaucoup à rabattre de cette estime d'elles-mêmes quand elles se sont vues négligées et reprises sans aucun ménagement; qu'elles ont alors commencé à connaître le ridicule de leur orgueil. Elles ont tellement changé d'idées, qu'une d'elles me disait avec simplicité, il y a quelques jours : « Quand je pense aux sentiments que j'avais à Saint-Cyr, à ma sensibilité pour le moindre blâme, et aux ménagements que j'exigeais pour moi, je ne comprends pas qu'on pût m'y supporter. »

« Je crois donc, comme je viens de le dire, que vos

1. C'est-à-dire celles des demoiselles de Saint-Cyr qui s'étaient faites Carmélites.

demoiselles reviendront de leur délicatesse quand elles seront dans le monde; mais je crains fort que celles qui viennent des classes au noviciat n'y apportent cet esprit et ne le perpétuent à l'infini, ce qui serait un grand malheur. Comment faire aller une maison avec des filles molles, tendres sur elles-mêmes, occupées de leur santé, ne pouvant rien porter avec courage et dont l'esprit serait encore plus délicat? Il faut bien attaquer ces défauts dans vos demoiselles, et vous devez prendre garde à ne les pas entretenir par les ménagements superflus que vous avez pour elles, par une trop grande bonté et manque d'expérience. — Je voudrais bien, dit Mme de Faure, que vous voulussiez nous dire en détail en quoi vous faites consister cette mollesse et ce que vous appelez des ménagements superflus. — C'est, répondit Madame, dans la délicatesse à craindre la moindre incommodité, à ne point supporter le froid, le chaud, la pluie, une mauvaise senteur, la privation d'un repas, le retranchement d'une heure de sommeil, de récréation; à compter pour quelque chose les plus petits maux, à s'attendrir sur soi-même pour la plus légère infirmité, à s'en plaindre jusqu'à en fatiguer les autres, et vingt choses semblables. Soyez attentives à ne laisser échapper aucune occasion sans attaquer en elles toutes ces faiblesses; il faut les en reprendre souvent, tantôt doucement, tantôt fortement, mais toujours patiemment et sans se rebuter. Vous avez un ouvrage auprès de cette jeunesse d'une extrême étendue, et qui demande un soin et une attention continuels de votre part, tant par rapport à elles que pour leur donner vous-mêmes l'exemple de tout ce que vous exigez d'elles sur toutes choses. »

26. — INSTRUCTION AUX DAMES.

Sur les devoirs des maîtresses subalternes et la nécessité des égards et du respect.

1702.

Madame ayant eu la bonté de nous accorder une de ces journées que nous appelons les récréations de Madame, parce qu'elle demeure avec nous pendant quelques heures, on travaille, on lit, on chante, on cause, selon la règle qu'on a faite pour ce jour-là; elle commence par nous dire qu'elle avait bien à cœur d'établir l'autorité des premières maîtresses, et de convaincre les subalternes que c'est cette première qui doit répondre de tout, qu'ainsi il faut qu'elle tienne ce qu'on appelle les rênes du gouvernement; que les autres doivent à la vérité travailler avec elle, mais dépendamment d'elle, et qu'enfin elle doit être dans sa charge comme la supérieure est dans toute la maison. Une de nos sœurs demandait s'il fallait étendre son vœu d'obéissance jusqu'à ces premières officières, et se faire un devoir de leur obéir à l'aveugle, comme on le doit à l'égard de la supérieure. Madame répondit : « Dès que ce qu'elles ordonnent n'est pas contraire aux constitutions et aux règlements, les maîtresses subalternes doivent obéir à la lettre; mais si ce qu'elles exigent y paraît opposé ou qu'il y ait quelques bonnes raisons de ne pas les exécuter, on peut faire ses représentations, puisqu'on a bien cette liberté à l'égard de la supérieure, pourvu qu'après la représentation, l'on se soumette et on demeure en paix. Si les choses en valaient la peine, il en faudrait avertir la supérieure. »

Les premières officières ayant dit qu'elles croyaient qu'on ne pouvait avoir plus de déférence ni leur obéir plus exactement que faisaient les maîtresses subalternes, Madame répondit : « Je m'aperçois avec plaisir qu'on se conduit bien sur cet article; mais j'appréhende qu'on ne se rende sur cela à mon sentiment par soumission et par déférence, et non par conviction et par la persuasion de la droiture et de la nécessité de cette conduite; car vous savez, ajouta-t-elle, que j'aime mieux persuader que soumettre, et qu'on me reproche que ma folie est de vouloir faire entendre raison à tout le monde. » Mme du Pérou lui dit que nous avions remarqué que dans tous les instituts on avait toujours retenu quelques portions de l'esprit des fondateurs, et qu'elle espérait qu'il en serait de même pour nous par rapport à elle. « Il est vrai, repartit Madame fort vivement, mais ce qui vous manque, c'est d'avoir une sainte institutrice. Je vois bien que vous retiendrez quelque chose de moi, mais c'est à savoir si ce sera quelque chose de bon; je crains plutôt que vous n'en reteniez un certain tour de raillerie dans la conversation qui m'est naturel, et qui ne convient pas tout à fait à des religieuses. » Nous lui répondîmes que nous espérions encore en retenir des choses meilleures. « Eh bien! retenez-en donc, ajouta Madame, cette attention à vous occuper de faire valoir les autres et de chercher en tout à leur être utile, en vous oubliant vous-même, car c'est ce que je voudrais vous inspirer, et ce que je crois le plus nécessaire dans votre maison pour bien exercer vos charges. En même temps, par exemple, que je prêche aux maîtresses subalternes d'être tout occupées de faire valoir l'autorité de la première, en se comptant elles-mêmes pour rien, je voudrais aussi que cette première fît son affaire de former ses aides, particulièrement la seconde; qu'elle lui dît ses vues, ses desseins, sa conduite, et que de bonne foi elle ne négligeât rien pour la rendre capable de remplir sa place, bien éloigné de se faire un plaisir d'entendre, après qu'elle sera sortie de sa charge : Ma sœur N. faisait bien mieux. »

Madame ajouta : « Si l'on s'examine bien, l'on trouvera quelquefois que, sans y penser, l'on se laisse aller à des sentiments qui partent d'un fonds de dureté très criminel aux yeux de Dieu, et c'est sur cela que je voudrais que les Dames s'examinassent, et qu'au lieu de se casser la tête pour démêler si une distraction a été volontaire, elles commençassent leur examen par les sept péchés mortels, les dix commandements de Dieu, ceux de l'Église et les vœux de la religion. »

« Quels péchés pourrait-on faire contre notre vœu d'instruction ? dit une de nos sœurs. — Ces péchés, répondit Madame, regardent principalement les premières maîtresses. — Dites-nous donc, je vous supplie, lui dit une maîtresse des bleues, ceux d'une première. — Ces péchés, repartit Madame, seraient par exemple de négliger l'éducation des demoiselles, de se contenter d'un certain arrangement extérieur de la classe, faire lever les filles à l'heure marquée, les mener à l'église, les y tenir dans une posture composée qui charme ceux qui les voient, leur faire faire leurs exercices dans la classe ; mais du reste ne pas se mettre beaucoup en peine de les rendre raisonnables, de leur apprendre tout ce qu'elles doivent savoir, de leur donner de bons principes qui leur restent toute leur vie ; leur laisser prendre des méchantes habitudes, ne pas prendre tout le soin possible pour déraciner leurs mauvaises inclinations et leurs vices, ne pas rompre leur humeur, crainte de se commettre, ne pas relever leurs fautes ou le faire trop mollement, crainte d'en être moins aimées, et les livrer trop à elles-mêmes pour s'éviter la peine de s'en occuper au point qu'on le doit ; voilà ce que je crois de plus dangereux dans une première maîtresse ; s'attacher trop à un ordre extérieur, qui fait croire qu'une classe va à merveille pendant que dans le fond les filles ne sont formées sur rien, qu'on tolère des défauts très considérables, crainte qu'en les approfondissant on ne fût obligée de faire de fortes punitions et un éclat qui parût à toute la maison. Je sais bien qu'avant d'en être venu là, il faut avoir essayé vingt fois de la douceur, et c'est à quoi je vous exhorterai toujours. »

« Et les subalternes, dit une autre, quels sont leurs péchés? — Il n'y en a point pour elles, répondit Madame agréablement; il faut laisser aux premières ceux que je viens de dire. » Puis, parlant plus sérieusement : « Les péchés des maîtresses subalternes par rapport aux demoiselles seraient de ne pas assez veiller, de ne pas remarquer leurs fautes, de ne les pas reprendre, de ne pas avertir fidèlement la première de celles qui le méritent, par négligence ou par mollesse, de se contenter de demeurer à une bande sans s'occuper de bonne foi de les former et de les instruire, enfin de ne pas se donner tout entière à l'éducation des demoiselles. »

« Pour nous autres, dit une Dame qui était l'apothicairesse, qui ne sommes point aux classes, nous avons encore moins de péchés à faire par rapport à notre quatrième vœu[1] que les maîtresses subalternes. — Qui est-ce, répondit Madame, qui soit ici dans une charge qui n'ait point de rapport aux demoiselles? N'en avez-vous pas quelquefois dans vos offices, et pour lors n'êtes-vous point aussi chargées d'elles que les maîtresses? — Je comprends bien, dit une officière, que je suis obligée de veiller sur elles pendant que je les ai, et de les reprendre de certaines fautes qui ont rapport à l'ouvrage que je leur fais faire, mais je ne me tiens point chargée de leur éducation comme leurs maîtresses. — Je sais bien, repartit Madame, qu'une officière qui a des demoiselles en passant dans sa charge n'ira pas entrer dans leur conduite, ni les menacer de leur faire donner pénitence comme ferait leur maîtresse; mais ne peut-elle pas dire à ces filles : ce que vous dites là est une sottise; vous parlez trop; gardez le silence; vous perdez votre temps; vous n'avez pas fait en un jour ce que vous auriez dû faire en une heure; vous venez de faire une telle grossièreté? »

La maîtresse générale ajouta : « Et par rapport aux

1. C'était le vœu d'instruction.

noires[1], les officières, sous qui elles sont, ne se doivent-elles pas compter particulièrement chargées de leur éducation? Pour moi, je les vois si peu que je ne puis seule en répondre. — Il est vrai, dit Madame, qu'on ne saurait presque appeler le soin que la maîtresse générale prend des *noires* une éducation, car elle ne les voit guère, puisqu'elles sont dispersées dans les offices; mais ce qui doit la rassurer, c'est que, la maîtresse des *bleues* ne devant donner pour *noires* que des filles excellentes, il faut supposer qu'elles sont bien élevées, et qu'ainsi il ne reste plus qu'à leur montrer tout ce qu'elles peuvent apprendre dans les charges, et empêcher qu'elles ne perdent ces bonnes habitudes qu'elles ont dû prendre aux *bleues*. C'est le soin des officières sous qui elles sont, et pour cela il faut qu'elles soient fidèles à veiller sur leur conduite, à les reprendre de leurs défauts, et avertir la maîtresse générale quand elles ne se corrigent pas ou qu'elles font des fautes considérables. — Si l'on avait remarqué, dit une autre, qu'une *noire* qu'on a dans sa charge a de la hauteur, de la mauvaise humeur, un air affecté, seraient-ce des défauts à dire à la maîtresse générale, car ils ne regardent pas l'emploi? — En pouvez-vous douter? répondit Madame; comment l'en corrigera-t-elle si vous ne l'en avertissez, puisqu'elle ne la voit presque point? — Mais, dit une troisième, si, après qu'une *noire* est sortie de notre office, nous apprenons des fautes qu'elle y aurait faites et que nous aurions ignorées tout ce temps qu'elle aurait été avec nous, faudrait-il après cela en avertir la maîtresse générale? — Oui, dit Madame, car, en ayant paru contente en la quittant, elle la mettra dans quelque charge où elle fera les mêmes fautes sans peut-être qu'on s'en aperçoive, parce qu'on ne se méfiera pas d'elle, et qu'on la croira une bonne fille. — Les devons-nous reprendre de leur grossièreté par rapport à nous? dit une de nos sœurs, et ne faut-il pas au contraire leur don-

1. Voir notre *Introduction*.

ner l'exemple de l'humilité religieuse, en n'exigeant point d'elles les marques de respect qu'elles nous doivent comme à leurs maîtresses? — Comment, répondit Madame, les accoutumerez-vous au respect et à la déférence qu'elles doivent à leur père et à leur mère dont vous leur tenez lieu, si vous souffrez qu'elles soient grossières à votre égard? Vous ne devez jamais perdre l'idée de la conduite d'une mère à l'égard de sa fille; se fait-elle un devoir de politesse de ne pas lui dire : vous devez me respecter et m'obéir; vous avez manqué au respect que vous me devez en telle occasion; vous auriez dû avoir tel égard pour moi en cette autre? Enfin il faut oser prononcer : *Respectez-moi*; et ne croyez pas que cette autorité que vous prendrez sur elles, et qui est nécessaire pour les accoutumer à avoir des égards pour les personnes à qui elles en doivent, les mal édifie, si cela est uniforme dans les maîtresses. Elles verront bien que c'est par respect à votre charge et non à votre personne que vous exigez ce respect, surtout si elles voient que vous avez autant de soin de faire rendre ces devoirs aux autres maîtresses qu'à vous-même, et que vous ne vous épargnez pas dans les fonctions les plus pénibles et les plus basses qu'il faut faire auprès d'elles ou ailleurs. »

On lui demanda si, étant assises, nous devions nous lever pour une demoiselle qui viendrait nous parler dans notre office. « Une mère se lève-t-elle pour répondre à sa fille? dit Madame; j'en reviendrai toujours là. Je ne voudrais pas affecter de demeurer sur mon siège d'un droit qui marquerait que je craindrais d'avoir pour elle la moindre considération; il me semble qu'il est naturel de cesser un moment ce qu'on fait et de faire une inclination à une personne qui vient vous parler, mais je voudrais fort accoutumer vos demoiselles à avoir beaucoup d'égards pour vous, et que vous n'eussiez pour elles que ceux qu'une mère tendre et raisonnable a pour sa fille aînée, car elles seront obligées hors d'ici à en avoir pour tout le monde et souvent pour des personnes au-dessous d'elles. Quand Mme la duchesse de Bourgogne vint en France[1], elle était déjà fort polie; Mme de Savoie l'avait élevée à avoir de l'honnêteté et de la civilité pour tout le monde. Le Roi se divertit quelquefois à la faire souvenir de quelle manière elle se comporta la première fois qu'elle mangea avec lui : elle ne recevait pas un service du moindre officier sans l'en remercier. Quand la reine d'Angleterre[2] est à Fontainebleau, comme elle est obligée de partir de grand matin pour retourner à Saint-Germain, nos princesses, si délicates et si attachées à leurs aises, ne se lèvent-elles pas, quelque temps qu'il fasse et quoiqu'elles se soient couchées bien tard, pour assister en habit de cérémonie à la toilette de la Reine[3]? On les voit là, les yeux à moitié fermés par l'envie de dormir, sans qu'aucune ose se dispenser de cette bienséance. Si ces personnes-là sont obligées de se contraindre ainsi, à plus forte raison devez-vous accoutumer vos demoiselles à faire céder leur plaisir et leur commodité à ce qui convient aux autres. Ne vous souvenez-vous point de Mme de Loubert? elle était merveilleuse sur cet article : elle faisait fort bien garder le silence à toute la classe pendant la récréation, quand elle avait la migraine. Je voudrais que vous prissiez assez d'autorité pour dire simplement à vos demoiselles : Cessez le chant, gardez le silence, parce que votre bruit me fait mal à la tête. et les faire même coucher de meilleure heure, quand une maîtresse aurait besoin de se reposer, afin qu'elle pût le lendemain se lever à l'heure ordinaire et éviter de faire perdre matines à une suppléante pour venir garder le dortoir. Non seulement je voudrais qu'elles eussent cette attention pour une maîtresse qui serait incommodée, mais je l'exigerais même pour une de leurs compagnes : si je voyais

1. Elle n'avait que dix ans.
2. Veuve de Jacques II.
3. C'était l'étiquette de la cour.

l'une d'elles, par exemple, qui eût une migraine considérable, un accès de fièvre, je la ferais fort bien mettre dans un fauteuil, et je dirais à tout le reste de la classe de se taire pendant une récréation pour ne point incommoder leur compagne. N'a-t-on pas des égards dans le monde pour ses domestiques mêmes? Il faut aussi qu'elles les aient ici pour leurs sœurs converses, qu'elles incommodent fort. »

Une de nos sœurs dit qu'elle avait vu une demoiselle passer et repasser plusieurs fois entre deux sœurs converses, plutôt que de se détourner un pas pour prendre un autre tour. « Il faut, répondit Madame, les aviser de ces attentions-là, puisqu'elles ne le font pas d'elles-mêmes. Vous auriez dû, ajouta-t-elle, appeler cette fille et lui dire: ne voyez-vous pas que vous incommodez ces sœurs, et que vous pouviez aisément prendre un autre chemin? voilà des manquements d'égards et d'attentions qui ne sont pas pardonnables; ou si vous aviez une *noire* proche de vous, lui faire remarquer le manque d'attention de sa compagne. Je suppose, dit Madame, que vous ne fussiez pas en communauté, car il ne faudrait pas qu'une particulière quittât son rang pour aller faire une réprimande à une demoiselle dont elle n'est pas chargée; mais si vous étiez dans la tribune ou dans l'avant-chœur, et que vous vissiez par occasion de ces sortes de fautes, je ne voudrais pas que vous les laissassiez passer sans les faire apercevoir. »

---

27. — INSTRUCTION AUX DAMES.

Sur les punitions.

1702.

.... « Il faut punir rigoureusement celles qui, après les défenses que nous faisons, auront la hardiesse d'y contrevenir; mais il faut les punir tranquillement et sans s'émouvoir. J'ai sujet de craindre qu'on ait mal compris ce que j'ai dit : qu'il ne faut pas faire souvent des punitions; j'appréhende que vous ne soyez empêchées par là de punir celles qui le méritent. Il faut toujours commencer par essayer de la douceur, avertir plusieurs fois, donner un temps suffisant pour qu'on puisse se corriger, et ne jamais prendre, comme on dit, les gens en trahison. Vous avez grand besoin de l'esprit de Dieu pour bien conduire vos filles, car il ne les faut pas traiter de la même manière Il y en a qui veulent être menées par la rigueur, d'autres qui demandent une grande fermeté, d'autres encore à qui il faut beaucoup de douceur, surtout les nouvelles venues, afin de connaître l'éducation qu'elles ont eue et les connaître aussi elles-mêmes. Pour cela, je leur parlerais souvent en particulier pour voir si leur fonds est bon ou mauvais; je patienterais un mois, même un an sur leurs défauts, s'il était nécessaire.

« Il faut, Mesdames, vous faire craindre de vos demoiselles. Il est juste que, puisque vous leur tenez lieu de mères et que vous leur en rendez tous les services, elles aient pour vous l'obéissance que les enfants doivent à leurs proches. Il faut punir très sévèrement celles qui osent vous résister. Faites-leur essayer toutes sortes de punitions; si celles qui sont établies ne suffisent pas pour les réduire, nous en chercherons d'autres, et j'espère que j'en trouverai autant que j'ai su trouver de proverbes et de jeux pour les réjouir.

« Il faut que les demoiselles sachent que les Dames de Saint-Louis ont tout pouvoir de les renvoyer sans être obligées d'aller au Roi, à son conseil, à son confesseur ni même à l'évêque, en un mot, sans en parler à personne. Vous avez beau, mes chères enfants, avoir des protections dans le monde, vous n'en sortirez pas moins, si vous l'avez mérité; mais il est de la charité de ces Dames d'essayer, avant, de tout ce qui peut vous réduire, afin de ne vous priver du don du Roi que dans l'extrémité. Pourquoi pensez-vous qu'on ait donné cette autorité à ces Dames, sinon afin que vous sachiez que c'est à elles que vous avez affaire, et que vous soyez engagées par là à leur rendre toute l'obéissance et la soumission qu'elles ont droit de vous demander ? »

---

28. — ENTRETIEN AVEC LA CLASSE VERTE.

Sur la nécessité de tout apprendre et de chercher à faire plaisir

1702.

Madame étant venue à la classe *verte*, et ayant demandé des nouvelles d'une demoiselle, la maîtresse dit qu'elle avait renoncé au plain-chant. — « Elle n'a donc pas de voix? dit Madame. Eh bien! nous avons cela de commun. Je n'ai jamais mis en air, mais je n'entends pas un chant que je ne le retienne, et dès la deuxième fois je sens toutes les fautes qu'on y fait. Je chante quelquefois quand je suis seule, cela me fait un très-grand plaisir; mais je crois que je n'en ferais pas beaucoup aux personnes qui m'entendraient. Quel effet le plain-chant fait-il dans les classes? — On est ravi de l'apprendre, répondit la maîtresse, et cela leur sera fort utile. — Oui, assurément, dit Madame, quand même elles ne pourraient pas chanter, elles auront toujours une petite connaissance qui leur fera plaisir. Il ne faut jamais négliger d'apprendre quoi que ce soit. Ainsi, je n'aurais jamais cru que de savoir peigner m'eût servi à quelque chose. Ma mère, allant à l'Amérique, mena plusieurs femmes avec elle, mais elles s'y marièrent toutes, jusqu'à une vieille, laide, affreuse, qui avait les pieds tournés. Il ne restait à ma mère que de petites esclaves qui n'étaient guère capables de la servir, et surtout de la peigner. Elle m'apprit à le faire, et comme elle avait une très belle tête et les cheveux bien longs, il fallait me monter sur une chaise, et je la peignais très bien. De là je suis venue à la Cour, et ce petit talent me donna la faveur de Madame la Dauphine. On fut tout étonné de me voir manier le peigne. Je commençais par démêler le bout des cheveux, et j'allais toujours en avançant. Elle disait n'être jamais mieux peignée que quand elle l'était par moi. Je le faisais fort souvent, parce que les femmes de chambre ne le faisaient jamais si bien. On aurait été fâché et de ne m'avoir pas tous les matins au moins pour cela. Je crois que vous vous peignez les unes les autres; vous ne devez pas en faire de difficulté, ni croire que cela soit indigne de vous, parce que vous êtes demoiselles. Pour moi, je suis venue ici bien des fois de grand matin pour peigner des *rouges*, couper leurs cheveux et les nettoyer de la vermine. On vous donne aussi la liberté de couper vos cheveux : cela fait de belles têtes. Je me souviens que ma mère ne me voyait guère sans porter des ciseaux sur la mienne; elle est parvenue à ce qu'elle voulait, car j'ai encore beaucoup de cheveux.

« Je vous le répète, mes chères enfants, il ne faut rien négliger de ce qu'on peut apprendre. Rien ne marque tant l'esprit d'une personne que d'aimer à apprendre et à voir comment se fait chaque chose. Ainsi, je suis charmée de Jeannette. Il est étonnant qu'un enfant de cet âge s'applique comme elle fait : elle passait l'autre jour une demi-heure à voir mettre une serrure, elle tournait de tous les sens et y donnait toute son application. Mme la duchesse de Bourgogne sait toutes sortes d'ouvrages, j'en suis souvent étonnée; je crois qu'elle a été élevée comme le sont tous nos princes, et qu'apparemment quelque femme de chambre, pour lui faire sa cour, lui apprenait ce qu'elle savait. Elle n'a pas besoin de savoir des métiers dans la place où elle est; cependant elle sait tout, on ne peut rien lui montrer. Ainsi, croiriez-vous qu'elle se connaît à la fièvre, et elle ne manque guère de me tâter le pouls quand elle croit que je suis malade, et ce qu'elle me dit, il est sûr que M. Fagon me le dit aussi. Elle sait filer la laine, le lin, la soie, filer au rouet, tricoter; elle s'est brodé un habit de taffetas jaune. Je me suis aussi appris à filer moi-même pour vouloir faire plaisir à ma gouvernante; je lui filais des habits. M. de Louvois savait toutes sortes de métiers; il avait les doigts prodigieusement gros, à peu près comme deux de mes pouces, et avec cela il démontait une montre avec une adresse admirable, quoiqu'il n'y ait rien de si délicat. Il était cordonnier, maçon, jardinier. Un jour que je dévidais de la soie plate sur deux cartes ou carrés faits d'une jolie façon, il était auprès du Roi, dans ma chambre, et mourait d'envie de voir comment ce que je tenais était fait. Le Roi s'en aperçut, et me le dit tout bas; je le lui montrai : il défit la soie, examina la carte, et raccommoda tout fort adroitement.

« Il n'y a rien qu'on n'ait quelquefois besoin de savoir. Dans le temps que j'élevais les princes, il fallait les tenir cachés; pour cela, nous changions souvent de lieu, et il fallait chaque fois retendre les tapisseries; je montais à l'échelle moi-même, car je n'avais personne, et je n'osais le faire faire par des nourrices; ainsi, il me fallait faire un métier que je n'avais assurément jamais appris.

« C'est que vous aviez beaucoup de courage, dit une maîtresse. — Il est vrai, reprit Madame, que j'en avais dans ma jeunesse. — C'est ce qui manque, dit la maîtresse, un peu à nos demoiselles ; elles se trouvent fatiguées de la moindre peine; elles ne sauraient faire un tour de jardin qu'elles ne soient lasses. — Elles ne devraient pas, dit Madame, être un moment assises ; il est bon de sauter, danser, courir, jouer aux barres, aux quilles et autres jeux d'exercices; cela les fait croître. C'est peut-être ce qui fait qu'elles demeurent si petites. Il est étonnant qu'elles n'aiment point à agir à leur âge, et qu'elles soient partout portées à s'asseoir et à s'appuyer. Mme de Richelieu, à soixante-dix ans, ne s'était jamais appuyée dans son carrosse, et moi, vieille et malade comme je suis, je reste toujours droite comme vous me voyez. Je suis ravie quand je vous vois frotter et balayer l'église, parce que cela est bon à votre santé; si on le pouvait, on vous enverrait partout pour vous faire agir; mais on ne peut pas vous élever en courant toujours.

« Je leur dis souvent, dit une maîtresse, que ce qui rend les gens de métier si forts, c'est qu'ils s'exercent beaucoup. — Et leur esprit, ajouta Madame, est tout appliqué à ce qu'ils font; ils sont comme les bêtes : ils ne pensent toute la journée qu'à leur charrue, et le soir ils reviennent chez eux pour dormir. Une autre raison qui rend ces gens-là si forts, c'est qu'ils sont nés dans cette condition et qu'ils y ont été élevés. Le travail de l'esprit est bien plus pénible que celui du corps. Il y a un proverbe qui dit : Le couteau use la gaine, l'épée le fourreau, l'esprit le corps. Le corps ne prend de fatigue que ce qu'il en peut porter; quand il est las jusqu'à un certain point, il demeure; mais l'esprit va plus loin qu'il ne peut; il fait des efforts extraordinaires, et c'est ce qui le rend infirme. On va quelquefois jusqu'à en perdre la raison, ce qu'on ne voit guère parmi ces bonnes gens; mais il est plus ordinaire aux nobles, parce qu'ils ont une plus grande vivacité, et que leurs occupations sont plus appliquantes. Je me souviens que pendant le siège de Mons, un jour que j'étais dans ma chambre, j'appelai Manceau, et je me mis à faire avec lui la maison de Mlle de Blois; je calculais à combien cela montait; j'étais malade et j'avais été saignée, par conséquent il ne fallait point m'appliquer. Cependant je le fis, je me forçai, et, sur-le-champ, je sentis, aussi sensiblement que je sens ce fuseau, qu'il se dérangeait quelque chose dans ma tête. Je fis retirer Manceau, et j'ai été depuis longtemps sans pouvoir m'appliquer à rien.

« Je ne comprends pas que vous ayez de la peine à balayer, cela vous fortifie. Il ne faut jamais se faire de peine d'aider une servante; je n'ai vu de suffisance sur cela dans la noblesse qu'à Saint-Cyr. Je comprends bien que les gueux revêtus que je vous dépeins n'osent pas toucher la terre du bout du doigt, mais les nobles ne trouvent pas ces choses au-dessous d'eux. — Il me semble, dit une maîtresse, que vous avez eu la bonté de nous dire que vous appreniez à lire à votre gouvernante. — Oui, assurément, répondit Madame, et rien ne me faisait plus de plaisir. Quand elle ne voulait point, elle me disait que je ne la ferais pas lire, et je faisais toute chose imaginable pour n'en être pas privée. Je suivais toujours cette femme de chambre et je passais quelquefois des journées à tamiser dans une huche. On me montait sur une chaise pour le pouvoir faire plus commodément. C'est un métier fort lassant; cependant je le faisais avec plaisir pour obliger ma gouvernante. Depuis, Dieu m'a élevée à une haute fortune et m'a donné de grands biens; mais je n'ai jamais aimé l'argent que pour en faire part. Je ne le mets pas à avoir de belles jupes; vous le voyez par les habits que je porte, mais je le mets à faire plaisir aux autres. Vous savez que l'une des maximes que je vous ai données est celle-ci: Le plus grand de tous les plaisirs est d'en pouvoir faire. »

---

29. — INSTRUCTION A LA CLASSE BLEUE.

Que c'est le propre d'un bon cœur et d'un bon esprit d'aimer à faire plaisir et à se rendre utile.

1702.

Mme de Maintenon dit aux demoiselles de la classe *bleue :* « On me prie de vous parler sur l'envie de plaire et de se rendre utile : c'est un désir bien naturel aux bons cœurs; toutes sortes de raisons doivent vous y porter. Votre peu de fortune, qui fera que vous aurez besoin de tout le monde, doit vous faire craindre d'y être à charge à qui que ce soit; si les personnes les mieux accommodées et les plus élevées par leur rang doivent tâcher de se rendre agréables, combien plus le doivent faire les demoiselles de Saint-Cyr, qui n'ont rien, ou peu de chose! On est fort embarrassé d'une fille qui ne sait que se tenir droite, se mettre à table, jouer, parler; chacun cherche à s'en défaire. Je comprends bien que, les premiers jours qu'on arrive dans une maison, on soit un peu réservé et embarrassé; mais quand on la connaît, on doit entrer dans les sentiments de celle qui la gouverne; on demande de l'ouvrage, on cherche à s'occuper et à n'être pas inutile; on n'est pas déconcerté jusqu'à n'oser mettre la main à l'œuvre; c'est la marque d'un bon cœur de chercher à se faire aimer par ces endroits-là; il faut qu'on vous désire où vous irez.

« Dans le temps que je demeurais à Paris, je ne manquais assurément de rien, et j'étais toujours dans une agréable compagnie qui aurait bien désiré que je ne l'eusse point quittée; cependant j'allais ordinairement chez ma bonne amie Mme de Monchevreuil, qui était continuellement malade ou en couche, et moi je n'avais ni l'un ni l'autre. Je prenais soin du ménage, je faisais ses comptes, et toutes ses affaires. Un jour que j'avais vendu un veau quinze ou seize francs, j'apportais cette somme en deniers, parce que ces bonnes gens à qui je l'avais vendu n'avaient pu me donner d'autre monnaie; cela me chargea fort et salit beaucoup mon tablier. J'avais toujours les enfants de Mme de Monchevreuil autour de moi; j'apprenais à lire à l'un, le catéchisme à l'autre, et leur montrais tout ce que je savais. Elle avait entrepris de faire un meuble de tapisserie; je m'y mis tout entière jusqu'à en suer souvent: nous travaillions en carrosse durant un voyage de trois semaines que nous fîmes dans un temps fort chaud; elle avait des beaux-frères qui enfilaient nos aiguilles pour ne pas perdre de temps : je travaillais sans penser au chaud ni au beau temps, et sans sortir une seule fois pour prendre l'air. Une petite mignonne aurait dit bien souvent : Ah!

qu'il fait chaud! Quoi! par un si beau temps, ne point aller se promener? — Je ne pensais à rien de tout cela, tant je travaillais avec affection, et cependant je demeurais chez elle sans intérêt, et je quittais une maison de Paris où j'étais fort aimée, où il me semble que j'aurais eu plus de plaisir; mais il n'en est point de plus grand que celui d'obliger. Je souhaite que vous n'oubliiez jamais la maxime qui dit : que le plus grand plaisir est d'en pouvoir faire; mettez-la en pratique et la portez jusqu'à vous oublier pour servir les autres dans les choses même les plus basses; on a par là le plaisir de changer quelquefois de personnage : c'est un des plus grands qu'ait le Roi.

« Mme de Monchevreuil avait une petite fille dont les jambes étaient tournées; il y avait une certaine manière de l'emmailloter que je savais seule; il fallait la changer souvent; on venait me querir au milieu d'une compagnie en me disant à l'oreille qu'elle avait besoin d'être emmaillotée; je me dérobais pour lui rendre ce service, puis je retournais trouver la compagnie. Voilà, mes enfants, comme on fait quand on veut être aimée. On s'avise de tout ce qui peut être utile ou agréable à ceux avec qui on est, ou leur épargner de la peine; il me semble qu'il suffit pour cela d'avoir un bon cœur et un bon esprit. »

Puis, s'adressant à Mlle de Saint-Laurent, elle lui demanda ce que c'était que le bon esprit? — « C'est, dit la demoiselle, de s'accommoder à tout. — Votre définition est bonne et courte, dit Mme de Maintenon; il est vrai que le bon esprit, la sagesse et la raison se ressemblent fort: ces trois choses apprennent à s'accommoder aux temps, aux lieux et aux personnes avec qui l'on vit; par exemple, quoique la règle de Saint-Cyr ne soit pas d'usage pour tout, vous devez pourtant, si vous avez l'esprit bien fait, faire votre capital de l'observer tant que vous y êtes; et quand vous serez ailleurs, le même bon esprit vous fera conformer à tout ce qui sera en usage dans l'endroit où vous serez; j'entends toujours en tout ce qui est bon ou indifférent, car, si c'était quelque chose de mauvais et contraire à la piété ou à la vertu, comme de manger gras les jours maigres, de ne point aller à la messe les dimanches, d'avoir la gorge découverte et choses semblables, il faudrait mettre votre bon esprit à avoir le courage de ne pas suivre ces mauvais exemples.

« J'ai vu en plusieurs communautés des personnes âgées, et même des veuves dont les unes étaient à charge parce qu'elles se rendaient très difficiles à servir : il leur fallait une personne particulière pour avoir soin de ce qui les regardait; elles dînaient à l'heure de leur fantaisie et faisaient de même en toute autre chose; ces personnes n'étaient ni aimées ni regrettées lorsqu'elles s'en allaient; au contraire, on se réjouissait de les voir partir, au lieu qu'on chérissait celles qui s'accommodaient de l'ordre de la maison, qui savaient se lever matin pour se trouver à la messe de la communauté, qui dînaient, se couchaient et faisaient les autres exercices à l'heure de la maison. Avouez, mes enfants, qu'il n'y a rien de si aimable qu'un bon esprit. » Puis elle demanda à Mlle de Brunet lequel était le plus aisé de prendre sur soi, ou sur les autres. Elle répondit : que c'était de prendre sur soi. Plusieurs autres demoiselles qui furent aussi interrogées pensèrent de même. « Vous avez raison, dit Mme de Maintenon, et je ne comprends guère qu'on puisse penser autrement, parce qu'il me paraît bien plus juste et plus à propos de s'incommoder soi-même que d'incommoder les autres; il faut au contraire être toujours occupé à éviter tout ce qui peut faire de la peine aux autres.

« Mme la duchesse de Bourgogne a entrepris un ouvrage pour lequel elle a fait venir une brodeuse, qui passa hier tout le jour chez elle sans qu'on pensât à lui donner à manger. Je m'informai vers les deux heures si elle avait mangé; elle me dit que non; je la fis dîner et souper, car on ne pensa pas plus à elle le soir que l'on avait fait le matin. Le Roi, qui est d'une attention merveilleuse, reprit fort Mme la duchesse de Bourgogne de cet oubli : elle en voulut rire, mais il lui dit qu'il ne pouvait plaisanter d'une pareille chose[1]. Je suis persuadée que cette pauvre femme n'était guère contente de voir que, pendant qu'elle se tuait de travailler, on la laissait mourir de faim. Si ce manque d'attention, qui pouvait être pardonnable à une jeune princesse de seize ans, a été relevé par le Roi avec le sérieux que je viens de dire, combien le serait-il moins à des filles comme vous, qui auront besoin toute leur vie de faire attention aux autres? J'espère, mes enfants, que vous profiterez de cette instruction comme des autres. Il est presque impossible de résister à la raison qui est si belle et toujours la même; ainsi on ne vous dira rien de nouveau, et on ne cessera de vous parler des mêmes choses; pour moi, tant que je vous visiterai, je ne vous parlerai que de raison, parce qu'il y a des personnes qui, quoiqu'elles l'aiment beaucoup, manquent d'expérience pour la bien connaître et qui, dès que l'on vient à la leur développer, sont ravies de voir clairement ce qu'elles ne faisaient qu'entrevoir. »

---

30. — INSTRUCTION A LA CLASSE VERTE

Sur l'éducation et sur l'avantage d'être élevé un peu durement.

Mars 1703.

Mme de Maintenon, étant entrée dans cette classe, dit à Mme de la Haye, qui y était maîtresse, de leur faire faire l'exercice qu'elle voudrait tout comme si elle n'y était pas. Elle fit répéter à une demoiselle une instruction que Mme de Maintenon avait eu la bonté de faire quelque temps auparavant. Mme de Maintenon en fut très contente et dit à cette jeune demoiselle : « Vous seriez bien criminelle,

1. Voir *Entretien*, n° 33.

ma chère fille, si vous ne profitiez de tout ce que vous savez; il y a plaisir à vous instruire puisque vous retenez si bien tout ce que l'on vous dit; il n'y a plus qu'à le mettre en pratique. » La demoiselle ayant continué, Mme de Maintenon dit : « Cela est admirable! mais tu l'embellis, Cateuil, tu y mets du tien, il n'est pas possible que j'aie dit de si bonnes choses. » Mlle de la Barre dit ensuite ce qu'elle avait retenu d'un entretien sur la droiture, et en rapporta plusieurs exemples, entre autres, que les Dames de Saint-Louis ne feraient pas leur devoir si elles manquaient de nous instruire. « Non seulement si elles manquaient de vous instruire, reprit Mme de Maintenon, mais même si, se contentant de faire l'instruction, elles passaient le reste du jour à prier Dieu, au lieu de veiller sur vous et d'avoir les autres attentions nécessaires à votre éducation; car quoique la prière soit une œuvre excellente, elles ne laisseraient pas de se perdre, parce que leur devoir capital est de s'occuper à vous instruire et à vous bien élever. Vous voyez que, quoiqu'elles soient obligées comme religieuses à dire l'office et à faire l'oraison en commun, elles quittent cependant tour à tour l'un et l'autre pour être auprès de vous, et pour ne vous jamais laisser seules, parce que votre bonne et pieuse éducation est la principale fin de leur institut et ce que leurs fondateurs exigent d'elles avant toutes choses.

« Mais quel compte n'aurez-vous pas à rendre à Dieu, mes enfants, touchant cette bonne éducation? Supposez-vous pour un moment dans l'état où vous devriez être naturellement, comme demoiselles, s'il n'était pas arrivé de fortune dans votre famille : votre mère aurait au plus deux femmes de chambre, dont l'une serait votre gouvernante. Quelle éducation pensez-vous qu'une telle fille vous donnerait? ce sont ordinairement des paysannes, ou tout au plus de petites bourgeoises qui ne savent que faire tenir droite, bien tirer la busquière, et montrer à bien faire la révérence. La plus grande faute, selon elles, c'est de chiffonner son tablier, d'y mettre de l'encre : c'est un crime pour lequel on a bien le fouet, parce que la gouvernante a la peine de les blanchir et de les repasser; mais mentez tant qu'il vous plaira, il n'en sera ni plus ni moins, parce qu'il n'y a rien là à repasser ni à raccommoder. Cette gouvernante a grand soin de vous parer pour aller en compagnie, où il faut que vous soyez comme une petite poupée. La plus habile est celle qui sait quatre petits vers bien sots, quelques quatrains de Pibrac qu'elle fait dire à toute occasion, et qu'on récite comme un petit perroquet. Tout le monde dit : La jolie enfant! la jolie mignonne! La gouvernante est transportée de joie et s'en tient là. Je vous défie d'en trouver une qui parle raison.

« Je me souviens que quand j'étais chez ma tante[1], une de ses femmes de chambre avait soin de moi; elle me tirait à quatre épingles et elle me disait continuellement de me tenir droite; du reste, elle me laissait faire tout ce que je voulais. Mais montons jusqu'à nos princes : comment pensez-vous qu'ils soient élevés? On leur donne pour gouvernante une femme de qualité, qui souvent a été élevée à peu près comme je viens de dire; c'est d'ordinaire la femme d'un favori ou la parente de quelque ministre, qui souvent est la plus sotte femme du monde. Comment pensez-vous qu'elle parle à la petite princesse? est-ce de piété et de raison? cela serait bien à désirer; mais pour l'ordinaire ce n'est que de ce qui la peut faire briller dans le monde. Quand elle va en compagnie, elle a grand soin de l'ajuster et de la parer, lui recommandant d'être bien honnête; elle la prend par la lisière si c'est une enfant, ou la suit si elle est déjà grande, l'instruit de la manière de recevoir la compagnie chez elle, et puis s'en va pour le reste du jour, laissant la princesse avec une paysanne, autrefois sa nourrice, et devenue sa première femme de chambre, qui n'est guère en état de lui parler raisonnable-

1. Mme de Villette. (Voir notre *Introduction*.)

ment, et encore moins de l'instruire de la bonne foi, de la droiture, de la probité.

« Le Roi me surprend toujours quand il me parle de son éducation. Ses gouvernantes jouaient, dit-il, tout le jour, et le laissaient entre les mains de leurs femmes de chambre, sans se mettre en peine du jeune Roi, car vous savez qu'il a régné à trois ans et demi. Il mangeait tout ce qu'il attrapait sans qu'on fît attention à ce qui pouvait être contraire à sa santé; c'est ce qui l'a accoutumé à tant de dureté sur lui-même. Si on fricassait une omelette, il en attrapait toujours quelques pièces, que Monsieur et lui allaient manger dans un coin. Il raconte quelquefois qu'il était le plus souvent avec une paysanne; que sa compagnie ordinaire était une petite fille de la femme de chambre des femmes de chambre de la reine; il l'appelait la reine Marie, parce qu'ils jouaient ensemble ce qu'on appelle *à la madame*, lui faisait toujours faire le personnage de reine, et lui servait de page ou de valet de pied, lui portait la queue, la roulait dans une chaise, ou portait le flambeau devant elle. Jugez si la petite reine Marie était capable de lui donner de bons conseils, et si elle pouvait lui être utile en la moindre chose.

« Je vous assure encore une fois, mes chères enfants, que vous seriez bien coupables devant Dieu si vous ne profitiez point des peines que l'on prend sans cesse pour vous rendre les plus parfaites qu'il soit possible selon Dieu, et même selon le monde. J'entends ici par le monde des personnes pieuses, raisonnables et polies qui y demeurent, car pour les libertins et ceux qui n'ont point d'honneur ou de religion, ce vous sera une gloire de n'être pas de leur goût, à cause de votre différente manière de penser et d'agir.

« Puisque me voici en train de vous parler, je vais vous dire encore plusieurs choses que je réservais pour les grandes, mais qui vous seront aussi bonnes. Au nom de Dieu, mes chères enfants, ne soyez pas fières, ni hautes, ne comptez pour rien votre noblesse, n'en parlez jamais. A quoi vous servirait-elle, si vous n'aviez point de vertu? n'est-ce pas elle qui fait la vraie noblesse? la vertu n'est-elle pas son origine[1]? Ayez des égards pour tout le monde, et même du respect pour les personnes d'un certain âge ou d'un certain état, quand bien même elles n'auraient point de naissance; le monde est plein de ces sortes de personnes, et vous verrez, quand vous y serez, que l'on a avec elles les meilleures manières. Mettez-vous bien dans l'esprit une fois pour toutes, que la noblesse n'est rien sans mérite, et que c'est au mérite que l'on doit l'honneur, l'estime et le respect, en qui que ce soit qu'il se trouve. Par exemple, d'Andrieux, quelle aimeriez-vous mieux, d'une demoiselle élevée dans son village, grossière, rustaude, maussade et ignorante, faute d'éducation, ou des filles d'une de ces bonnes maisons bourgeoises de Paris sans naissance, mais qui, ayant du bien, a été bien élevée et est de bonne humeur, douce, polie, gracieuse? — C'est cette dernière, dit la demoiselle. — Je suis bien de votre avis, reprit Mme de Maintenon. L'éducation est le plus grand bien que vous puissiez avoir, surtout n'ayant pas de fortune.

« Je vous exhorte aussi à n'être point délicates, et à contribuer de vous-mêmes, par votre propre volonté, à vous élever un peu durement. Soyez bien aises quand vous trouvez l'occasion de faire quelques ouvrages un peu grossiers; cela vous fortifie, et vous est très bon; vous savez que le Saint-Esprit loue la femme forte de ce qu'elle a raidi ses bras pour le travail, c'est-à-dire qu'elle a sur-

1. Dans diverses *Conversations*, elle revient sur ces maximes et les appuie d'exemples : « Un homme de rien parvient par tous les degrés de la guerre et par son mérite à être général, et ayant un démêlé avec un très grand seigneur, celui-ci lui reprocha qu'il s'était élevé bien haut, étant né dans la boue; l'autre répondit : Il est vrai que je ne suis rien, et je suis bien persuadé que si vous étiez né ce que j'étais, vous ne seriez pas ce que je suis. »

monté sa faiblesse et sa délicatesse naturelles pour s'adonner aux soins de son ménage.

« Ne vous plaignez de rien ; vous êtes très honnêtement traitées pour toutes choses. Nous avons tâché, dans tout ce qui a été réglé pour vous, de prendre le milieu, en telle sorte que celles qui retomberont dans la misère ne tombent pas de si haut, ce qui les rendrait doublement malheureuses ; pour celles qui seront à leur aise, elles ne s'en trouveront que mieux d'avoir été élevées un peu durement. Je vois cela tous les jours en Mme la marquise de Dangeau, qui est une princesse d'Allemagne qui, ayant douze sœurs et plusieurs frères, n'a pas eu dans sa jeunesse toutes les commodités convenables à sa naissance. Avec cet air mignon et délicat que vous lui voyez, rien ne l'incommode, et je ne connais personne qui s'avise moins qu'elle de prendre ses aises. Elle est fort infirme ; mais parce qu'elle a été élevée fort durement, elle s'accommode de mille choses que nous ne pourrions supporter. Elle est menacée d'un cancer : on ne peut guère le porter plus gaiement et avec plus de courage ; elle ne fait aucun remède, ne consulte point les médecins, souffre son mal avec patience, et dit : j'aime autant mourir de cela que de la fièvre, puisque Dieu le veut. N'est-on pas bien heureux de s'accoutumer ainsi de bonne heure à la souffrance ? J'ai été mariée à seize ans : on est ordinairement ravi à cet âge de faire sa volonté ; je croyais sottement que c'était faire la grande dame de m'appuyer, et de faire mille autres choses dont je me sens fort bien encore, et dont je suis bien fâchée. J'ai connu une vieille personne (c'était Mme la duchesse de Richelieu) bien plus raisonnable que moi sur cet article, et par conséquent plus heureuse : elle avait tellement l'habitude d'une contenance ferme, sans se permettre la moindre posture commode, qu'elle ne s'appuyait jamais, quelque malade qu'elle fût, et le plus qu'elle faisait était de se pencher un peu les bras ; alors on disait : Madame la duchesse, vous n'en pouvez plus.

« Pourquoi, mes enfants, croyez-vous que je vous dise tout cela? C'est pour votre bien, afin de vous encourager à prendre l'habitude de vous contraindre, et de vous accoutumer à ne pas chercher vos aises; c'est un vrai moyen d'adoucir un peu la mauvaise fortune qui vous attend peut-être; et quand vous devriez avoir chacune trente mille livres de rente, je vous dirais encore les mêmes choses; car, en quelque état que vous vous trouviez, il vous sera très avantageux d'avoir été élevées un peu durement. Adieu, mes enfants; je ne me repentirai pas de vous avoir tant parlé, si vous pratiquez aussi bien ce que je vous ai dit que je vois que vous le retiendrez. »

---

31. — ENTRETIEN AVEC LES DAMES.

Que pour établir un bon gouvernement dans les classes, il faut éviter la diversité dans la conduite.

1703.

« Il y a, dit-on un jour à Madame, des maîtresses qui ont l'attrait de s'attacher à perfectionner les demoiselles les mieux nées et les plus sages; d'autres de s'appliquer aux mauvais caractères; lequel aimeriez-vous mieux? — Je ne voudrais, répondit Madame, négliger ni les unes ni les autres, non plus que les préférer; je vous l'ai déjà dit autrefois, mais vous touchez là l'endroit qui fera que votre gouvernement n'ira jamais bien; c'est cette conduite différente des maîtresses. Les unes croiront qu'il faut s'appliquer à former les plus raisonnables; les autres penseront qu'il serait mieux de s'attacher aux mauvais caractères et aux plus défectueuses; l'une voudra une éducation dure; l'autre en voudra une douce et peut-être molle. Tant que cette diversité se rencontrera, je ne dis pas dans les maîtresses d'une même classe (car il ne doit y avoir que la première qui soit maîtresse du gouvernement), mais je dis entre la maîtresse qui a précédé et celle qui lui succède, jamais vos demoiselles n'auront une éducation solide. Tant qu'elles pourront dire avec fondement : la maîtresse des *rouges* est douce, celle des *vertes* est sévère; l'une ne presse point sur l'ouvrage, l'autre en exige trop; on tolère à la classe *bleue* des défauts qu'on attaque dans les *jaunes;* enfin dès qu'elles changeront de conduite en changeant de maîtresse, comptez qu'elles ne prendront jamais de bonnes habitudes : ce qu'une aura établi, une autre le détruira. Il faudrait, pour réussir dans votre gouvernement, n'avoir toutes que les mêmes idées, les mêmes maximes, ou du moins, si vous en avez de différentes, être assez humbles pour renoncer à vos sentiments et suivre ceux de vos supérieurs, soutenant ce qui est établi par eux malgré votre propre jugement; il faudrait un seul esprit qui régnât dans la maison; que vos demoiselles trouvassent dans toutes les maîtresses une telle conformité qu'elles ne sentissent pas même la différence d'une classe à l'autre. Je sais bien qu'il y en aura toujours à faire des *rouges* aux *bleues;* mais on doit pourtant les conduire par le même esprit, et pour cela il faut se soutenir les unes les autres, ne donnant jamais sujet aux demoiselles de faire des comparaisons de vous. Je sais bien que vous ne sauriez empêcher qu'elles n'en fassent quand elles voudront parler pour parler, mais je voudrais que vous ne leur donnassiez jamais lieu de les faire.

« Défaites-vous, ajouta Madame, des projets particuliers que l'amour-propre fait faire pour se dédommager de la nécessité où l'on se trouve de s'accommoder au sentiment d'une officière. On se laisse le plaisir de désavouer en soi-même sa conduite et de se dire : si je suis jamais à cette charge, je m'y prendrai bien d'une autre façon, je ferai ceci ou cela, je serai ou plus douce ou plus ferme. Jamais, encore une fois, votre gouvernement ne s'établira avec cette diversité de conduite. Il vaudrait mieux ne pas faire tout à fait si bien et qu'on fît toujours de même, que de faire sentir ce haut et ce bas dans la manière d'élever vos demoiselles et d'exercer vos charges.

« Un autre article encore bien nécessaire est de renoncer au plaisir d'être aimée particulièrement des demoiselles; on ne doit pas vouloir non plus en être plus crainte et respectée que les autres; il faut porter le désintéressement jusqu'à n'être pas susceptible du plaisir de sentir qu'elles ont quelque chose de particulier pour vous, et leur montrer en toute occasion que vous êtes si unies les unes avec les autres, qu'elles n'osent jamais s'aviser de vous faire leur cour aux dépens d'une autre maîtresse. Une fille vous dit qu'elle a beaucoup de confiance et d'attachement pour vous; répondez-lui bonnement : je suis bien aise que vous aimiez les personnes que Dieu vous a données pour vous conduire : c'est une bonne marque; cette reconnaissance est dans l'ordre; je me persuade que vous avez les mêmes sentiments pour vos autres maîtresses, puisque vous avez les mêmes raisons de les aimer. Si les filles portent la flatterie jusqu'à vous faire entendre qu'elles vous goûtent bien plus qu'elles ne goûtent les autres, témoignez un si profond mépris de ces bassesses et un si grand désir que vos sœurs ne soient ni moins estimées ni moins aimées que vous, qu'elles connaissent que vous êtes bien éloignées de prendre plaisir à leur discours. Il serait très-mal de leur faire apercevoir qu'on a cette faiblesse[1]. »

---

32. — INSTRUCTION A LA CLASSE JAUNE.

Sur l'utilité des réflexions, et qu'il ne faut point éviter la peine.

Juillet 1703.

« Je suis fort contente, mes chères enfants, d'avoir trouvé en vous la même docilité et la même simplicité que

1. « Je n'ai pas le règlement des classes ici; mais je vous dirai bien, sans le voir, qu'il ne faut rien régler pour les promenades, et

dans les petites classes; je prétends par là vous donner une grande louange. Si les Dames de Saint-Louis ne vous aimaient solidement et ne cherchaient que leurs commodités, elles se tiendraient en repos sans exiger autre chose de vous que ce que vous faites, contentes de ce que l'extérieur va bien; mais comme nous vous aimons pour vous-mêmes, et que nous cherchons votre plus grand bien, nous allons travailler à former l'intérieur. Je veux commencer par vous apprendre à profiter des temps de silence que nous avons mis dans le règlement, ce que nous n'avons fait que pour de bonnes raisons. Je veux bien vous les dire; je crois que vous serez assez raisonnables pour les comprendre. On veut ordinairement que les enfants obéissent à l'aveugle, sans examiner ce qu'on leur ordonne. Nous ne vous traitons pas de même; au contraire, je vous permets d'examiner si ce qu'on vous dit et ce qu'on vous fait faire est raisonnable ou non, parce que vous devez être capables d'entrer dans nos intentions. La première raison du silence qu'on vous fait observer, c'est de vous apprendre à vous taire; rien ne sied si mal à une fille que de toujours parler, quand même elle aurait le plus grand esprit du monde et qu'elle dirait des merveilles. On a toujours reproché ce défaut aux demoiselles de Saint-Cyr. Une autre raison, c'est pour vous donner le temps de faire de sérieuses réflexions: persuadées que si vous le savez bien employer, rien ne contribuera tant à vous rendre raison-

qu'elles dépendent de la volonté de la première maîtresse. Je sais qu'en son absence la seconde peut faire de même; mais il faut qu'en effet elles fassent tout de même, et que les demoiselles ne puissent dire: « Notre seconde maîtresse n'est pas si sévère que la première; elle est bien plus portée à nous donner du relâchement. » Ne leur donnez jamais lieu de tenir de pareils discours, et que les seconde, troisième et quatrième soient plus ou moins sévères selon la pratique de la première, s'y conformant en tout. Votre gouvernement ne sera jamais solide s'il n'est uniforme, et si, au lieu de songer à se faire aimer des demoiselles, on ne songe à leur faire voir qu'elles sont conduites par le même esprit. » (*Lettre à Mme de Dragueville*, 1710.)

nables. Mais pour cela il faut savoir ce que c'est que réfléchir : c'est penser plusieurs fois avec attention à la même chose. Je crains que vous ne perdiez tout le temps qu'on a prétendu que vous emploieriez aux réflexions; celles qui vous conviennent présentement sont, par exemple, sur l'état de vie que vous devez choisir, sur ce que vous deviendrez quand vous ne serez plus à Saint-Cyr, sur ce que vous entendez dire de bon pour vous l'appliquer, sur la conduite des personnes raisonnables pour y conformer la vôtre. Les plus pieuses prendront ce temps-là pour penser à Dieu et pour s'entretenir avec lui. Vous pourriez quelquefois compter de mémoire, répéter une instruction pour tâcher de bien la comprendre, répéter ce que vous avez appris par cœur, ou apprendre quelque chose, narrer une histoire que vous voulez retenir, ou raconter ou écrire; en un mot, vous occuper toujours utilement. Si je pouvais contenter ma curiosité et connaître à quoi s'occupe votre esprit, et quelles sont vos pensées quand vous êtes obligées de garder le silence, j'aurais bien envie de le savoir; au moins apprenez à le garder comme il faut, et à vous rendre ce temps utile.

« Je veux encore traiter avec vous des précautions que vous prenez pour éviter toutes peines et tout travail. Il semble qu'il y en a qui croient pouvoir s'exempter de la loi commune, et qui voudraient ne pas souffrir la moindre chose; cependant ce que vous avez à souffrir présentement n'est rien du tout en comparaison de ce que vous trouverez dans le monde. Il n'y a personne qui ne souffre; j'ai l'honneur depuis longtemps de voir le Roi de fort près : s'il y avait quelqu'un qui pût secouer le joug, et n'avoir point de peine, ce serait assurément lui; cependant il en a continuellement : il est quelquefois toute une journée dans son cabinet à faire des comptes; je le vois souvent s'y casser la tête, chercher, recommencer plusieurs fois, et il ne les quitte point qu'il ne les ait achevés; il n'a garde de s'en décharger sur ses ministres. Il ne se repose sur personne du règlement de ses armées; il possède le nombre de ses troupes et de ses régiments en détail comme je possède les familles de vos classes. Il tient plusieurs conseils par jour, où l'on traite d'affaires très sérieuses, souvent fâcheuses et toujours ennuyantes, comme des guerres, des famines et autres afflictions. Il a présentement le gouvernement de deux grands royaumes[1], car rien ne se règle en Espagne que suivant son ordre; le roi d'Espagne n'a point d'argent par la paresse de ses sujets; leurs terres sont bien plus étendues que celles de la France, mais elles ne rapportent rien, faute d'être cultivées; cela donne de nouveaux embarras au Roi; il n'est plus question de plaisirs pour lui; les affaires prennent tout son temps. Cependant y a-t-il une condition en apparence qui devrait être plus exempte de fatigues que celle de la royauté? Les ministres, dont les places sont si briguées et si enviées, quoique sans raison, méritent bien le profit de leur charge par les peines et les fatigues qu'ils ont à essuyer. M. de Chamillard est dans un travail continuel: il n'est plus question pour lui de délassement, encore moins de plaisirs; il ne saurait voir sa famille, qu'il aime passionnément, parce qu'il ne trouve pas un moment à lui donner, étant depuis le matin jusqu'au soir à entendre des affaires désagréables, à voir, par exemple, qui a raison de Pierre ou de Jacques, etc. On craint qu'il ne tombe bientôt malade, il est très changé; il a fait venir sa fille auprès de lui pour la marier, et il ne peut la voir; c'est pourtant un homme qu'on croit très heureux.

« Les juges ont aussi beaucoup de peine; ils passent leur vie à examiner des affaires où ils n'ont aucun intérêt, à voir de quel côté est la justice, et souvent à prendre le parti des pauvres gens qui sont hors d'état de reconnaître le bien qu'ils leur font. Les évêques ont encore de très-grandes peines quand ils font leur devoir: ils se font haïr

1. Le royaume de France et le royaume d'Espagne.

bien souvent parce qu'ils se croient obligés de reprendre ceux qui ne font pas bien; ils refusent continuellement des dispenses qui leur sont demandées sans de vraies nécessités; ils essuient d'étranges fatigues dans la visite de leurs diocèses. Il y a quelque temps que M. de Noyon me dit qu'il avait donné la confirmation en un même jour à quatre mille personnes; il avait par conséquent répété quatre mille fois les paroles qui sont la forme de ce sacrement, ce qui lui avait donné une extinction de voix.

« Je n'ai pas le temps de parcourir les autres états pour vous faire voir qu'il n'en est aucun où il n'y ait de la peine et du travail d'esprit ou de corps. A la guerre, dans le mariage, tout le monde a de la peine; je ne connais que les demoiselles de Saint-Cyr qui n'en voudraient pas avoir. Nous voyons cela même jusque dans vos jeux : vous ne voulez point chercher ce qu'il convient de dire; on ne saurait vous faire un plus grand plaisir que de vous le souffler sur-le-champ. J'ai toujours aimé les enfants, et je crois que Dieu m'a donné ce goût pour vous autres. J'en ai élevé plusieurs, et qui jouaient comme vous à des jeux où il fallait penser, chercher; mais, loin d'éviter la peine, ils tâchaient de l'augmenter en se retranchant la liberté de chercher généralement sur toutes choses, mais seulement sur quelques-unes; par exemple, ce qu'il faut pour un habillement, une cuisine, sur l'ameublement d'une chambre, sur ce qu'il faut à un repas; plus leur esprit agissait, et plus ils trouvaient de plaisir. Votre goût est bien différent du leur, et la première chose que vous dites sur tout ce qu'on vous propose est toujours : cela est trop difficile, cela est impossible, je ne saurais. Si vous faites un compte, vous ne cherchez pas à le trouver, mais que quelqu'un vous le dise pour vous en épargner la peine; vous êtes bien aises d'entendre une histoire, mais vous ne voudriez pas être obligées de la raconter à d'autres. Je n'ai jamais été que trois ans avec ma mère, et je me souviens qu'elle me défendit, à mon frère et à moi, de parler entre nous d'autres choses que de ce que nous lisions dans Plutarque; c'est un livre où sont contenus les faits des grands hommes et des femmes qui se sont distingués par leurs vertus ou par quelque action mémorable. Nous ne finissions d'en parler. Après avoir lu, nous étions toujours à comparer les faits des uns et des autres. Une telle femme, lui disais-je, s'est plus signalée qu'un tel homme, elle a fait telle et telle chose. Mon frère me prouvait que son héros était plus merveilleux. Cette belle action, me disait-il, est de lui; et je courais vite regarder dans mon livre s'il n'y avait rien à opposer à ce qu'il disait : nous soutenions bien l'un et l'autre notre parti fort vivement; cela nous divertissait beaucoup, et depuis que ma mère nous eut défendu de parler d'autre chose, nous y mîmes tout notre plaisir, bien loin de regarder cette espèce d'assujettissement comme fâcheuse et pénible. Il y en a bien d'entre vous qui auraient trouvé cet ordre trop gênant, et qui s'en seraient peut-être fait un sujet de peine.

« Tous les exemples que je viens de vous citer, mes enfants, ne sont que des bagatelles, mais qui nous font voir que vous étendez cette crainte de la peine à tout, et jusque dans vos divertissements; il faut, assurément, que vous vous croyiez de meilleure condition que le reste du monde, puisque vous voulez vous exempter d'avoir part à tout ce qui est généralement pour tous. Ce que je vous dis, mes enfants, je le dis pour vous piquer un peu d'émulation, et vous forcer à être plus courageuses, à compter pour rien la peine, à savoir en prendre de toutes les sortes et de bonne grâce quand elles se présentent et sont ou utiles, ou convenables, ou nécessaires et inévitables. Ne vaut-il pas infiniment mieux, en ces occasions, faire de bon cœur et courageusement les choses, que de suivre ses répugnances, son dégoût et son ennui? Je vous parle pour ainsi dire humainement; car à des filles pieuses, comme je me persuade que vous l'êtes, je devrais ne parler que de motifs de piété, et vous faire comprendre avec quelle fidélité tout bon chrétien a soin de ménager, pour l'amour de Dieu et pour son salut, toutes les peines et les contraintes qui se présentent, de quelque nature qu'elles soient, petites et grandes, et surtout celles de son état; il sait faire un saint usage de tout. Et voilà, mes enfants, comme je vous désire toutes[1]. »

---

33. — ENTRETIEN AVEC LA CLASSE VERTE.

Sur le bon esprit.

1703.

Le 5 juillet, Madame, ayant la bonté de nous faire l'instruction, nous dit d'abord qu'elle allait nous parler du bon esprit que nous avions tant d'envie de connaître, et, s'adressant à une demoiselle, elle lui demanda ce qu'elle en pensait. Elle répondit que le bon esprit était de s'accommoder à tout. — « Votre définition est bonne et courte, dit Madame. Il est vrai que le bon esprit, la sagesse et la raison se ressemblent fort; ces trois choses apprennent à s'accommoder aux temps, aux lieux et aux personnes avec qui l'on vit. Par exemple, quoique la règle de Saint-Cyr ne soit pas d'usage partout, vous devez faire votre capital de l'observer tant que vous y êtes, et d'entrer dans les intentions des personnes qui gouvernent la maison. Il y a un article sur lequel j'ai parlé cent fois inutilement:

1. « .... Que vous soyez ou non destinées à devenir religieuses, ce que je vous conseille très fort de faire dès à présent, c'est de n'avoir nulle délicatesse dans le manger; de ne jamais marquer de dégoût pour aucune sorte de nourriture qu'on vous présente; de vous accoutumer à manger de tout; à vous lever promptement quand l'heure en est venue, sans écouter la paresse; à travailler assidûment; à garder le silence de votre règle; à ne vous chauffer l'hiver que par nécessité; à souffrir les chaleurs de l'été sans en parler et sans vous en plaindre; enfin, à endurer avec paix et tranquillité toutes les mortifications de la Providence qui se présentent. » (*Entretien avec la classe bleue*, 3 février 1703.)

c'est sur vos coiffures, que je ne trouve point assez modestes; vous montrez trop de cheveux pour les petits bonnets que vous avez; vous les reculez trop; cela convient mal au reste de votre habillement et ne vous sied point. Vous seriez beaucoup mieux comme nous vous voulons. Vous pouvez même vous souvenir que quand j'ai voulu vous faire paraître devant quelques personnes extraordinaires pour les représentations, j'ai toujours eu soin de recommander qu'on vous coiffât simplement, que vos bonnets fussent approchés, qu'on ne vous tirât guère de cheveux. S'il était vrai que vous fussiez mieux autrement, je ne me serais pas donné cette peine; mais quand même vous seriez plus jolies de la manière que vous vous mettez, si vous étiez raisonnables et que vous eussiez un bon esprit, n'aimeriez-vous pas beaucoup mieux faire ce qu'on veut de vous et être un peu plus mal mises? Il faut, mes enfants, vous mettre au-dessus de toutes ces petitesses et, comme j'ai dit dans un de vos Proverbes, de ces faiblesses de notre sexe, et ne pas faire comme quelques-unes qui se frisaient la nuit pour faire croire qu'elles l'étaient naturellement. Votre habit n'est pas fait pour être relevé; il faut que vos troussures soient simples et que tout respire en vous la modestie et l'envie de contenter les personnes qui vous conduisent. Il faut aussi savoir prendre sur soi pour s'accommoder aux personnes avec qui l'on se trouve; c'est par là que vous vous ferez aimer et estimer. Il n'y a rien de si aimable qu'un esprit accommodant; c'est ce qu'on appelle un bon esprit[1]. »

1. Voici comment dans une *Conversation* Mme de Maintenon trace le portrait de ce qu'elle appelle un bon esprit : « Elle a de l'esprit jusqu'à un certain point; elle est douce, complaisante; elle veut tout ce qu'on veut, jouer au jeu que les autres proposent, quand il ne serait pas de son goût, se promener, demeurer dans la chambre, parler, se taire, travailler; elle écoute avec attention ce qu'on lui dit; elle n'abuse point de l'attention des autres en se faisant écouter trop longtemps; elle n'est point curieuse, elle ne pénètre point dans les choses dont elle n'est point chargée; elle ne se fâche jamais; elle laisse tom-

Puis, s'adressant à une demoiselle, Madame lui demanda lequel était le plus aisé de prendre sur soi ou sur les autres. Elle répondit que c'était de prendre sur soi. « Vous avez raison, dit Madame. Il me paraît bien plus juste et plus à propos de s'incommoder que d'incommoder les autres; il faut, au contraire, être toujours occupé des autres pour éviter de leur causer de l'incommodité. Mme la duchesse de Bourgogne a entrepris un ouvrage depuis quelque temps, elle a fait venir pour cela une brodeuse qui passa hier tout le jour chez moi sans qu'on pensât à lui donner à dîner. Je m'informai vers les deux heures si elle avait mangé, elle me dit que non; je la fis dîner et souper, car personne n'y pensait. Le Roi, qui est d'une attention merveilleuse, reprit très fort Mme la duchesse de Bourgogne. Elle en voulait rire; mais il lui dit qu'il ne pouvait plaisanter d'une chose pareille[1]. Si ce manque d'attention est pardonnable à une jeune princesse de seize ans, vous voyez que nous nous servons de tout pour vous instruire, et il faut encore que je vous conte l'histoire de cette brodeuse. Elle a été gouvernante de feu Mademoiselle, qui lui laissa si peu de chose en mourant, qu'elle n'avait pas de quoi nourrir sept enfants qu'elle avait, étant presque en même temps devenue veuve, et n'ayant aucune ressource. Elle se mit à travailler, apprit la broderie, la tapisserie, et par ce moyen, a fait subsister sa famille. Cela revient

ber tout ce qui pourrait fâcher une autre; elle loue ce qui est bon; elle se tait sur ce qui est blâmable dans les personnes; elle entend dire ce qu'elle savait sans montrer qu'elle le sait, aimant mieux ce petit ennui que d'ôter le plaisir de celle qui veut apprendre une nouvelle. Je n'en finirais point si je parcourais tout ce qui fait une personne propre à la société. » — En regard, le portrait du mauvais esprit : « Elle est occupée d'elle et oublie les autres; elle prend la bonne place; elle se jette à table sur ce qui est le meilleur; elle parle d'elle; elle se fâche aisément; elle épie ce qu'on fait, elle en juge, elle est attachée à son opinion; elle veut dominer, elle se vante; elle ne peut souffrir la moindre opposition, elle voudrait que sa volonté fût toujours suivie. »

1. Cf. *Instruction*, n° 20.

bien à notre Proverbe : *Tant vaut l'homme, tant vaut la terre*. Dès que je la vis, je me souvins de l'avoir bien connue autrefois. C'est une femme de qualité, jolie et bien faite de sa personne. N'êtes-vous pas charmées de cet exemple? Pour moi je le trouve admirable; il confond bien des gens qui passent leur vie à se plaindre sans sortir de la misère, parce qu'ils ne veulent se donner aucune peine.

« J'espère que vous profiterez des instructions qu'on vous fait; car, quelque mauvais que soit un naturel, il ne peut s'empêcher de voir la vérité qui lui est montrée, et il est presque impossible de résister à la raison, qui est toujours la même. Pour moi, tant que je vous verrai, je ne vous parlerai que de raison, et cela parce qu'il y a des personnes qui, tout en l'aimant, manquent d'expérience pour la bien connaître, et qui, dès qu'on vient la développer, sont ravies de voir clairement ce qu'elles ne faisaient qu'entrevoir. »

---

34. — LETTRE A Mme DE MONTALEMBERT, maîtresse des bleues.

Sur les préférences pour les plus sages et sur les ennuis de la cour.

10 octobre 1703.

.... L'amitié que vous avez pour vos filles ne vous nuira jamais tant que vous les aimerez également; les préférences perdraient les classes et vous-même; il n'en faut avoir que pour les plus sages, et celles-là ne doivent point faire redouter les autres; on doit attendre les plus imparfaites, et espérer qu'elles se corrigeront. Pourquoi ne leur demandez-vous pas tout ce que vous savez que je leur demanderais? Mon plus grand bonheur à Saint-Cyr est qu'on s'y puisse passer de moi; ce que je fais ne serait rien; et s'il y a quelque chose de bon, il faut qu'il passe à vous, mes chères enfants, et demeure toujours dans cette maison. Je souhaite de tout mon cœur qu'elle soit l'école de la vertu, et qu'on y vive comme des anges, tandis que la corruption augmente tous les jours dans le monde.

Que ne donnerais-je pas pour que vos filles vissent d'aussi près que je le vois combien nos jours sont longs ici, je ne dis pas seulement pour des personnes revenues des folies de la jeunesse, je dis pour la jeunesse même qui meurt d'ennui, parce qu'elle voudrait se divertir continuellement, et qu'elle ne trouve rien qui contente ce désir insatiable de plaisir? Je rame, en vérité, pour amuser Mme la duchesse de Bourgogne. Il n'en serait pas ainsi, si on ne voulait plaire qu'à Dieu, travailler et chanter ses louanges comme on fait chez vous; la paix que cette sorte de vie met dans le cœur est une joie solide et durable. Adieu, cette matière me mènerait trop loin; je n'écris qu'à vous aujourd'hui; assurez vos chères sœurs que les santés auxquelles elles s'intéressent sont fort bonnes.

---

35. — ENTRETIEN AVEC LES DAMES.

Sur la vigilance à l'égard des demoiselles.

Juin 1704.

Un jour de la fête du saint Sacrement, Madame dit à la récréation : « Faisant ce matin réflexion sur les austérités que plusieurs de vous voudraient faire et qui ne sont pas en usage dans votre maison comme en d'autres communautés, j'ai trouvé que c'en était une bonne que cette vigilance continuelle et sans relâche qu'il faut avoir sur les demoiselles; je la crois même plus difficile parce qu'elle est de tous les jours, et que naturellement nous aimons le changement. Il est bien aisé de se relâcher sur ce point, qui est pourtant très important, si on n'a soin de s'y renouveler souvent. Il faudrait le faire dans les retraites, aux grandes fêtes, dans les temps de dévotion, dans les examens, et se demander à soi-même : Ne me suis-je point relâchée sur la veille des demoiselles pendant cette année, ce mois, cette semaine, aujourd'hui? ai-je pris garde d'assez près à leur conduite dans cette occasion? leur ai-je dit ce qui convenait dans cette autre? ai-je empêché qu'elles ne liassent une conversation? ou bien ai-je été attentive à ce qu'elles disaient? ai-je regardé à ce que faisaient telles et telles ensemble? à ce qu'elles écrivaient? Quand je suis à leurs bandes, pensé-je à leur être utile, prévois-je quelquefois ce que je leur dirai? ne me suis-je point trop reposée sur une sœur ou une *noire* à qui je les ai confiées? Ce renouvellement est d'autant plus nécessaire à faire à présent, que vos demoiselles paraissent plus portées au bien et plus dociles que jamais. Vous pouviez penser qu'il y aurait moins de nécessité à les suivre de si près; mais soyez persuadées que c'est à cause que vous êtes si exactes à les veiller qu'elles sont si aisées à conduire, et qu'aussitôt que vous cesserez de les observer, elles deviendront libertines. Il ne paraîtra pas d'abord grand changement à l'extérieur; elles vous charmeront peut-être même par leur conduite, et vous serez tout étonnées qu'un beau matin vous découvrirez dans le plus grand nombre un mauvais esprit, point de piété, et un si grand relâchement, que vous aurez toutes les peines du monde à en venir à bout, et à rétablir parmi elles cette droiture, cette simplicité cette docilité et cette innocence de vie si aimable. Le moyen d'éviter les petits désordres qui pourraient arriver dans vos classes, je vous le redis encore, c'est cette vigilance sans relâche, dans les temps mêmes qu'elle vous paraît le moins nécessaire. »

36. — INSTRUCTION A LA CLASSE VERTE

Sur la reconnaissance.

Juin 1704.

Mme de Maintenon, étant à la classe verte, demanda aux demoiselles sur quoi elles voulaient qu'on leur parlât ; Mlle d'Escoublant lui proposa la reconnaissance ; plusieurs furent du même avis. Mme de Maintenon dit à Mlle de Ségonzac d'opiner du bonnet, lui demandant si elle savait ce que c'était. — Elle répondit que c'était d'être du même sentiment que ceux qui donnent leur avis avec nous sur quelque chose. « Oui, dit Mme de Maintenon, et par exemple, quand les juges sont assemblés pour terminer quelque affaire, et que le rapporteur a expliqué le fait en question, chacun dit son sentiment, et quand les premiers ont parlé, si les autres sont de même, ils ne font qu'ôter leur bonnet pour marquer qu'ils sont de même avis que les autres ; cela s'appelle opiner du bonnet, parce que c'est en effet un bonnet qu'ils ont quand ils jugent. — Mais savez-vous, ajouta-t-elle, ce que c'est qu'opiner ? » Une demoiselle répondit qu'elle croyait que ce mot venait d'opinion, et qu'opiner, c'était prendre l'avis ou le sentiment de ceux qui doivent délibérer sur quelque chose. Mme de Maintenon approuva cette réponse et dit agréablement : « Nous avons déjà appris aujourd'hui ce que c'est qu'opiner du bonnet : passons à la reconnaissance. Solare, qu'en pensez-vous ? — C'est, dit-elle, faire tout son possible pour plaire aux personnes qui vous ont fait du bien. — Non seulement vouloir leur plaire, répondit Mme de Maintenon, mais se souvenir du bien qu'elles nous ont fait et le témoigner dans les occasions qui s'en présentent. Et l'ingratitude, la connaissez-vous ? » La demoiselle dit que c'était tout le contraire. « Il est vrai, dit Mme de Maintenon, c'est oublier les bienfaits qu'on a reçus. Savez-vous pour qui vous devez avoir de la reconnaissance? C'est premièrement pour Dieu, et puis pour les personnes qui vous font du bien; par exemple, devez-vous avoir de la reconnaissance pour l'instruction que je vous fais à présent? » La demoiselle fut embarrassée : elle en sentait beaucoup pour Mme de Maintenon, et elle voyait qu'elle en devait avoir encore plus pour Dieu; elle ne savait que dire. « N'en doutez point, lui dit Mme de Maintenon, c'est principalement pour Dieu qu'il en faut avoir; c'est lui qui a permis que je vinsse ici plutôt qu'ailleurs; c'est lui qui m'inspire de vous parler, et qui fait que l'on vous dit des choses convenables. Mais pensez-vous qu'il soit indigne de Dieu de se mêler de si petites choses, et croyez-vous en effet qu'il s'en mêle? — Oui, madame, dit Mlle de Morbouton. — Assurément, reprit-elle; il vous les rend profitables et utiles. Y a-t-il rien dans l'Évangile qui marque que Dieu ordonne et permet tout? » Mlle de Cateuil répondit que Notre Seigneur Jésus-Christ dit qu'il ne tombe pas un seul cheveu de notre tête sans son ordre. « S'il ne tombe pas un seul cheveu de notre tête sans son ordre, reprit gaiement Mme de Maintenon, combien plus se mêlera-t-il de mon instruction, car ne vaut-elle pas mieux qu'un cheveu? »

Puis elle demanda à Mlle de Morangle si elle pouvait avoir de la reconnaissance pour une personne qu'elle n'aimerait pas. Elle répondit que cela était difficile, mais qu'il faudrait se contraindre. « Laissons la reconnaissance, ajouta-t-elle, pour un moment; dites-moi tout simplement si vous pourriez aimer une personne pour qui vous n'auriez point d'estime. » Elle répondit que non. « Il est vrai, dit Mme de Maintenon, qu'il n'est pas possible d'aimer d'une vraie amitié une personne qu'on n'estime point, parce que la vraie et solide amitié est fondée sur l'estime et l'estime sur le mérite. Revenons à la reconnaissance. Il faut rapporter à Dieu tout le bien qu'on nous fait, mais il ne faut pas se faire de cela un mauvais prétexte pour être ingrates à l'égard des personnes de qui Dieu s'est servi pour nous faire du bien; ce serait un très mauvais raisonnement de dire : c'est pour Dieu que je dois avoir de la reconnaissance, je ne dois rien aux créatures. Il veut qu'on leur doive après lui tout le bien qu'il nous fait par elles. Il y a des personnes de si mauvais cœur, qu'elles voudraient n'avoir obligation à qui que ce soit; j'en ai connu une qui disait : Je voudrais que cette personne fût morte, car me voilà engagée à lui être obligée toute ma vie. »

Elle demanda ensuite s'il n'y avait point d'ingrates dans la classe; elles répondirent toutes que non; elle dit encore : « Que les ingrates se lèvent ! » Personne ne remua de son siège; ce qui lui fit dire que l'ingratitude est un défaut qu'on ne veut point avouer, parce qu'il est bas, et qu'il montre un bien mauvais cœur; chacun le désavoue, et cependant il est fort commun. Il y a d'autres défauts dont on convient plus aisément : je suis sûre, par exemple, que si je demandais les paresseuses, il y en aurait qui se lèveraient pour peu qu'elles fussent simples, car il n'est pas qu'il n'y en ait ici quelqu'une qui s'en sente coupable. » Puis parlant à la première maîtresse : « Consolez-vous, ma sœur, lui dit-elle, vous n'avez pas une seule ingrate dans votre classe; cependant je vous apprendrai bien à les connaître : ce sont celles qui donnent de la peine et qui ne font pas leur devoir; elles sont ingrates, puisqu'elles ne savent pas reconnaître par leur bonne conduite les bontés qu'on a pour elles et les soins qu'on en prend, puisqu'elles sont indociles, et qu'elles ne se soucient pas de donner du contentement, car les cœurs reconnaissants font tout ce qu'ils peuvent pour satisfaire les personnes à qui ils ont obligation; il n'y en a pas de plus grande que d'être élevées et instruites comme l'on est ici. »

Elle demanda ensuite s'il n'y avait point de disputes dans la classe et si elles étaient toutes bien unies ensemble. La maîtresse assura qu'elles s'aimaient toutes comme des sœurs et qu'on ne voyait aucun démêlé parmi elles. « Si cela est, répondit Mme de Maintenon, vous avez la paix, qui est un si grand bien, que Jésus-Christ a tant de fois recommandée à ses apôtres, et que saint Paul souhaitait aux chrétiens à qui il écrivait. »

---

37. — INSTRUCTION A LA CLASSE JAUNE.

Sur la bonne humeur.

1704.

« Comme je n'ai pu aller vous voir, mes chères enfants, je vous envoie querir. Il me semble que vous êtes toutes de ma connaissance. Voilà N...: j'ai eu une grande consolation quand on m'a mandé qu'elle faisait mieux; j'espère qu'après avoir goûté le plaisir qu'il y a de bien faire, elle ne voudra pas retourner au mal. » — « Eh bien! Mesdames, dit-elle aux maîtresses, est-ce sans raison que je vous prêche la patience et que je vous dis souvent que vos peines ne seront pas perdues quoique vous n'en voyiez pas sitôt le fruit? De toutes les demoiselles de Saint-Cyr, je n'en connais aucune qui ait fait déshonneur à la maison. »

Après cela, Madame nous fit jouer devant elle le Proverbe : *L'eau qui coule vaut mieux que celle qui croupit;* et elle nous dit : « Je vous recommande toujours la gaîté dans mes instructions, parce qu'il n'y a rien de si bon qu'une fille gaie, au lieu qu'une triste n'est propre à rien et est toujours de mauvaise humeur. Quand même la gaîté serait excessive, les suites en sont moins fâcheuses que celles de la tristesse. Vous le voyez par cette fille mélancolique, qui ne veut point se réjouir et qui veut bien se laisser enlever, au lieu que la gaie aime mieux mourir que de manquer à un seul de ses devoirs. Les personnes gaies ont ordinairement l'humeur douce, obligeante, sont de bonne volonté. Quand on me parle d'un sujet pour cette maison, je ne manque pas de m'informer si c'est une fille gaie, parce qu'elles sont meilleures que d'autres pour les communautés; mais, en recommandant la gaîté, je ne prétends pas que vous soyez évaporées, ni que vous vous laissiez aller à des ris immodérés. La gaîté ne doit point du tout faire tort à la modestie. »

---

9. — ENTRETIEN AVEC LA CLASSE VERTE.

Sur la douceur.

1704.

« ...Une chose qui me fait de la peine, dit Madame, c'est que celles qui savent bien lire, écrire, travailler, n'aiment point à le montrer à leurs compagnes, ou le font trop rudement, et que celles qui ne savent rien ne veulent rien apprendre de celles qui savent. Pour moi, si j'étais encore en âge d'apprendre, je ne me ferais point de peine d'apprendre de quelques-unes de vous des choses que vous savez et que je ne sais pas; par exemple : vous me montreriez bien à piquer un bonnet. Il faut donc que celles qui savent quelque chose le montrent aux autres avec plaisir; mais il faut montrer doucement et point brusquement et rustaudement. Il faut donner de ce qu'on a et recevoir de ce qu'on n'a pas; c'est là ce qui fait le commerce dans le monde. Il y a des pays qui manquent de blé, et d'autres ont beaucoup de vin. On donne de son vin et on reçoit du blé. Nous donnons à l'Espagne de la filasse et de la toile, et nous en recevons de la laine, parce que la leur est très belle.

Il faut, mes enfants, user toujours de douceur en quelque poste qu'on soit. Le Roi lui-même, s'il traitait ses sujets avec rigueur, aurait grand tort. Que celles qui gouvernent reprennent avec fermeté, comme je le fais présentement, mais toujours avec douceur. Punissez s'il le faut, mais doucement; si vous vous accoutumez de bonne heure à montrer avec douceur, vous serez, dans des couvents, de bonnes maîtresses de pensionnaires; dans le monde, de bonnes mères de famille. Tâchez donc de vous traiter avec douceur, car si vous n'en usez ainsi aux *vertes*, vous serez aux *jaunes* rustaudes et malhonnêtes, ce qui vous fera haïr. La douceur est la vertu de notre sexe. Il faut laisser aux hommes le courage et la bravoure de se laisser tuer de sang-froid; mais ce qui nous convient, c'est l'honnêteté, la modestie, la douceur et la timidité. Je suis toujours surprise de ne point trouver parmi vous l'honnêteté qui règne dans ce monde corrompu, dont on vous dit tant de mal, et où il y en a beaucoup en effet. On n'y voit point assurément se chagriner les unes les autres; au contraire, c'est une grande attention à s'y faire plaisir. Une demoiselle de Saint-Cyr se ferait une honte de caresser une paysanne, pendant que Mme la duchesse de Bourgogne, qui est la reine de France, embrasse Jeanne, cette pauvre fille que vous avez vue ici, et qui est cependant si raisonnable. Faites donc bien, mes chères enfants, et ne vous contentez pas de dire que vous voulez être polies; il faut travailler à le devenir. C'est ici la classe où les filles commencent à entendre raison; les *vertes* ont toujours été jolies et aimables; ne vous relâchez point, mes chères enfants. »

---

30. — ENTRETIEN AVEC LES DAMES.

Sur la direction des travaux manuels.

1705.

Madame, étant à la récréation, dit à la maîtresse des ouvrages de n'en pas exiger beaucoup des maîtresses des classes; qu'elles n'en devaient avoir que par contenance, leur capital étant d'être toujours occupées des demoiselles, non pas en demeurant immobiles au bout d'une table, sans oser détourner un moment les yeux de dessus elles, mais en s'occupant de les former sur toutes sortes de choses, allant montrer à une à tenir son aiguille, à une autre à faire son ourlet, s'asseyant un moment auprès d'une troisième et prenant son ouvrage pour lui montrer à travailler de bonne grâce. Elle ajouta : « Je ne demande de vous que deux choses, la bonne foi et la vigilance : la bonne foi vous portera à vous donner tout entières à leur éducation sans rien négliger de ce qui est propre à les former, et la vigilance vous mettra en état de leur faire éviter mille fautes, et de leur faire prendre toutes sortes de bonnes habitudes. Cette continuelle attention qui leur est si nécessaire vous est également bonne pour l'exercice de votre vertu; car, à parler franchement, sans ces sortes d'assujettissements qui nous ont obligées à vous retrancher les autres austérités, votre vie serait trop douce pour des personnes consacrées à Dieu. »

---

40. — ENTRETIEN AVEC LES DAMES

Sur le mariage.

1705.

Mme de Maintenon ayant marié Mlle de Normanville, qu'elle avait gardée pendant quelques années depuis qu'elle était sortie de Saint-Cyr à M. le président Brunet de Chailly, lui fit l'honneur de se trouver à ses noces; le lendemain elle dit aux religieuses de Saint-Louis que M. l'abbé Brunet, son oncle, lui avait fait en la mariant une excellente exhortation dans laquelle il avait blâmé la délicate modestie des personnes qui se récrient dès qu'un prêtre ouvre la bouche pour parler dans l'église d'un sacrement qu'on y administre, que Jésus-Christ a institué, que saint Paul appelle grand et honorable, pendant que leurs oreilles ne se font pas scrupule d'entendre hors de l'église des chansons d'amour, des mots à double sens, etc. « Cette fausse délicatesse est un des travers que je voudrais ne pas voir chez vous, mes chères filles ; la plupart des religieuses n'osent prononcer le nom de mariage ; saint Paul n'avait pas cette sorte de scrupule, car il en parle très ouvertement ; je vous ai vu ce faible, je voudrais bien qu'il fût détruit ici pour toujours.

— Il est vrai, répondit Mme de Jas, que nous passions ordinairement cet article du catéchisme, et l'on consultait la supérieure pour savoir si on en parlerait ; nous ne l'avons même fait au chœur que depuis que vous nous avez dit qu'il fallait en parler comme des autres matières du catéchisme quand l'occasion s'en présente. — Ne comprenez-vous pas, mes chères enfants, reprit Mme de Maintenon, que c'est un travers qui est insoutenable dans une maison comme la vôtre de n'oser y parler d'un état que plusieurs de vos demoiselles embrasseront, qui est approuvé par l'Église, et que Jésus-Christ même a honoré de sa présence ? Comment les rendrez-vous capables de bien remplir les devoirs des divers états où Dieu les peut appeler, si vous ne leur en parlez jamais, et, qui pis est, si vous leur laissez entrevoir la peine que vous avez à en parler ? Il y a certainement moins de modestie et de bienséance à ces façons que lorsque vous leur en parlerez bien sérieusement et bien chrétiennement comme d'un état saint qui a de grandes obligations à remplir. Craignez que les omissions qu'elles feront par ignorance des devoirs de cet état ne retombent sur vous qui aurez manqué de les en instruire.

— Ayez la bonté, Madame, dit encore Mme de Jas, de nous faire un petit détail de ce qu'il nous convient de leur dire à ce sujet. — Vous ne sauriez trop leur prêcher, reprit Mme de Maintenon, l'édification qu'elles doivent à leur mari, le support, l'attachement à sa personne et à tous ses intérêts, tout le service et les soins qui dépendent d'elles, surtout le zèle sincère et discret pour son salut dont tant de femmes vertueuses leur ont donné l'exemple, aussi bien que celui de la patience; le soin de l'éducation des enfants qui s'étend bien loin, celui des domestiques et du ménage qui sont plus indispensables aux mères de famille que les prières de surérogation que quantité d'entre elles ont coutume de faire, au préjudice de ces premiers et plus importants devoirs de leur état. Quand vous parlerez du mariage à vos demoiselles de cette manière-là, elles n'y trouveront pas de quoi rire, rien n'étant plus sérieux qu'un pareil engagement; établissez donc chez vous de leur parler sur cette matière quand elle se présente comme toutes les autres qui leur conviennent, et ne souffrez pas que, sous prétexte de modestie et de perfection, on n'ose y nommer le nom de mariage. Cette sotte affectation, si j'ose m'exprimer ainsi, vous rejetterait bien bas dans toutes les petitesses que j'ai tâché de vous faire éviter avec tant de soin.

---

41. — INSTRUCTIONS A LA CLASSE BLEUE.

Sur les vertus cardinales.

Juin 1705.

Mme de Maintenon, se trouvant à la classe *bleue*, parla aux demoiselles sur les vertus cardinales, et dit premièrement que ce mot était pris d'un mot latin qui signifie un gond, parce que de même qu'une porte roule sur ses gonds, aussi toute la conduite de notre vie doit rouler sur ces quatre vertus qui renferment toutes les autres. Elle les exhorta à les aimer et à ne s'en pas tenir à les savoir définir, mais à les pratiquer, afin d'acquérir de bonne heure du mérite.

Mlle de Villeneuve lui demanda en quoi consistait le mérite; elle répondit : « A avoir un assemblage de vertus et de bonnes qualités, et surtout de la religion et de la raison. » Puis elle expliqua la justice, disant que celle d'action consiste à rendre à chacun ce qui lui est dû et à consentir qu'on nous rende à nous-mêmes ce que nous méritons : « Qu'est-ce que l'on mérite quand on a tort? Mademoiselle de Laudonie, répondez. — On mérite le blâme, répondit la demoiselle. — Oui, dit Mme de Maintenon, et c'est une justice de souffrir qu'on nous blâme quand nous avons tort, et outre cela, c'est une des meilleures manières de réparer ses fautes; il n'y a personne qui n'en puisse faire; mais c'est la marque d'un très bon esprit de les reconnaître et d'en convenir; et, au contraire, c'est une marque de très petit esprit que de pouvoir convenir de ses torts, et de chercher de fausses excuses pour les couvrir. »

Elle dit ensuite qu'outre cette sorte de justice qui se doit trouver dans nos actions, il y en a une de jugement qui s'appelle équité, qui fait que, sans se laisser préoccuper par ses inclinations ou ses répugnances, on se forme de justes idées de toutes choses, on discerne le bien d'avec le mal, jusqu'à voir les défauts de ses amis sans se laisser aveugler en leur faveur par l'amitié qu'on a pour eux, et à reconnaître de bonne foi les bonnes qualités qui se peuvent trouver dans les personnes que nous aimons le moins ou qui nous sont le plus contraires. « Non que nous soyons obligés de découvrir les défauts de nos amis, puisque l'amitié nous engage à les couvrir et à les excuser, si ce n'est qu'il fût nécessaire d'arrêter le mal en le découvrant; mais la justice veut que nous jugions mauvais ce qui est mauvais et bon ce qui est bon, indépendamment de nos dispositions à l'égard des personnes en qui l'un ou l'autre se trouve. La plus sûre règle pour ne point se tromper dans ses jugements, c'est de les approcher le plus près que l'on peut de ceux de Dieu, qui nous sont manifestés dans l'Écriture Sainte et dans l'Évangile; et la seconde règle, qui est aussi tirée de l'Évangile, est de juger les autres comme nous voulons être jugés, de penser et de parler d'eux comme nous voulons qu'ils pensent et jugent de nous, et de les traiter en tout comme nous voudrions en être traités. Mais il y a encore un degré de justice plus excellent que celui-là et qui demande bien une autre vertu : c'est le désintéressement, qui nous rend capables de décider contre nous-mêmes en faveur de ceux qui ont le bon droit de leur côté. Il se trouve bien des gens qui sont assez équitables pour juger justement les causes des autres; mais dès qu'ils y sont intéressés, on les trouve tout préoccupés en leur faveur; cela est opposé à la justice, qui veut qu'on se déclare pour la bonne cause en qui que ce soit qu'elle se trouve. Le Roi a fait sur cela une action louable et qui a été fort admirée. Il y a quelque temps qu'il eut un procès contre plusieurs particuliers de Paris, qui avaient cru que, les remparts de la ville ayant été négligés, ils pouvaient s'approprier cet espace de terre et y bâtir des maisons. Bien des années après, les gens chargés des revenus du Roi firent réflexion que, cette terre étant à lui, les maisons qui y étaient situées devaient par la même raison lui appartenir, ou du moins qu'il fallait lui payer la valeur du fonds où elles étaient bâties; les particuliers prétendaient que le long temps qu'il y avait qu'ils étaient en possession de ces maisons était un titre suffisant pour se les conserver. L'affaire fut rapportée au Roi et jugée en sa présence : une partie des juges fut pour lui; l'autre, en pareil nombre, se déclara pour les particuliers; ce qui fut bien louable, le Roi étant présent. Or, c'est une loi du royaume que dans les procès qui sont ainsi jugés devant le Roi, à la pluralité des opinions, en cas de partage égal, celle qu'il embrasse a gain de cause; il ne tenait ainsi qu'au Roi de gagner son procès, puisque, les opinions étant également partagées, il pouvait embrasser le parti qui lui était favorable; mais, au lieu de le faire, il se mit du côté qui lui était contraire, en disant que, puisqu'il y avait de bonnes raisons de part et d'autre, il aimait mieux relâcher de ses droits que de les porter trop loin au préjudice de ses sujets.

« Passons à la prudence : c'est une vertu qui règle toutes nos paroles et nos actions selon la raison et la religion; elle fait discerner ce qu'il faut faire ou omettre, dire ou taire, selon les occasions et les circonstances; elle est opposée à l'indiscrétion qui fait parler mal à propos. » Et sur cela, elle demanda à Mlle de Saint-Maixant ce qu'elle croyait de plus contraire à la charité, de railler une personne d'un défaut corporel ou d'un défaut de l'esprit, ou de l'humeur. Cette demoiselle répondit que c'était de reprocher les défauts de l'esprit ou du cœur. « Il ne convient jamais, dit Mme de Maintenon, de relever aucuns défauts; la charité nous engage à les excuser tous; mais je trouve que c'est une bassesse et une cruauté de reprocher à quelqu'un un défaut naturel auquel il n'a nulle part, et qu'on n'est pas maître de corriger. Les bons cœurs et les esprits bien faits sont incapables de rire de ces sortes de défauts; ils les supportent et les cachent avec soin et avec tendresse pour ceux qui les ont. Mais je trouverais plus excusable de reprocher un défaut de l'esprit et de l'humeur; car, après tout, la personne en qui il est pourrait s'en corriger, ou du moins le diminuer; ainsi elle est blâmable de s'y laisser aller; mais cependant la charité nous défend de les reprocher, non plus que les autres. Un moyen d'éviter l'indiscrétion, qui est si désagréable et si insupportable dans la société, est de devenir prudente, de faire réflexion à ce que nous voulons dire, afin de prévoir s'il n'aura aucune mauvaise suite et ne fâchera personne.

« La prudence fait encore consulter les personnes sages et expérimentées; elle fait prendre de justes mesures pour venir à bout de ce qu'on veut entreprendre, et elle n'entreprend rien que de juste, et ne le fait point sans apparence de succès.

« La tempérance est une vertu qui nous modère en toutes choses et nous fait tenir un juste milieu entre le trop et le trop peu. Elle est d'un usage continuel, elle empêche tout emportement de passion, soit de joie, soit de tristesse : si on rit, c'est avec modération et modestie; si on pleure, c'est sans se livrer tout entière à la douleur, la portant paisiblement et patiemment; si on mange, c'est avec modération; enfin la tempérance empêche tout excès. J'ai connu trois personnes qui eurent un grand sujet de tristesse par la perte d'un frère qui leur était également cher; l'une d'elles était si outrée de douleur, qu'elle se battait la tête contre la muraille, ne voulait ni boire ni manger, et donnait toutes les marques d'une douleur excessive; les autres, au contraire, pleuraient si paisiblement, quoique très amèrement, qu'elles ne faisaient aucun geste qui marquât le moindre emportement : laquelle de ces tristesses trouvez-vous la plus raisonnable? C'est sans doute celle qui demeure dans les bornes de la modération et de la patience.

« La tempérance vous est, à vous autres, très nécessaire en toute occasion, car le faible de la jeunesse est l'emportement pour la joie et le plaisir; tout la met hors d'elle et l'empêche de se posséder, si elle n'a grand soin de retenir la fougue de ce penchant. Retenez bien ce que je vais vous dire : toute personne qui n'est pas maîtresse d'elle-même n'aura jamais de mérite, ni selon Dieu, ni selon le monde. Il faut être maîtresse de sa joie pour ne se pas laisser aller aux grands éclats de rire, aux démonstrations excessives; toute joie qui se montre par la posture du corps est immodérée, et, par conséquent, opposée à la tempérance. On ne doit jamais entendre rire avec éclat une personne modeste et bien élevée; le Saint-Esprit, comme vous savez, dit lui-même que le rire du fou s'entend, parce qu'il rit avec éclat; mais que celui du sage ne s'entend point, et cela parce qu'il est maître de tous ses mouvements et les sait modérer. Cependant, tout vous met hors de vous. Si une boule entre dans un *trou-madame*, en voilà assez pour faire des cris et des éclats de rire; encore plus, si vous gagnez une partie. Je ne condamne pas un petit mouvement de joie qui paraît en ces occasions; mais il ne faut pas que cela aille jusqu'à faire des cris immodérés et en perdre contenance. Il faut déshabituer les *rouges* de ces excès de joie; à plus forte raison, le devez-vous, vous autres, qui devez être toutes raisonnables.

« La force est une vertu qui nous fait poursuivre avec courage nos entreprises et surmonter les obstacles que nous trouvons dans les autres et dans nous-mêmes au bien que nous avons entrepris, sans nous rendre aux difficultés, soutenant les événements fâcheux avec fermeté et sans abattement.

« A qui est-elle le plus nécessaire de nous tous, cette vertu de force, Beauvais? — C'est à celle qui a le plus de défauts, dit la demoiselle, et les plus difficiles à détruire. — Oui, je le pense comme vous, » dit Mme de Maintenon. Puis elle ajouta : « Celles qui ont le plus de défauts ou qui sentent qu'elles ne sont pas si bien nées, doivent-elles se décourager et s'imaginer qu'elles ne pourront jamais venir à bout de les détruire? — Non, madame, dit la demoiselle, parce que notre mérite dépend de notre travail aidé de la grâce de Dieu. — Voilà une réponse admirable! dit Mme de Maintenon, ne l'oubliez jamais, mes enfants : notre mérite dépend de notre travail. Je vous laisse sur ce bon mot, et, quand je reviendrai, nous en parlerons ensemble. »

---

42. — INSTRUCTION A LA CLASSE VERTE.

Sur les jeux d'esprit.

1705.

Madame ayant eu la bonté de nous envoyer querir, elle nous dit de l'entourer, et s'adressant à une maîtresse : « Je ne sais comment elles accommodent leur prodigieuse légèreté avec le dégoût qu'elles font paraître pour les jeux d'esprit que nous leur avons donnés. Il me revient de tous les côtés qu'elles ne les aiment point. » La maîtresse dit qu'elle voyait le contraire dans sa classe, que ses filles jouaient à ces jeux de tout leur cœur. « Vous me faites un vrai plaisir, dit Madame. Plusieurs de vous au sortir d'ici se feront de petites sociétés et trouveront quelque douceur dans leurs familles. Eh bien! elles joueront à tous ces petits jeux, car on y joue partout, depuis la Cour jusqu'aux gens médiocres. Le roi d'Espagne était ravi quand il trouvait quelqu'un pour jouer avec lui. Ce sera un avantage pour vous de les savoir, et vous serez par là en état d'y jouer avec autant d'esprit que les personnes avec qui vous serez. Ces jeux-là sont bons à mille choses; quand vous jouez, par exemple, à *j'aime mon amie*, vous dites : je l'aime parce qu'elle est douce, je la haïrais si elle était rude; vous voyez par là que la rudesse est le contraire de la douceur. Je l'aime parce qu'elle est vigilante, je la haïrais si elle était paresseuse; cela vous donne occasion de réfléchir, et de dire : Mais la paresse est-elle le défaut contraire à la vigilance? n'est-ce point plutôt la lenteur, ou l'indolence, ou le manque de soin? Chacun dit là-dessus son sentiment et prend son parti; puis vous appelez une maîtresse pour voir qui a raison, et cela ne peut produire qu'un bon effet. De même, si l'on vous conte une histoire, parlez-en selon qu'elle est gaie ou tragique, belle ou édifiante, et faites un peu agir vos esprits pour en tirer quelque moralité ou quelques éclaircissements. Vous venez de voir jouer *Jonathas;* que ne vous en entretenez-vous? que ne dites-vous : je n'entends pas un tel vers, une telle expression, je ne sais que veut dire ce mot, et ainsi des autres choses? Toutes vos tragédies vous sont très-utiles, elles vous occupent agréablement et sans aucune petitesse. Vous avez ici des choses que des princes et des princesses du sang n'ont point. J'ai employé les plus beaux esprits à vous faire des vers et les plus habiles musiciens à composer des chants; tout cela vous devrait rendre très aimables. Vous avez entre les mains quantité de choses merveilleuses dont vous pouvez faire un usage également utile et agréable; il n'y a pas jusqu'à vos Proverbes qui, quoique les moindres de vos amusements, peuvent aider à vous ouvrir l'esprit. Voyez comme je fais parler chacun son langage, les laquais comme parlent les laquais; une honnête personne dirait-elle jamais : « Dites-le à Monsieur et à Madame aussi, si vous voulez? » Une femme y parle poliment et sagement, et vous y trouverez bien de quoi vous entretenir raisonnablement quand vous le voudrez. On dit qu'il y en a de boudeuses qui ne veulent point faire comme les autres, et que, quand le jeu est en train, elles commencent seulement à rire. Hélas! les petites mignonnes, que nous leur sommes obligées de vouloir bien se réjouir! ne voudraient-elles point en être remerciées? Le propre d'un mauvais esprit est d'aimer à se faire prier. Quand vous n'êtes pas de même sentiment sur le jeu qu'on jouera, tirez au doigt mouillé ou à la pluralité des voix, et que celles qui en demandaient un autre que celui qui est échu et dont le goût n'a pas été suivi se rendent de bonne grâce à celui des autres. Prenez aussi l'habitude de parler modérément et sensément; les filles bien élevées ne parlent que d'un ton doux et modeste, ne se servent que de termes polis, et attendent ordinairement qu'on les interroge; il y a des mères très sévères là-dessus. Mme la princesse d'Elbeuf joue toute la journée avec Mme la duchesse de Bourgogne; sa fille est assise à son côté sans dire un seul mot; les jours ouvriers, elle travaille, et les dimanches et fêtes, elle est les bras croisés à regarder jouer, et à s'intéresser au jeu de sa mère, et quelquefois, lasse et ennuyée de regarder, elle ferme les yeux. Mme Colbert, que la Reine aimait beaucoup, et à qui elle faisait l'honneur de jouer avec elle, avait sa fille debout près d'elle qui passait sa vie sans parler. Et moi, dont tout le monde envie la faveur, et qui passe une partie de mes journées avec le Roi, on me croit la personne du monde la plus heureuse, et on a raison pour les bontés dont Sa Majesté m'honore; cependant, il n'y a peut-être personne de plus contrainte; quand il est dans ma chambre, je me tiens assez souvent éloignée de lui, parce qu'il écrit; on ne parle point, ou fort bas, par respect, et de peur de l'incommoder. Avant d'être à la Cour, où je suis venue à trente-deux ans, je me pouvais rendre témoignage que je n'avais jamais connu l'ennui, mais j'en ai bien tâté depuis, et malgré toute ma raison, je crois que je n'y pourrais résister si je ne pensais que c'est là où Dieu me veut. Eh bien! s'il vous fallait être dans ma chambre, sans dire un mot, une partie de votre vie, vous pétilleriez, n'est-il pas vrai? Malgré tout ce que je vous dis, mon poste est bien envié. Cependant il n'y a de vrai bonheur qu'à servir Dieu, mes enfants, et la piété seule peut soutenir d'une bonne manière, et donner toujours une conduite égale au milieu des peines et des ennuis, de même qu'au milieu des prospérités, qui n'est pas un état moins dangereux pour le salut. Je vous apprends, au cas que vous ne le sachiez pas encore, que c'est une bonne chose de savoir s'ennuyer; mais c'en est encore une meilleure d'être d'un assez heureux caractère pour ne le pas faire, et de savoir tellement s'accommoder de son état qu'on en porte toutes les contraintes de bon cœur et sans ennui. Vous vous plaignez d'être toujours assises; comparez cette petite contrainte avec celles que nous avons à la Cour, et assurément elle ne vous paraîtra pas digne d'être comptée. Mais vous avez sur cela une étrange bizarrerie : quand on vous mène au jardin, vous ne voulez pas vous promener, et, à la classe, vous voudriez n'être point assises et courir. Que ne faites-vous chaque chose dans le temps? Il faut courir, sauter, danser au jardin, et travailler à la classe.

N'aimez-vous pas bien vos maîtresses à présent? » Toutes répondirent oui. « Mais il faut, dit Madame, que ce soit raisonnablement, et point comme on faisait autrefois; on ne dit plus : ah! ma chère petite mère une telle, que je l'aime! quel joli petit visage! quelle mignonne taille! quelles jolies petites mains! Je vous crois bien revenues de ces sottises-là. Adieu, mes chères enfants. »

---

43. — LETTRE AUX DAMES.

Sur le gouvernement général et le but de l'éducation de Saint-Cyr.

11 février 1700.

Vous voulez donc que je vous écrive encore sur le gouvernement de votre maison; je vais le faire par complaisance, mes chères filles, car j'ai écrit partout ce que je vais vous dire, et je l'ai redit tant de fois, que j'en ai souvent importuné.

On se trompera toujours quand on voudra conduire une communauté de trois cent trente filles selon les idées d'un ménage particulier : il faut se contenter chez vous d'un grand ordre et de ne rien perdre; il faut que les petites vues cèdent aux grandes, et sacrifier de petits intérêts à la paix, à l'union, au repos, à l'éducation, qui est la fin de l'établissement de Saint-Cyr. Vous êtes religieuses, vous aspirez à la perfection, vous avez voué d'élever et d'instruire toute votre vie : voilà un assez grand ouvrage.

Pour remplir de si grands desseins, il faut travailler sans cesse, mais sans trop d'empressement; mettez-vous donc à l'aise et en repos, et ne vous agitez point de soins temporels jusqu'à vous troubler.

Que toutes les instructions, les conversations, les réprimandes, les punitions, les récompenses, les complaisances, les relâchements, soient employés pour les rendre vertueuses, de bonnes mœurs, modestes, discrètes, silencieuses, secrètes, bonnes, justes, généreuses, aimant l'honneur, la fidélité, la probité, faisant plaisir dans ce qu'elles peuvent, ne fâchant personne, portant partout la paix, ne désunissant jamais, ne redisant que ce qui peut plaire et adoucir. Treize ans ne sont point trop longs, mes chères filles, pour les instruire et les former à tant de bonnes choses; voudriez-vous renoncer à ce noble travail pour vous inquiéter et les inquiéter sur un ouvrage un peu plus tôt fait?

Il faut que vos demoiselles travaillent à tout ce qui se fait dans la maison; mais tout ce que je viens de marquer est le plus pressé. Mettez-vous en repos dans toutes vos charges, ne donnez pas un moment à la lâcheté, à l'oisiveté, ne quittez pas vos emplois pour une prière que Dieu ne vous demande point; mais quand, après cela, votre ouvrage ne sera pas achevé, n'en ayez pas la moindre peine, vous le reprendrez le lendemain, ou d'autres le feront. Tâchez d'inspirer aux demoiselles le goût de l'ouvrage, il leur est absolument nécessaire; mais vous y réussirez mieux en les divertissant qu'en les fatiguant trop.

Vous faites très bien de vous servir des demoiselles et de les mettre à tout; mais il faut que ce soit dans le besoin, et il ne faut pas compter pour un véritable besoin l'envie que vous aurez de faire quelques misérables épargnes. Par exemple, vous faites balayer les demoiselles des années de suite pour soulager l'infirmité de leur sœur converse : rien ne serait plus raisonnable que de lui donner ce secours de temps en temps; il ne l'est pas qu'elles le fassent toujours. Les demoiselles peuvent aider aux dames de la sacristie, aux sœurs converses, mais non pas être seules chargées de l'ouvrage.

Il est certain qu'il faut les mettre à tout; il est certain aussi qu'elles ne doivent pas trop travailler, ni être souvent tirées de leurs classes.

Qui trouvera ce milieu? la supérieure, aidée et avertie par le Conseil; mais vous devez garder une règle qui vous guidera; c'est de ne rien exiger d'elles que vous ne fassiez vous-mêmes. Vous voulez qu'elles balayent, balayez aussi;

vous voulez qu'elles veillent les malades, veillez comme elles, c'est-à-dire une religieuse avec plusieurs demoiselles, quand cela est nécessaire; vous voulez retrancher leur nourriture, retranchez la vôtre; vous voulez qu'on ait moins de linge blanc, ayez-en moins, mais ne retranchez jamais ni pour vous et pour elles que dans des cas très extraordinaires, car on ne vous a marqué que le nécessaire; mais, encore une fois, ne les souffrez point mal nourries quand vous le serez bien, ni mal vêtues quand vous serez très propres.

Je sais ce qui est dû à la profession et à la gravité religieuse, mais je sais aussi que vous avez fait vœu de pauvreté; tout s'accommodera quand on le voudra. Vous avez grand besoin d'une supérieure affectionnée et zélée pour l'institut: que le Conseil pense de même, et que la maîtresse générale soit l'avocate des demoiselles, car on sera toujours tenté de retrancher sur elles, parce que le grand nombre fait que le moindre retranchement est considérable.

On sera de même tenté de les faire trop travailler pour épargner; mais on ne le peut sans prendre sur leur éducation, qui est un ouvrage de persévérance. Huit jours passés sans leur parler ne paraissent point y avoir nui; il est pourtant vrai que ce mal est réel, quoique invisible, et qu'il faut prendre le moins qu'on peut sur les maîtresses des classes et sur les filles.

Il est impossible que de temps en temps on ne fasse des fautes : les maîtresses des classes changent; les esprits sont différents; il y en a de plus portées les unes que les autres à innover. Il faut que la supérieure tienne la balance et entre dans la conduite des classes, non pour tourmenter et troubler les premières maîtresses, mais pour juger des choses qu'elles doivent laisser à leur disposition et de celles qu'elle doit décider. Il faut que je marque ici que mon intention n'a jamais été que la supérieure ne se mêlât point des classes; j'ai dit cent fois qu'il ne faut pas se mêler des charges les unes des autres, et qu'il faut laisser chacune en repos dans la sienne; mais cela ne peut regarder la supérieure, qui doit tout gouverner, tout conduire et tout savoir. Je ne puis trop conjurer mes chères filles de ne se point troubler les unes les autres en blâmant ce qui se fait; toutes les plaintes doivent être portées à la supérieure; mais, du reste, il ne faut point trouver les demoiselles mal habillées, mal nourries, mal élevées, etc., parce que vous contristez vos sœurs, quelque vertu qu'elles aient. Quand les demoiselles montent d'une classe à l'autre, il ne faut point s'en plaindre, mais les recevoir toutes également; j'ai vu faire de grandes fautes là-dessus.

---

44. — INSTRUCTION A LA CLASSE JAUNE.

Sur les excuses et les réponses mal à propos.

18 février 1706.

« Je voudrais, mes chères enfants, dit Mme de Maintenon aux demoiselles, vous défaire de la pente que vous avez à vous excuser. Je sais qu'elle est naturelle, et que c'est même une pratique religieuse de ne le jamais faire, quoique l'on soit reprise à tort; aussi ce n'est pas ce que l'exige de vous : je vous demande seulement en ces occasions d'écouter d'abord bien respectueusement et tranquillement ce que vos maîtresses vous disent, et, quand elles ont fini, de leur demander, d'un ton doux et modeste, permission de leur dire vos raisons, pourvu qu'elles soient bonnes; car il vaut mille fois mieux avouer bonnement que l'on a tort que de donner une seule mauvaise excuse. Aussi ce que je vous dis est pour le premier cas, où je suppose que vous êtes reprises d'une faute dont vous n'êtes point coupables, ce qui peut arriver quelquefois, rien n'étant si aisé parmi votre nombre que de prendre l'une pour l'autre. Mais dans le second cas, où je suppose qu'effectivement vous avez fait la chose dont on vous reprend, vous ne devez pas avoir le moindre petit mot à dire, si ce n'est pour témoigner que vous êtes vraiment fâchées de l'avoir faite, que vous êtes bien obligées de l'avis qu'on vous donne, et résolues d'en profiter et de ne plus jamais tomber dans la faute dont on vous fait apercevoir. Je vous assure, mes enfants, qu'il n'y a personne, si animée contre vous qu'elle pût être, qui ne fût aussitôt désarmée par cette bonne manière; et je vous prie d'être bien persuadées que je ne vous demande en cela rien d'extraordinaire; que non seulement toute fille bien élevée en use de la sorte, mais encore toute personne raisonnable et qui a l'esprit bien fait. Comptez qu'il est plus honorable d'avouer ingénument et simplement que l'on a tort, que de s'excuser mal à propos : c'est la marque d'un très petit esprit et d'une méchante éducation. Que je n'entende donc plus parler ici de mauvaises réponses ou de méchantes défaites. Si vous avez, par exemple, fait un oubli ou un message de travers, au lieu de dire que vous aviez tant de choses à faire à la fois que vous n'avez pu vous en souvenir, dites que vous êtes très mortifiées d'avoir ainsi oublié ou mal fait la chose dont vous étiez chargées, et bien fâchées de l'embarras que votre oubli ou votre étourderie ont causé. Agissez avec droiture, franchise et simplicité en toutes les occasions semblables, et comptez que rien n'est plus grand, plus généreux et plus noble, aussi bien que plus juste et plus raisonnable, que cette manière-là. A des personnes comme vous, je devrais me contenter de vous dire que la piété et la vérité seules l'exigent de vous; mais je suis bien aise de me servir de toutes sortes de motifs pour vous engager plus sûrement à m'accorder ce que je vous demande. J'aimerais cent fois mieux une fille qui ferait quelquefois les choses de travers, et qui tout bonnement l'avouerait et en paraîtrait fâchée, par rapport à l'embarras que cela donnerait, qu'une autre qui ferait ordinairement fort bien les choses, mais qui ne voudrait point avouer son tort quand elle aurait manqué. Je dirais de la première : voilà une fille vraiment candide, quoique un peu incommode dans ses bévues, mais il y a apparence qu'elle se corrigera, et sa droiture seule y contribuera beaucoup; et je vous assure que j'aurais une bien moindre opinion de la seconde, quoique plus capable. Encore une fois, vous ne sauriez recevoir avec trop de respect et de reconnaissance tous les avis que l'on vous donnera, car c'est ordinairement un principe d'amitié et d'intérêt pour vous qui nous porte à les donner; mais quand cela ne serait pas, un esprit bien fait profite toujours de l'avis, quand même il partirait d'un principe d'animosité. J'admire souvent Mme la duchesse de Bourgogne, qui est la première princesse du royaume, et sur laquelle je n'ai naturellement nulle autorité : vous ne sauriez comprendre avec quelle docilité, quelle bonne manière et même quelle reconnaissance elle reçoit les avis que je prends la liberté de lui donner. Mais, bien plus, je la trouvai l'autre jour assise sur un degré, à la porte de ma chambre, avec Jeanne, qui est une grosse villageoise de bon sens que j'ai chez moi, qui lui disait tous ses défauts et tout ce qu'elle entendait dire d'elle de désavantageux à Paris; cette charmante princesse, au lieu de se choquer de la franchise de cette bonne femme, se jeta à son col, et l'embrassa plusieurs fois en lui disant : « Je te suis bien obligée, Jeanne, je te remercie de tout ce que tu viens de me dire, car je sens bien que c'est par amitié pour moi. » Et toutes les fois qu'elle la voit, non seulement elle lui fait amitié, mais elle l'embrasse de tout son cœur, quoiqu'elle soit laide, vieille et dégoûtante. — Eh bien! mes enfants, qu'avez-vous à répondre à cet exemple? n'est-il pas plus que suffisant pour vous convaincre que rien n'est si louable, si convenable et si à sa place que de bien recevoir les avis que l'on donne, ou sur nos défauts, ou sur nos manières, ou sur quelques autres manquements?

Travaillez, dès aujourd'hui, dès ce moment, à prendre cette bonne habitude, et conservez-la tout le reste de votre vie, car on peut faire des fautes à tout âge, et il n'y en a point où on ne doive être reconnaissant d'en être averti....

---

45. — AVIS AUX MAITRESSES DES CLASSES.

Note de service.

24 mars 1706.

Je conjure les maîtresses de classes de tenir la main à ce qui suit :

De revenir toujours à l'éducation des demoiselles, qui doit être chrétienne et raisonnable;

D'avoir ce but-là devant les yeux dans tout ce qu'on leur dit;

De l'appliquer dans les petites classes aux exercices nécessaires, catéchisme, lecture, écriture, apprendre par cœur pour la répétition du dimanche et des fêtes;

De ne leur permettre ni vers, ni *Conversations*, ni *Proverbes* que par récompense;

De leur apprendre à travailler; de promettre, à celles qui sauront lire et écrire, qu'elles ne l'apprendront plus; de s'en servir pour montrer aux autres;

De prêcher toujours l'amour du travail dans toutes les classes;

De soutenir la dentelle aux jaunes, quand les autres ouvrages manquent;

De conserver soigneusement les carreaux, pour y pouvoir travailler quand on veut.

---

46. — ENTRETIEN AVEC LES DAMES.

De l'utilité d'inspirer le goût de l'ouvrage aux demoiselles.

18 avril 1706.

Le 18 d'avril 1706, Mme de la Rozière ayant dit à la récréation que l'on était fort occupé d'exciter le goût des demoiselles pour l'ouvrage, et de leur donner sur cela de l'émulation, Madame dit : « Vous ne pouvez leur inspirer rien de meilleur ; comptez que c'est procurer un trésor à vos filles que de leur donner ce goût de l'ouvrage, car, sans avoir égard à la qualité de pauvres demoiselles qui les mettra peut-être dans la nécessité de travailler pour subsister, je dis que, généralement parlant, rien n'est plus nécessaire aux personnes de notre sexe que d'aimer le travail : il calme les passions, il occupe l'esprit, et ne lui laisse pas le loisir de penser au mal, il fait même passer le temps agréablement. L'oisiveté, au contraire, conduit à toutes sortes de maux ; je n'ai jamais vu de filles fainéantes qui aient été de bonne vie. Il faut nécessairement prendre goût à quelque chose; on ne peut vivre sans plaisir; si on ne trouve point à s'occuper utilement, il faut en chercher à autre chose. Que peut faire une femme qui ne saurait demeurer chez elle, ni trouver son plaisir dans les occupations de son ménage, et dans un ouvrage agréable? il ne lui reste à le chercher que dans le jeu, la compagnie et les spectacles. Y a-t-il rien de si dangereux? Combien de filles, sans être mal nées ni avoir de méchantes inclinations, ont perdu leur honneur pour s'être rencontrées en de mauvaises compagnies? combien voit-on de familles ruinées par le jeu? combien de femmes qui étaient nées sages et modérées, de qui cet amour du jeu a causé la perte de la réputation? J'ai connu une demoiselle à la Cour, très sage de sa nature, qui s'est perdue par là; elle avait une telle passion de jouer, que, n'osant le faire ouvertement, parce que la Princesse dont elle était fille d'honneur lui avait défendu, elle demeurait tout le jour penchée à une porte, passant par-dessus l'argent, les cartes; enfin cette passion l'a poussée si loin qu'elle passe des nuits à jouer avec des gardes; elle en est devenue jaune, maigre, horrible, quoique ce fût une personne bien faite et fort aimable. Si elle avait eu du goût pour l'ouvrage, il l'aurait préservée de tomber dans ce malheur. »

Mme de Bouju dit : « Permettez-moi, Madame, de vous demander ce que nous devrions faire si quelques personnes de rang distingué voulaient nous donner à faire quelque ouvrage exquis et d'un grand dessin, et si, notre Constitution nous défendant ces sortes d'ouvrages, nous pourrions les accepter. — Qui est la personne, reprit Mme de Maintenon, qui serait en droit de vous en donner, puisque vous devez vous tenir dans un entier éloignement du monde? — J'entends, dit Mme de Bouju, la Reine de France; comme le Roi donne les places de demoiselles, cette maison sera toujours plus connue qu'une autre. Mme la duchesse de Bourgogne, par exemple, pourrait nous en demander de cette sorte. — Je ne crois pas que Mme la duchesse de Bourgogne voulût causer ce désordre dans votre maison, reprit Mme de Maintenon; elle est trop jalouse de la régularité qui s'y doit observer; mais, après tout, nos rois sont les maîtres; vous devriez seulement commencer par leur faire représenter humblement que vos Constitutions vous défendent de travailler à ces grands ouvrages, que l'éducation des demoiselles dont vous êtes chargées indispensablement prend votre temps, que vous en êtes incapables, ne les sachant point faire, et qu'il serait très dangereux pour vos demoiselles que des personnes séculières fussent ici tout le jour à leur montrer à travailler; s'ils persistaient à vous en vouloir charger, acceptez-les par obéissance, mais donnez-vous de garde de vouloir les achever en peu de temps, et pour cela de déranger vos exercices et votre éducation; soyez un an à finir cet ouvrage, plutôt que de vous relâcher sur la régularité et sur le soin de vos demoiselles. Votre Constitution vous défend les ouvrages exquis et d'un trop grand dessin, afin que vous n'entrepreniez point de faire des ornements trop magnifiques pour votre maison ou pour des personnes du dehors, et que vous ne fassiez point ici tous ces ouvrages et colifichets en broderie et au petit métier qui sont si inutiles. Vous êtes destinées à des occupations plus solides et plus importantes; je dis plus, car si par impossible, ce me semble, il vous arrivait de manquer d'ouvrage, j'aimerais mieux que vous en fissiez pour le dehors et pour de l'argent, que vous donneriez ensuite aux pauvres, que de vous amuser à ces bagatelles. »

Et un jour qu'on lui en donna d'admirables et faits avec une délicatesse grande, elle dit : « J'espère que mes chères filles ne feront jamais de ces gentillesses-là; ces sortes d'ouvrages me déplaisent, non seulement à cause de leur inutilité, mais principalement parce que je crois qu'on les fait avec une attache qui est contraire à la perfection et qui est la cause de plusieurs irrégularités; on se couche plus tard, on ne se rend pas au son de la cloche pour les exercices; on en veut se faire des présents, on espère ensuite d'en recevoir. Oui, je vous le répète encore, j'aimerais mieux, si vous en aviez besoin, vous voir filer et coudre pour autrui, et ma sœur de Radouay (c'était l'économe) recevoir humblement cinq sols pour le prix de son travail, que de vous voir amuser à ces bagatelles et à ces ouvrages qui vous sont si défendus. Si jamais cela vous arrive, je viendrai de l'autre monde après ma mort, dit-elle en riant, faire un bruit effroyable pour épouvanter celles qui auraient des occupations si contraires à mes intentions. » Elle ajouta ensuite d'un ton plus sérieux : « Il ne faut s'occuper ici que de choses solides, et retrancher tous les ouvrages inutiles et superflus; mais en même temps que je ne veux point de magnificence, je veux une très grande propreté, surtout au linge de la sacristie, qui non seulement doit être beau, mais d'une finesse proportionnée au saint usage auquel il est destiné. »

---

47. — LETTRE AUX DAMES.

Sur la juste application des maximes générales, et sur le choix des sujets pour la maison.

1700.

Comme on pressait Madame sur un écrit qu'on l'avait priée de faire pour notre instruction, elle dit : « Je suis résolue de ne plus rien écrire, je ne l'ai que trop fait; tout ce qu'on peut dire est général; l'important est d'en faire une juste application, et c'est ce qu'il y a de difficile; ce qui convient aux unes ne convient point aux autres; ce qui est bon dans un temps ne l'est plus dans la suite, par la différence des circonstances qui se rencontrent. J'ai trouvé, par exemple, des maîtresses qui étaient rebutées des classes, parce qu'elles ne pouvaient demeurer tout le jour sur un siège au bout d'une table, et qu'elles craignaient d'anticiper sur les droits de la première maîtresse, ou de manquer à l'attention qu'elles doivent avoir sur les demoiselles, si elles eussent changé de situation. J'ai dit à ces filles-là que rien ne les obligeait à demeurer à la même place, qu'il serait bien plus utile aux demoiselles qu'elles se plaçassent, tantôt auprès d'une, à qui elle montrerait à travailler, tantôt auprès d'une autre pour l'empêcher de lier une conversation avec sa compagne; d'en aller redresser une troisième qui se gâte la taille à force de se tenir de travers; de faire de temps en temps le tour de la classe, quand elles n'auraient point d'autre raison que d'avoir envie de marcher, cette manière de veiller les demoiselles leur étant tout aussi bonne que d'être assises auprès d'une table pour les regarder. Sur cela, il est venu d'autres maîtresses me dire qu'en vérité les classes étaient tuantes, qu'elles ne pouvaient demeurer debout pour veiller les demoiselles. A celles-là je leur dis : Tenez-vous assises, il faut avoir pour soi les ménagements qu'on aurait pour les autres et ne point tomber dans les extrémités. Un jour, vous serez en disposition de parler pour les exhorter ou les reprendre à l'heure de l'instruction : eh bien ! faites moins lire et parlez davantage; un autre jour, il ne vous viendra rien à dire, ou vous aurez mal à la tête : faites continuer la lecture et ne dites mot. Il faut ainsi se ménager dans les choses indifférentes, et se réserver pour les nécessaires.

« Vous m'avez encore souvent pressée de vous dire les qualités que je croyais nécessaires pour faire un bon sujet, et les défauts qui mériteraient l'exclusion; je vous les ai dits, mais cela vous empêche-t-il d'être embarrassées pour faire l'application des maximes générales? On dit bien qu'il ne faut pas d'esprits de travers ni dissimulés, de filles de mauvaise humeur; mais le fait est de savoir si la personne proposée a un mauvais caractère d'esprit ou non; si ces inégalités qu'on y remarque viennent d'un fonds de mauvaise humeur ou d'accident; si c'est une bizarrerie véritable ou une tentation; si elle est dissimulée et pense à ne se pas montrer, ou si c'est qu'elle ait peu à dire, et ainsi des autres caractères; rien n'est si difficile à discerner. »

Mme de Rocquemont demanda s'il faudrait hésiter à renvoyer une postulante qu'on trouverait bizarre. « Si elle l'est en effet, dit Madame, ce serait un sujet de l'exclure; mais reste à savoir si c'est une véritable bizarrerie, car toutes les personnes qui en ont fait quelque acte ne sont pas pour cela bizarres, comme, selon notre bon saint François de Sales, on ne doit pas dire qu'un homme est ivrogne pour l'avoir vu ivre. »

43. — INSTRUCTION A LA CLASSE BLEUE.

Sur la bonne et la mauvaise gloire.

1700.

On pria Madame de parler sur la bonne et la mauvaise gloire. Elle dit que la bonne gloire est de ne vouloir rien faire qu'on puisse se reprocher, d'éviter toute bassesse, comme de recevoir des présents, si ce n'est de ses parents. Elle dit que c'est une bonne gloire d'aimer mieux vivre de peu et n'avoir précisément le nécessaire que de se rendre à charge aux autres et de vivre à leurs dépens. C'en est une mauvaise de s'enfler de sa noblesse, d'en parler, de se croire déshonorée de n'être pas richement vêtue, d'être pointilleuse sur le point d'honneur, de croire qu'on ne nous en rend jamais assez, d'avoir honte de remercier, etc. Une demoiselle demanda si ce ne serait pas une fausse gloire à une demoiselle de Saint-Cyr de dédaigner de travailler à son profit. « Assurément, dit Madame; c'est une bien mauvaise gloire d'être honteuse de travailler pour gagner, surtout quand on n'a pas d'ailleurs de quoi subsister. Il se trouvera des personnes dans le monde qui vous feront une honte de travailler pour subsister, mais toute personne de bon goût et d'un jugement solide trouvera de la grandeur et de la générosité à aimer mieux prendre sur soi l'incommodité d'un travail continuel que de vivre aux dépens de personnes qui connaissent votre misère. J'estimerais infiniment une personne qui aurait le courage de demeurer enfermée dans une chambre, à travailler depuis le matin jusqu'au soir, afin de n'être à charge à personne, se passant de peu. Je trouve une grandeur d'âme, une générosité et un courage tout à fait admirables dans cette conduite, qui va à prendre sur soi et non sur les autres, à se contenter de ce qu'on a. Il y a sur cela une sentence de saint Augustin, que je vous prie de ne point oublier : il dit que la grande richesse n'est pas d'avoir beaucoup, mais d'avoir besoin de peu. Il y en a encore qui sont honteuses de n'être pas bien vêtues, d'autres qui s'en font accroire parce qu'elles sont richement habillées; l'un et l'autre est une sotte gloire : il est bien plus noble d'aimer mieux ne porter que des habits de laine que de s'endetter pour en avoir de soie, quand on n'a pas de quoi les payer; ou qu'en mettant son argent à s'habiller à la mode, on en manque pour ses véritables besoins, et on est réduit à avoir besoin de la bourse de ses amis. Il y a de la grandeur d'âme à s'en tenir à n'avoir que le pur nécessaire plutôt que de s'entretenir aux dépens d'autrui. La personne de mon Proverbe, qui aime à ne vivre que de légumes, à ne s'habiller que de laine, qui ne veut pas paraître parce qu'elle n'est pas vêtue selon sa condition, qui s'enferme à travailler depuis le matin jusqu'au soir plutôt que de chercher dans la charité des autres de quoi fournir à une plus grande dépense, a autant de grandeur d'âme et de générosité qu'une autre a de bassesse de cœur, qui va, de dessein prémédité, souper et dîner chez qui lui en veut donner.

« C'est encore une bassesse de flatter les gens parce qu'ils sont en faveur, de leur témoigner beaucoup d'estime parce qu'ils sont en crédit, quoiqu'on sache bien qu'il n'est pas fondé sur leur mérite et qu'au contraire ils sont parvenus à cette élévation par de mauvais vices. Il ne faut pas affecter de l'éloignement et du mépris pour une personne parce qu'elle est en faveur, surtout lorsqu'elle y est parvenue par des voies légitimes et si elle a du mérite; ce serait une fausse générosité qui viendrait d'un fonds d'envie; mais il ne faut pas estimer une personne par la seule raison qu'elle est en faveur auprès des grands. C'est encore une bassesse de méconnaître un ancien ami parce qu'il est malheureux, un parent parce qu'il n'est pas noble ou qu'il est pauvre. »

49. — INSTRUCTION A LA CLASSE BLEUE.

Sur l'esprit mal fait et l'éducation de Saint-Cyr.

1707.

Les demoiselles de la classe *bleue* prièrent Mme de Maintenon de leur expliquer ce que c'est qu'un esprit de travers, contre lequel elles l'entendaient souvent parler. « C'est, dit-elle, par exemple, de ne point vouloir se soumettre aux règles des lieux où l'on est; d'être difficile en tout, de ne s'accommoder de rien, ni des personnes ni des choses qu'on leur donne, ou de celles qu'on leur propose; d'être toujours d'un avis différent de celui des autres, de ne se soucier point de faire plaisir, guère plus de faire de la peine; ce sont les esprits qui sont contrariants et entêtés dans leurs fantaisies, croyant toujours avoir raison; qui ne savent point s'accommoder au goût, à l'humeur de ceux avec lesquels ils ont à vivre, et quantité de choses semblables qui, je suis sûre, vous déplaisent à mesure que vous me les entendez nommer. Mais cela ne suffit pas; il faut que chacune de vous s'examine et se dise de bonne foi, et sans se flatter : Oui, je reconnais en moi tel et tel travers, j'ai tort en cela, etc., et que vous preniez toutes une bonne et forte résolution de détruire absolument en vous un défaut qui vous paraît si méprisable et si insupportable dans les autres; et que celles qui sont assez heureuses pour sentir en elles bien de l'opposition à tous les défauts dont je viens de parler rendent grâce à Dieu; car, en vérité, elles sont bien heureuses, les vertus naturelles étant toujours les plus sûres. N'est-il pas vrai, mes enfants, que vous trouvez très aimable et recherchez de bon cœur la société de celles qui sont douces, toujours prêtes à faire ce que l'on veut, qui ne sont ni difficultueuses, ni contrariantes, ni bizarres mais toujours égales et de bon accord? Tâchez de devenir toutes comme vous êtes bien aises de trouver les autres, et mettez-vous bien dans la tête que l'on ne vous fait pas plus de grâce sur les défauts qui vous déplaisent et vous choquent si fort en votre voisine, que vous ne lui en faites.

« Vous seriez bien coupables, mes enfants, si vous ne profitiez de l'éducation que vous recevez ici. Vous vous trouvez contraintes, et vous regardez votre règle comme une dure servitude; c'est votre seul malheur de ne pas connaître combien vous êtes heureuses. Bien des gens désireraient d'avoir part à votre bonheur. On dit communément qu'il serait à souhaiter que cet établissement eût été fait pour les premières personnes du royaume, lesquelles, après avoir reçu une si excellente éducation, feraient des biens infinis, au lieu que de pauvres demoiselles n'en peuvent ordinairement faire que de médiocres. J'ai vu le Roi plusieurs fois prendre plaisir à expliquer aux seigneurs de sa Cour la manière dont on vous élève, M. le duc d'Harcourt, entre autres, était ravi de l'entendre, et dit au Roi qu'il se souvenait bien d'y avoir eu des parentes de son nom. Mme la maréchale de Noailles m'a proposé bien des fois de mettre ici ses huit ou dix filles, à condition qu'elle payerait la pension d'un pareil nombre de demoiselles de Saint-Cyr dans un autre couvent. Tout cela vous fait voir combien on vous estime heureuses; goûtez donc votre avantage, mes enfants, ne prenez aucun travers, et que les petites contraintes de votre règle ne troublent point votre bonheur. Croyez-vous, de bonne foi, être les seules personnes au monde qui soient obligées à en garder une? Il n'y a point de maisons un peu réglées où cela ne se fasse. La première chose que fait une personne raisonnable qui se met en pension dans une communauté, est de s'informer des heures, de l'ordre de la maison, pour s'y conformer et se lever avec les autres, aller à la messe à la même heure, observer, pour le parloir, ce qui est en usage, n'y allant point trop matin, et en sortant d'assez bonne heure pour ne pas incommoder; si ce sont des maisons où l'on sort, revenir assez tôt pour qu'il ne fasse rien contre l'ordre établi; et on fait toutes ces attentions à trente et à quarante ans, quand on a l'esprit bien raisonnable et bien fait, avec la même attention et dépendance que le pourraient faire les plus jeunes personnes.

« Il faut que je vous dise, pour votre consolation, que je remarque parmi vous un certain bon esprit que je n'y ai pas mis et que j'y ai trouvé; c'est cette docilité qui vous fait répondre à une de vos compagnes, quoique plus jeune que vous, comme vous feriez à une maîtresse quand elle la charge de vous faire apprendre ou répéter quelque chose, et je vous exhorte à ne point perdre cette bonne manière qui va au soulagement de la maîtresse, et aide en même temps à former les unes et à simplifier les autres. Il faut rendre cette justice aux demoiselles de Saint-Cyr, que l'on a eu toujours à les louer sur la soumission qu'elles ont pour celles de leurs compagnes que l'on établit au-dessus d'elles, et du bon esprit avec lequel elles reçoivent les avis qu'elles leur font quelquefois donner par leurs maîtresses; aussi suis-je persuadée que ces avis ne se donnent jamais que comme ils doivent être donnés, c'est-à-dire pour des choses qui seraient véritablement mal, car nous ne prétendons pas qu'elles soient rapporteuses, et qu'elles se fassent un plaisir d'accuser leurs compagnes pour des riens, ce qui serait le plus méchant caractère du monde. Quand on est obligé d'avertir, il ne le faut faire qu'avec une sorte de peine, comme malgré soi, faisant violence à son caractère, et uniquement pour le bien de la personne, et pour satisfaire sa propre conscience, qui peut obliger, en certain cas, même sous peine de péché, à donner ses avis; mais, encore une fois, je suis bien éloignée d'exiger que vous portiez à vos maîtresses mille bagatelles qu'il faut laisser tomber, ou reprendre vous-mêmes de bonne amitié. »

80. — ENTRETIEN AVEC LES DAMES.

Sur le zèle avec lequel elles doivent se donner à l'éducation des demoiselles.

12 mars 1708.

Quelques jours après, Mme de Maintenon parlant avec les religieuses de Saint-Louis des bons ou mauvais événements de la guerre pour la nouvelle campagne, elle leur dit qu'il y avait actuellement à la Cour deux sortes de généraux, les uns qui voulaient demeurer pour voir le Roi, et attendaient ses ordres pour partir, les autres, au contraire, qui mouraient d'envie de s'en aller au lieu où ils devaient passer la campagne, quoiqu'ils n'y fussent pas obligés, les armées n'étant point encore rassemblées, parce qu'en attendant ils pourraient rendre quelques services au Roi, en considérant les chemins, les passages, en observant les mouvements de l'ennemi, etc., pendant qu'ils étaient inutiles auprès de lui; et que l'un d'eux, nommé M. de Berwick, qui n'était arrivé que depuis quelques jours, lui avait dit que si le Roi ne lui donnait son congé, il le demanderait incessamment. Puis elle demanda à Mme de Veilhant lesquels étaient les plus affectionnés au service du prince et le servaient le mieux. Elle dit que Rodriguez répondait à la question. Mme de Maintenon, l'interrompant vivement, lui dit : « Je veux votre pensée, ma sœur, et non pas celle de Rodriguez. » Elle répondit donc que c'étaient ceux qui voulaient partir. « Faites l'application, répondit Mme de Maintenon; et je crois qu'une religieuse de Saint-Louis qui voudrait faire des prières extraordinaires, qui déroberait pour cela tout ce qu'elle pourrait sur sa classe, au lieu de ménager du temps pour en employer davantage auprès des demoiselles, qui s'estimerait heureuse et bien dévote d'avoir su gagner quelques petits quarts d'heure de lecture ou d'oraison, ne serait pas, à beaucoup près, si agréable à Dieu que celle qui, pour lui plaire, et s'acquitter le plus qu'elle peut de son quatrième vœu, donne tout son temps libre à ses demoiselles. »

Toutes les maîtresses s'écrièrent sur l'amour qu'elles avaient pour les classes, assurant qu'elles ne prenaient rien sur le temps qu'elles y doivent être, et ne faisaient que les exercices d'obligation, mais qu'étant quelquefois obligées de les avancer, on croyait peut-être alors qu'elles les dérobaient. « Je sais bien, dit Mme de Maintenon, qu'on aime les classes, que vous êtes ponctuelles à y aller dans les temps marqués; mais je crois, ajouta-t-elle d'un ton de raillerie, qu'il y en a quelques-unes qui le sont encore plus à en sortir; que l'on donne aux classes ce qui est absolument nécessaire, et que l'on serait bien fâchée d'en donner davantage ou d'y aller un peu plus tôt qu'il ne faut; ce sont nos généraux qui attendent les ordres pour partir. Il y a cependant une différence bien consolante pour vous entre ceux qui veulent s'en aller et vous, parce qu'en partant ils s'éloignent de la présence du Roi, et que vous ne vous éloignez pas de celle de Dieu en quittant l'oraison pour aller faire sa volonté, puisqu'il est toujours avec vous, et qu'on le trouve plus sûrement où il nous veut qu'où notre volonté propre et notre dévotion particulière nous portent.

« Il est encore à craindre, dit-elle, que ce ne soit pas toujours la piété qui excite à faire des prières extraordinaires, mais l'amour du repos. On se trouve bien à l'oraison, parce qu'on se délasse, qu'on cesse de penser à des choses désagréables et ennuyantes, qu'on n'a point le bruit des enfants, ni la conversation des grandes, ni les contraintes qu'il faut avoir auprès d'elles sans s'en apercevoir; on y cherche sa consolation; l'amour-propre s'en nourrit; on est quelquefois plus satisfait d'un quart d'heure de prière qu'on a faite en particulier que de toutes celles qui se font avec les autres....

« ....C'est une erreur, dit-elle, de croire que la vie intérieure ne consiste qu'à prier : elle consiste de plus à remplir les devoirs de son état et à travailler dans la vue de plaire à Dieu. Croyez-vous que dans le monde nous ne connaissions point la vie intérieure, et que, parce que nous ne sommes point religieuses, nous ne puissions y parvenir? Ces bonnes dames, dit-elle agréablement, s'imaginent apparemment qu'il y a un paradis particulier pour elles, et que nous n'y aurons point de part. Vous vous trompez; nous sommes souvent plus droites que vous dans notre piété. »

...Puis, regardant en souriant Mme du Pérou qui était supérieure, elle lui dit : « Si vous leur donniez la liberté de faire ce qu'elles voudraient, on les verrait toutes aller chercher des petits coins pour prier, et je craindrais bien qu'il n'y en allât guère aux classes, excepté quelques-unes, que je sais qui les aiment beaucoup et qui sont toujours prêtes d'y voler dans tous les moments qu'elles le peuvent. — Il est vrai, répondit Mme du Pérou, qu'il y en a qui en trouvent toujours les moyens, car, ayant un jour demandé à une de nos sœurs comment elle faisait pour donner des temps extraordinaires aux classes, elle me répondit : « C'est que je veux accomplir mon quatrième vœu. »

Mme de Fontaines, qui était assistante, dit que depuis deux jours elle avait passé quelques heures à une classe à la place des maîtresses que la mère supérieure avait assemblées; que le temps s'était passé à chanter et à garder le silence, parce qu'elle n'avait osé s'avancer de leur faire l'instruction, n'étant que suppléante; que trois heures lui avaient paru fort courtes, tant elle y avait trouvé du plaisir, et qu'elle y avait bien pensé à Dieu. Mme de Maintenon lui répondit en riant : « C'est que vous n'êtes pas dévote; celles qui le sont ne s'y seraient peut-être pas si bien trouvées. » Sur cela Mme de Boissauveur la fit ressouvenir qu'il y avait longtemps que, parlant à la communauté sur le même sujet, elle avait dit qu'il ne fallait pas recevoir des novices plus dévotes que Mme de Fontaines. « Je le dis encore, dit Mme de Maintenon, ce serait bien assez; » ajoutant : « Vous ne devez recevoir aucune fille à la profession qui n'ait une inclination particulière pour les classes, et qui ne s'y porte avec une grande ardeur. Une novice qui n'aimerait pas tout ce qu'on y fait, ou qui s'y donnerait avec peine, marquerait assez qu'elle n'a pas de vocation pour cet état; comme une fille pleine de répugnance pour les malades n'en aurait pas pour les Hospitalières. »

La maîtresse d'ouvrage, voulant rendre un bon office à ses aides qui étaient du noviciat, dit qu'un jour qu'on leur avait donné permission de prier Dieu dans les temps qu'elles pourraient avoir de libre, elles lui avaient demandé si elle trouvait bon qu'elles profitassent de cette permission. « Je suis sûre, reprit Mme de Maintenon, qu'elles auraient bien voulu que vous leur eussiez laissé toute liberté. » Et sur ce qu'elle assura qu'elles étaient demeurées de fort bonne grâce à travailler avec elle, sans marquer trop d'empressement ni aucune peine. « Voilà, dit Mme de Maintenon, comme il faut être dans toutes les charges, puisqu'on trouve Dieu partout et que nous ne devons chercher que lui. »

---

61. — INSTRUCTION A LA CLASSE JAUNE.

Sur l'aumône.

1708.

« Mes enfants, ne vous proposez-vous point de faire l'aumône quand vous serez sorties d'ici? J'ai ouï dire que c'est la pratique des Dames de Saint-Cyr; mais la pouvez-vous faire sans la permission de votre père, de votre mère ou de votre mari? » — Nous lui dîmes que non, que cependant nous nous y comptions obligées; mais que nous ne pouvions donner que peu, n'ayant pas beaucoup. — Madame demanda à une demoiselle : « Quoi! vous croyez tout de bon être obligées de faire l'aumône avec vos cinquante écus, et n'ayant pas de quoi aller jusqu'à la fin de l'année? » — On lui répondit qu'il fallait se retrancher quelque chose et donner de son nécessaire, que chacun devait agir sur cela selon son pouvoir; que ceux qui ont beaucoup sont obligés de donner beaucoup, et ceux qui ont peu doivent donner de ce peu. — « Vous dites fort bien, dit Madame; et je vous assure que Dieu vous saura aussi bon gré et même plus du peu que vous donnerez qu'à d'autres qui donneraient davantage. Il ne regarde point à la grandeur de l'action, mais à l'intention qui porte à la faire. Ne sauriez-vous point dans l'Évangile quelque exemple sur ce que nous disons? » — On lui répondit que Jésus-Christ promit qu'un verre d'eau donné pour l'amour de lui à un pauvre ne perdrait pas sa récompense, et qu'il eut plus agréable l'obole de la pauvre veuve que les grands présents des riches. — Madame demanda pourquoi. — Nous lui répondîmes que c'était à cause de sa bonne volonté. — « Non seulement pour cela, reprit Madame, mais aussi parce qu'elle avait donné de son nécessaire, et que les riches n'avaient donné que de leur superflu. Voilà qui est bien consolant pour vous autres qui n'aurez pas grand'chose à donner, de penser que vous ne laisserez pas d'avoir part à la récompense promise à ceux qui font cette bonne œuvre, quand même vous ne donneriez qu'un sou. Il y a même d'autres manières de faire l'aumône, comme de procurer quelques secours, consoler les affligés, visiter les malades et leur donner les petites assistances dont on est capable, donner un bouillon à l'un, refaire le lit de l'autre. Vous pourrez aussi faire l'aumône spirituelle, qui est de donner de bons conseils et d'instruire. On peut encore faire l'hospitalité. »

52. — LETTRE AUX MAITRESSES DES CLASSES.

Des entretiens avec les demoiselles.

1700.

La première maîtresse doit parler aux demoiselles le plus souvent qu'elle peut; c'est par les instructions générales et particulières qu'elle leur inspirera le bien; c'est par là qu'elles seront élevées solidement; le reste n'est qu'un ordre extérieur qu'il faut pourtant toujours observer, mais l'important est de les connaître, de leur parler sur leurs besoins, de leur donner des moyens pour se corriger, de les attendre avec patience et de les encourager, de suivre les progrès qu'elles font, de les louer ou blâmer selon le naturel qu'on leur connaît, de leur parler fortement en particulier et avec beaucoup de ménagements en général, de leur parler de la misère qu'elles trouveront hors de Saint-Cyr, mais avec bonté et jamais par manière d'insulte, se souvenant toujours qu'on a été soi-même du nombre de ces pauvres demoiselles. Enfin il faut les traiter comme de bonnes mères qui compatissent à toutes sortes de misères, mais qui veulent toujours les consoler ou les adoucir. Les maîtresses subalternes doivent agir avec le même esprit de bonté et de charité et de vrai zèle pour le bien solide des demoiselles que le Roi et l'État leur confient.

---

53. — INSTRUCTION A LA CLASSE BLEUE.

Contre l'esprit de cachotterie et sur l'obéissance.

1700.

« Mes chères enfants, je viens vous parler de deux choses importantes, et bien différentes l'une de l'autre, mais qui ne se nuisent point, et doivent même s'accommoder ensemble : la première est sur l'esprit de cachotterie, que je vous prie de détruire absolument parmi vous. Soyez bien aises que vos maîtresses voient tout ce que vous faites, parce que vous n'êtes pas encore assez mûres et expérimentées pour juger de ce qui est bien ou mal, et ceux qui veillent sur votre conduite sont en état de vous le faire remarquer, ce qui vous formera extrêmement la raison. Dans le monde on jugerait très mal d'une fille qui voudrait se cacher de sa mère, ou d'une femme qui, voyant entrer son mari, cacherait un livre, un papier, ou se cacherait elle-même; on en concevrait de terribles soupçons. Quand donc vous voyez arriver une de vos maîtresses, il ne faut pas vous cacher de ce que vous dites ou de ce que vous faites, et, si elle vous le demande, il faut lui dire simplement ce que c'est. Ce qui retient quelquefois les jeunes personnes sur cela, c'est qu'elles croient qu'on va les blâmer et les reprendre. Ne craignez rien; vous ne serez reprises que pour votre bien et selon la qualité de la faute que vous faites; si elle est considérable, on vous le fera voir avec bonté, car on ne se servira jamais de votre propre aveu pour vous punir; au contraire, on vous saura gré de votre droiture; si c'est une enfance, on vous le fera remarquer, et si c'est une chose indifférente, on vous dira qu'il n'y a point de mal, et ainsi on vous apprendra à faire un discernement juste. Plus je vis, et plus l'expérience me fait voir que l'esprit de cachotterie est ce qui perd la plupart des jeunes personnes; et tout ce qu'il y a de gens éclairés, que j'ai consultés, m'ont toujours dit de même.

« Quand je reviendrai vous voir, je prétends qu'on me puisse dire qu'il n'y en a aucune d'entre vous qui fasse des fautes considérables; pour les fautes légères, il n'est pas étonnant que vous en fassiez quelques-unes, et elles ne m'empêcheront pas de vous venir voir, quand d'ailleurs vos maîtresses seront contentes de vous, et je prendrai plaisir à écouter toutes les demandes que vous voudrez me faire, et à vous faire connaître ce qui est mal en soi, et les raisons qui le rendent tel. J'emploierai de bon cœur, et avec plaisir, tout ce que Dieu m'a donné de lumières et de raison, à votre service; mais promettez-moi donc que vous prendrez pour toujours une conduite franche, ouverte, sans aucun déguisement ni détour, n'ayant rien de caché pour vos maîtresses tant que vous serez ici, et que vous conserverez ce même bon esprit à l'égard des personnes dont vous dépendrez, comme vos pères, vos mères, oncles ou tantes, maris ou autres personnes, quand vous serez dehors. »

Elles le lui promirent toutes. Puis elle ajouta : « Croyez, mes enfants, que ce que je vous demande est très raisonnable, et pour votre seul bien ; vous le pouvez voir vous-mêmes, pour peu que vous réfléchissiez sur ce que je viens de vous dire; j'y ajouterai encore, pour achever de vous convaincre, que j'ai connu une femme de qualité et de grand mérite qui avait pris auprès d'elle une jeune demoiselle dans le dessein de lui faire sa fortune en l'établissant après qu'elle y aurait demeuré quelque temps; mais qu'elle en fut dégoûtée, et la renvoya sans avoir rien fait pour elle de ce qu'elle avait projeté, uniquement parce qu'elle lui trouva un air mystérieux; dès qu'elle entrait dans sa chambre elle avait toujours quelque chose à cacher, tantôt un livre, tantôt un ouvrage, une autre fois un papier, et je vous assure que toute femme sage et raisonnable en aurait fait autant qu'elle, et que qui que ce soit ne s'accommode pas d'une personne dans la conduite de laquelle on ne voit point clair.

« La seconde chose que je vous demande est de vous appliquer à l'obéissance, de la pratiquer de bon cœur, d'en prendre une bonne habitude, et ne point regarder cette vertu comme ne convenant qu'aux jeunes personnes et aux religieuses. Je puis vous assurer, avec cette sincérité que vous me connaissez et avec laquelle je vous parle toujours, qu'elle est de tous les états et de tous les âges. Demandez à cette demoiselle, ajoute-t-elle en montrant Mlle d'Aumale qui avait l'honneur d'être chez elle à la Cour, si elle n'a pas besoin de beaucoup de soumission, et si elle sait à quelle heure elle se lèvera et se couchera, et ce qu'elle peut faire à chaque heure du jour. Il n'en est pas, dans le monde, comme de vous, à qui tout est réglé et marqué ; on ne sait pas souvent, d'une heure à l'autre, ce que l'on fera, surtout quand on est dans la dépendance. Plût à Dieu que les personnes qui y sont eussent fait auparavant un bon noviciat, où on leur eût bien appris à se soumettre et à rompre leur volonté ! Elles en seraient bien plus heureuses et plus contentes, car celles qui ont été accoutumées dès leur jeunesse le font avec bien plus de facilité que les autres.

« Ce qu'on appelle proprement une personne bien née est une personne prête à faire tout ce que l'on a raisonnablement raison d'exiger d'elle. Je ne puis trop vous exhorter, mes chères enfants, à vous accoutumer à rompre votre volonté; vous vous en trouverez bien en quelque état que vous soyez dans la suite. Si votre fortune, par exemple, vous oblige à être chez quelque personne de condition, il faut obéir continuellement, être toujours prête à tout, et dans une sujétion continuelle ; il faut ordinairement, dans ces sortes de postes, rompre dix à douze fois les projets qu'on pouvait avoir faits. Si vous êtes mariées, vous ne ferez point vos volontés avec un mari, mais il faudra nécessairement faire la sienne. Si vous êtes religieuses, le vœu d'obéissance que vous ferez vous y obligera doublement. Ne vous imaginez donc point que la dépendance soit une pratique d'enfant. Qu'on me demande, à moi-même, si je reviendrai demain à Saint-Cyr : je n'en sais rien ; à quelle heure je dînerai : je ne le sais pas, parce que, si je suis à Saint-Cyr, ce sera à onze heures, si je demeure chez moi, c'est à midi ; à la Cour, je dîne à deux heures. Il en est de même pour mon coucher; ce n'est quelquefois qu'après minuit. On pourrait croire, que c'est pour son plaisir qu'on se couche si tard, ou parce que l'on ne se soucie pas de le faire plus tôt ; point du tout ; on serait quelquefois fort aise de se coucher de bonne heure, mais on n'est pas libre de disposer de soi. Vous qui êtes si bien instruites, à qui on tâche d'apprendre sitôt à obéir, obéissez donc, soumettez-vous ; rien n'est meilleur, c'est le partage de notre sexe, et j'espère que vous profiterez des leçons qu'on vous donne là-dessus, et que vous excellerez dans l'art merveilleux de savoir se vaincre soi-même, et de plier à toutes mains, selon la volonté de ceux dont vous dépendez ; car ce n'est pas seulement pour le temps que vous êtes à Saint-Cyr que je vous prêche cette obéissance, c'est pour tout le temps de votre vie. Je vous l'ai dit cent fois, et je vous le redis encore, il ne s'en trouve point où il ne faille se soumettre à quelqu'un ; les princes et les magistrats obéissent, quoique ce soit eux qui ont l'autorité en main : ils se soumettent aux lois, aux remontrances qu'on leur fait. Le pape même n'obéit-il pas à son confesseur, en ce qui regarde sa conscience ? Vous ne trouverez personne sur la terre de raisonnable qui ne se soumette. »

---

64. — ENTRETIEN AVEC LES DAMES.

Sur les jeux qui conviennent aux demoiselles.

1700.

Pour traiter toutes sortes de matières, la première maîtresse des *rouges* demanda un jour à Madame si elle pourrait permettre aux plus jeunes de faire des poupées aux récréations, que cela servirait à les rendre adroites en les réjouissant. « J'aimerais toujours mieux toute autre chose que l'oisiveté, dit Madame ; mais vous les rendrez bien plus adroites en leur faisant faire des choses utiles qui les formeront encore mieux, et je ne crois pas que vous leur deviez laisser faire des poupées. Les filles commencent à être capables d'apprendre à travailler de bonne heure, et les moins habiles savent bien vite tirer quelque utilité de leurs doigts. Vous n'en avez point qui n'aient sept ans accomplis, et vous ne pouvez trop tôt les occuper utilement pour elles, afin d'avancer leur éducation le plus qu'il est possible. Les enfants, d'ordinaire, prennent plaisir à tout ce qu'on leur fait faire, et il n'y a que manière de s'y prendre avec eux, en leur montrant avec douceur et patience, prenant la peine de remettre ou de faire remettre par quelqu'un de raisonnable leur ouvrage en bon train quand on a été obligé de leur défaire ; car il ne faut rien négliger afin de parvenir à leur donner à toutes le goût de l'ouvrage, qui s'acquiert communément par l'habitude. Quant aux poupées, outre la perte du temps, où trouveraient-elles de quoi les faire? Vous les mettez dans la tentation de couper leurs dentelles, d'effiler leurs rubans, et de prendre tout ce qu'elles pourront trouver pour les habiller; car je ne crois pas que vous leur fournissiez de quoi le faire, n'ayant rien dans la maison dont on ne fasse usage, puisque vous vendez vos guenilles pour faire du papier. Je n'aimerais pas, encore une fois, à laisser faire des poupées à de pauvres filles qui manqueraient de tout si elles étaient chez leurs parents. — A quoi donc les réjouir aux heures de récréation, reprit la maitresse, car elles ont besoin de quelques amusements, et on leur défend plusieurs jeux, ou parce qu'ils sont d'un grand bruit, ou qu'ils font de la poussière? — Il faut bien qu'elles jouent, dit Madame, et qu'elles se divertissent à tous les jeux d'usage parmi les enfants; mais l'on ne doit permettre à la classe que des jeux paisibles, et réserver pour le jardin tous les jeux de mouvement, ceux où il faut sauter, courir, etc., et ne jamais souffrir qu'elles se pressent, se poussent, se tiraillent, qu'elles se jettent par terre, qu'elles jouent à des jeux de mains, qu'elles marchent et sautent sur les bancs et sur les tables, encore moins sur des tabourets, qu'elles se fassent porter, qu'elles se traînent dans une chaise, qu'elles se coiffent de leur ouvrage, et d'autres jeux semblables qui causent une grande ruine. »

Madame a eu la bonté de donner aux classes un grand nombre de jeux d'échecs, de dames, etc., et a fort recommandé de les y entretenir toujours aussi régulièrement que les livres, parce qu'il est de grande conséquence d'occuper la jeunesse innocemment et utilement, et que ces sortes de jeux sont propres à cela. « Je crois, nous a-t-elle dit bien des fois agréablement, cette dépense si nécessaire que j'ai presque envie de la fonder, de crainte qu'à l'avenir vous ne la voulussiez pas faire, la regardant inutile. » Lorsque Madame va aux classes les dimanches, elle paraît ravie de voir les demoiselles occupées d'une partie de dames ou d'échecs, et plusieurs fois elle a mis de l'argent pour celle qui gagnerait, afin de les affectionner à ces petits jeux.

« Est-il vrai, Madame, lui dit-on encore, que vous désapprouveriez qu'on oblige les demoiselles d'avoir des gants dans leurs classes lorsqu'il fait froid? — Oui, dit-elle, je désapprouverais infiniment qu'elles en eussent lorsqu'elles font quelque chose où il ne convient pas d'en avoir; par exemple : en portant un bouillon à une malade, en pliant du linge, ou en des occasions semblables où c'est une malpropreté et une vraie négligence d'en avoir; mais je voudrais que l'on tâchât de les préserver des engelures, parce que, tant qu'elles durent, elles les rendent inhabiles à toutes sortes d'ouvrages. On pourrait, pendant les grands froids, faire tiédir l'eau avec laquelle elles se lavent les mains, et leurs sœurs converses en seraient chargées : ceci pour les petites classes. »

---

55. — INSTRUCTION A LA CLASSE BLEUE.

Sur la peine attachée à tous les états et sur l'ennui.

1710.

Mme de Maintenon, après avoir eu la fièvre toute la nuit, l'ayant même encore, monta à la classe *bleue*, et leur dit : « Je me traîne ici pour vous chercher, mes enfants, afin que vous me disiez ce que vous avez retenu de la belle conférence que vous fit hier M. l'abbé Tiberge. » — Les demoiselles la répétèrent, et quand elles vinrent à l'endroit où il leur avait dit qu'il y a de la peine dans tous les états, elle prit la parole et appuya fort là-dessus, disant que cela est bien vrai, et qu'à commencer par celui des gens de la Cour, qui, selon le monde, paraissent si heureux, il n'y a rien de si gênant que la vie qu'ils mènent; que pour faire sa cour il en coûte bien de la peine, de la contrainte, de la dépense et de l'ennui, et qu'au bout de tout cela on trouve un homme qui dit : Ah! que je suis fâché, je suis debout depuis ce matin et je ne crois pas seulement que le Roi m'ait vu! « En effet, poursuivit Mme de Maintenon, on se lève de grand matin, on s'habille avec soin, on est tout le jour sur ses pieds pour attendre un moment favorable pour se faire voir, pour se présenter, et souvent on revient comme on était allé, excepté que l'on est au désespoir d'avoir perdu son temps et sa peine. Mais je voudrais que vous pussiez voir l'état des plus heureux, c'est-à-dire de ceux qui voient le Roi et qui ont l'honneur d'être dans sa familiarité; il n'y a rien de pareil à l'ennui qui les dévore. Nous sommes à présent à Meudon, qui est un palais magnifique; eh bien! il faut s'aller promener sans en avoir envie par un vent effroyable, par respect pour le Roi; on revient très fatigué et on voit quantité de femmes qui se plaignent et qui disent : « Que je suis lasse! voilà une maison qui nous fera mourir! — Je ne puis plus durer, dit une autre, encore si je m'étais promenée avec quelqu'un qui m'eût fait plaisir, mais non, je me suis trouvée enfilée avec un tel qui m'a fait mourir d'ennui. » Car on ne choisit pas là qui on veut non plus qu'ici, il faut demeurer avec celle qui se présente. M. le Dauphin a fait faire un appartement depuis peu qui est admirable : il n'y a rien de si beau; mais il est si éloigné et il y a un si grand nombre de degrés à monter pour y aller que l'on y arrive à demi fatigué, quand on y est : « Voilà un beau lieu, » dit-on. On se regarde : « eh bien, que ferons-nous? » et on demeure là sans savoir, en effet, à quoi s'amuser. Ce qui me fait toujours souvenir de six lignes de vers de M. l'abbé Testu, dit-elle en s'adressant à la maîtresse; les voici :

> Six personnes brûlant du plaisir de se voir,
> Après s'être cherché, se trouvèrent un soir
> Dans un bois sombre et solitaire;
> Que leur plaisir fut grand! il passait leur espoir.
> Mais, après les transports du salut ordinaire,
> Ils ne surent que dire, et ne surent que faire[1].

« Car, dit Mme de Maintenon, voilà ce que c'est : ils ne savent véritablement que faire, et rien ne fait plaisir. Les jours de fête sont les plus ennuyeux pour ceux qui n'ont point de piété : ils ne savent comment les employer. Il y en a parmi ces dames qui ne sont pas assez heureuses pour aimer à passer ces jours-là à l'église, comme il conviendrait; mais elles aiment l'ouvrage et sont très fâchées de n'oser travailler; pour celles qui n'ont ni piété ni goût pour l'ouvrage, tous les jours leur sont également ennuyeux, et ce sont là les moindres de toutes leurs peines. Vous voyez, mes chères filles, que voilà pourtant ce qu'il y a de plus grand dans le monde, car je vous parle des princes et princesses, des premières personnes de la Cour et de celles qui sont l'objet de l'envie de tout le reste du monde; ils ne sont ordinairement contents nulle part, et

1. Mlle d'Aumale dit que ces vers sont de Mme de Maintenon.

s'ennuient de tout, à force de chercher du plaisir; ils n'en peuvent trouver; ils vont de palais en palais, à Meudon, à Marly, à Rambouillet, à Fontainebleau, etc., dans le dessein de se divertir; ce sont des lieux admirables : vous seriez, vous autres, ravies en les voyant, mais eux s'y ennuient parce que l'on s'accoutume à tout, et qu'à la longue les plus belles choses ne font plus de plaisir et deviennent indifférentes; de plus, ce ne sont point ces choses-là qui nous peuvent rendre heureux; notre bonheur ne peut venir que du dedans. »

« Mais, Madame, dit Mme de Champigny, ces demoiselles vous répondraient peut-être bien volontiers que ce ne sera pas là qu'elles iront, et qu'elles trouveront plus de plaisir et de liberté dans leurs familles.

— Elles ont raison, dit Mme de Maintenon, elles peuvent avoir assurément des plaisirs plus innocents et moins d'assujettissements à la campagne qu'on n'en a à la Cour; mais il y en aura qui trouveront aussi d'étranges choses : un père au désespoir d'une mauvaise affaire, une perte de procès, etc.; un frère qui n'a pas de quoi s'équiper pour aller à la guerre; une mère triste et de mauvaise humeur pour le mauvais état où se trouve sa maison, et mille autres choses de cette nature. Elles manqueront peut-être de tout et auront à se plaindre de plus grands maux que de l'ennui. Que de gens qui ne songent pas à s'en plaindre et ont bien d'autres choses à souffrir! Je le trouve en mon chemin tous les jours; l'ennui est ma moindre peine, et je ne m'amuse pas à le compter pour quelque chose. Mais, mes enfants, quand même votre vie, par impossibilité, serait exempte de toutes sortes de peines et que vous n'eussiez que des sujets de contentement et de satisfaction, vous ne jouiriez point de ce bonheur parfait si le fond de votre cœur n'est véritablement à Dieu; car, encore une fois, c'est de ce fonds de la conscience et du bon ou mauvais témoignage qu'elle rend que dépend véritablement notre bonheur ou notre malheur présent. »

56. — ENTRETIEN AVEC Mme DE GLAPION,

maîtresse générale des classes.

Qu'il ne faut rien retrancher de ce qui a été réglé pour l'habillement et pour la nourriture des demoiselles, excepté dans des temps de grande disette, et toujours après avoir commencé par la communauté, ni les faire travailler à l'excès.

30 janvier 1711.

Mme de Maintenon ayant parlé à plusieurs personnes de la communauté, et craignant que nous eussions excédé en certaines choses et poussé trop loin l'épargne et le ménage, craignant aussi qu'on ne chargeât les demoiselles de trop d'ouvrage dans la maison, me marqua combien cela lui faisait de peine : « Je suis persuadée, me dit-elle, que, dès que j'aurai parlé sur cela, on y remédiera ; je ne suis point en peine qu'on y manque ; j'ai bien plus à craindre, au contraire, qu'on ne se porte trop tôt à ce que je veux ; mais ce qui m'afflige, c'est la crainte que j'ai pour l'avenir, et la pente qu'on aura peut-être à retomber dans ce que je reprends aujourd'hui, car, si on s'y laisse aller de mon temps, que ne fera-t-on point un jour? Cependant, quelle injustice serait-ce? Quoi! si ces pauvres enfants ne se plaignent pas, si elles souffrent tout sans dire un mot, faudrait-il pour cela retrancher et prendre sur elles? Et quoique ce qui est réglé pour leur habillement soit très simple, trouver encore à diminuer quelque chose, et cela, pour de petits ménages qu'on peut appeler de vraies vilenies, des lésines et des ravauderies pitoyables! Car, en vérité, ma sœur, quand vos grandes filles, par exemple, ont porté plus d'un an leurs habits, il est excessif de les faire durer encore aussi longtemps sur les petites; c'est ce que je ne puis souffrir. Il en est de même de je ne sais combien d'autres choses que l'on a poussées à un tel degré, depuis quelque temps, que je ne sais comment on peut fournir aux raccommodages, car voilà ce que cela fait : on rapetasse continuellement, sans songer que, si d'un côté cela épargne quelque chose, on y met tant de soie, de fil et de temps, que l'un revient bien à l'autre.

« Qu'est-ce encore que cet honneur que les maîtresses se sont fait de faire tant d'ouvrage dans leurs classes? Elles n'ont qu'à le laisser, si on leur en donne trop, si on les presse excessivement; qu'elles aillent à la supérieure et qu'on fasse faire au dehors ce qui embarrasse; pourquoi se piquer de faire faire tout dans la maison? Vos demoiselles n'ont-elles pas assez de temps à travailler dans leur règlement, sans les faire lever plus matin pour qu'elles le fassent encore davantage? Sont-elles des ouvrières? le Roi vous les a-t-il données pour cela? et croyez-vous leur avoir rendu un bon service, quand vous leur avez montré à bien faire des manteaux? Il leur est bien meilleur qu'elles sachent faire un peu de tout. Vous les pressez, vous les poussez vous-mêmes, et qu'en arrivera-t-il? c'est qu'au milieu de cela, vous ne pouvez les bien élever. Comment voulez-vous qu'elles vous écoutent et leur parler vous-même comme il faut, quand vous n'avez, comme elles, dans la tête, que l'envie d'avoir fini votre tâche? Cet empressement-là ne vaut rien; il faut un peu de tranquillité.

« Revenons à l'épargne; prenez-la pour vous, qui êtes religieuses; ménagez une chemise, une guimpe; portez des pièces à vos habits, cela convient fort à votre vœu de pauvreté; mais je ne crains point que vous poussiez cela trop loin pour la communauté. Je crois bien que vous ne manquez de rien en santé et en maladie; et si on retranchait quelque chose, on verrait peut-être bien à tort des représentations; mais, parce que les demoiselles ne disent mot, fera-t-on des ménages pitoyables pour elles sur le linge, sur des draps? les laissera-t-on pourrir aux lits de certains enfants qui ont des incommodités, ce qui fait après cela qu'on ne les peut blanchir? On retranche leurs rubans, leurs gants; et ce qui m'inquiète, c'est qu'on sera toujours tenté d'y revenir ; car, pour peu qu'on leur ôte, cela ne laisse pas d'être considérable à cause du grand nombre, et encore une fois, voilà ce que je crains pour l'avenir. Cependant, il faudrait s'en tenir à ce qui a été réglé, qui ne peut être plus simple; je vous assure que rien n'aurait si mauvaise grâce que de vous voir, vous autres, bien étoffées, bien vêtues et bien en linge blanc, pendant qu'elles seraient dans la saleté et la négligence. Quand il viendra des temps bien misérables et bien fâcheux, où il faudra faire faire des retranchements, qu'on les fasse d'abord sur la communauté ; qu'on vous voie un peu éguenillées; qu'on diminue vos portions; et puis, quand vous aurez fait cela du temps, je vous permettrai de voir s'il faudrait de là passer à faire de même aux demoiselles. Mais que vous soyez bien traitées en tout, et qu'on ne prenne que sur elles, c'est une injustice que les supérieures ne doivent jamais souffrir. Souvenez-vous donc de tout ceci dans la suite, et veillez, vous qui êtes maîtresse générale, à tous les besoins de vos filles. Il faut qu'elles soient traitées selon vos règlements; il n'y a rien en vérité à retrancher; parlez pour elles, regardez si elles n'ont pas ce qui leur faut, représentez-le à la supérieure; mais que je vous plains quand dans la suite du temps il faudra peut-être que vous ayez sur cela recours à un visiteur, à un évêque, parce que vous ne serez pas toutes d'accord, et qu'une supérieure, par exemple, et la maîtresse générale seront d'avis différents; que l'une voudra trop d'épargne et fera taire celle qui voudra soutenir l'intérêt des demoiselles ! Dès que vous en serez là, tout ira bien mal, et vos filles seront bien à plaindre ; car une particulière ne peut faire autre chose que d'avertir de ce qu'elle voit, de représenter à la supérieure : si on ne l'écoute pas, il faut bien qu'elle se taise, et que pour tout remède elle attende la visite. Mais quel secours peut donner le visiteur qui ne voit pas les choses par lui-même, et qui souvent est bien embarrassé à démêler la vérité et nécessité des divers avis qu'il reçoit? Au nom de Dieu, ma chère fille, inspirez à vos jeunes sœurs ce soin et ce zèle, pour que les demoiselles soient toujours aussi bien traitées que vos fondateurs l'ont prétendu, et que le bon esprit de les regarder en tout comme le premier objet de la fondation et de l'institut se perpétue à jamais dans votre maison. »

---

57. — INSTRUCTION A LA CLASSE BLEUE.

Sur l'aumône au sujet d'une lettre de saint François de Sales.

Mars 1712.

Mme de Maintenon interrompit cette lecture et demanda à Mlle du Mesnil ce qu'elle entendait par l'humilité gaie et généreuse dont parlait saint François de Sales. « Je crois, dit la demoiselle, qu'en cette occasion la gaieté consisterait à ne se point décourager des défauts dont l'humilité nous a fait convenir avec un bas sentiment de nous-mêmes; et la générosité à nous donner de bon cœur et bien courageusement toute la peine nécessaire pour venir à bout de nous en corriger. » Mme de Maintenon fut très contente de cette réponse, et fit ensuite remarquer aux demoiselles la bonté et la solidité de l'esprit de saint François de Sales, sa droiture, sa douceur, et la manière raisonnable et insinuante avec laquelle il conduit les âmes à Dieu, et même à la plus haute perfection, quasi sans qu'elles s'en aperçoivent. « Que le vieux langage de ses ouvrages, ajouta-t-elle, ne vous rebute pas; je trouve qu'il n'en ôte point la beauté; mais quand cela serait, il n'en ôterait jamais la vérité et l'utilité. Le connaissez-vous, mes enfants, ce saint, et goûtez-vous ses maximes? — Oui, Madame, répondirent toutes les demoiselles, nous l'aimons et le goûtons beaucoup. — Me pourriez-vous citer quelques-unes de ses maximes?

« Madame, dit Mlle de Conflans, il dit, dans un chapitre

de son *Introduction à la vie dévote*, qui traite de la manière de conserver la pauvreté au milieu des richesses, que les jardiniers des princes sont plus curieux et plus diligents à cultiver et à embellir les jardins dont ils sont chargés que s'ils leur appartenaient en propre, parce qu'ils les considèrent comme étant aux rois et aux princes auxquels ils désirent de se rendre agréables par leurs services, et que de même nous ne devons pas regarder les biens que nous avons comme étant à nous, mais à Dieu, qui nous en a donné le maniement pour les employer à sa gloire, à notre salut, et à l'utilité du prochain, et qu'avec ces bonnes vues-là, nous lui sommes agréables d'en prendre soin.

« Oui, dit Mme de Maintenon, cela me fait souvenir d'un mot d'une de ses lettres qui me charme toujours, où il dit qu'il faut avoir autant de soin que d'attachement. Remarquez qu'il ne veut pas qu'on soit sans soin, mais qu'on ait autant de l'un comme de l'autre, c'est-à-dire qu'il veut un juste milieu en tout. — Dites-moi, mademoiselle, en parlant à la même, si vous étiez mariée et que vous eussiez quinze ou vingt mille livres de rente, et que vous fussiez bien à votre aise, ce que vous feriez de votre bien? — Je nourrirais et habillerais bien mes enfants, dit la demoiselle, je payerais mes dettes, j'assisterais mes proches qui seraient dans le besoin, j'aurais soin des pauvres honteux, de tous ceux que je verrais dans la misère, j'irais porter mes charités dans les hôpitaux. — Tout cela est excellent, dit Mme de Maintenon; mais, entre toutes ces sortes de charités, vous devriez d'abord préférer vos pauvres parents, et les pauvres de vos terres. Mais si votre revenu venait à manquer par quelque malheur imprévu, ne pourriez-vous pas emprunter pour pouvoir soutenir vos charités, dans le dessein de rendre la somme dans six mois ou un an? cela serait-il injuste? » Mlle de Chaunac répondit que non. « Si vous croyez véritablement, ma fille, que cela fût bien fait, répondit Mme de Maintenon, vous vous trompez; il ne faut pas emprunter pour faire des charités; et si vous mettiez votre bien en charité, de quoi vivraient vos enfants? qui payerait vos domestiques? Il y a peu de personnes à qui il soit permis de mettre tout son bien en aumônes, comme à moi, par exemple, qui n'ai point d'enfants, et qui ai la terre de Maintenon en propre, ne l'ayant pas reçue en héritage de mes parents, ce qui fait que je puis en disposer sans faire tort à personne. Il faut penser à conserver son bien pour ses héritiers, et même l'augmenter s'il n'est pas suffisant, surtout vous autres qui en avez peu; il faut tâcher d'augmenter votre fonds par vos économies. Mlle de Saint-Martin, que vous connaissez, ne dépense que quatorze sols par semaine. Elle achète de la viande pour huit jours, en fait ce qu'il lui faut de potage pour le même temps; elle le réchauffe à chaque repas; elle aime mieux se retrancher sur cela, et avoir quelque chose pour les besoins qui peuvent survenir. D'un autre côté, j'ai ouï dire que la maison du père d'une demoiselle de Saint-Cyr a été vendue, à cause de ses dettes, à un valet de son aïeul; les terres passent par décret tout communément; les châteaux des seigneurs se vendent, et ils se voient obligés de prendre une chaumière de leur village, aimant mieux demeurer avec des gens de connaissance que parmi des étrangers. Le paysan est ravi en pareilles occasions, parce qu'il hait la noblesse. Adieu, mes chères enfants, priez pour la paix, vous y êtes toutes particulièrement intéressées. »

---

88. — LETTRE A Mme DE FONTAINES,
maîtresse générale des classes.

Sur l'immodestie dans les paroles et sur le mariage.

Avril 1713.

Ne nous contentons pas de nous plaindre, ma chère fille, et de craindre l'avenir; tâchons d'établir le présent le mieux que nous pourrons. Vous y pouvez contribuer plus que personne, et vous êtes assez prudente pour ne pas fâcher vos sœurs, en même temps que vous ne devez pas souffrir à vos demoiselles de se parler bas les unes aux autres. Il faut leur passer bien de pauvres discours qu'on entendra, et ne pas tout relever quand il n'y a point de péché.

Mme d'Auxy est hors d'elle quand elle a un habit neuf; elle me consulte sur l'assortiment : j'y entre, et lui donne mes avis en lui disant que cette joie et le goût des ajustements sont de son âge, qu'il faut que la jeunesse se passe, et que j'espère qu'elle viendra plus tôt qu'une autre à des inclinations plus solides. Je crois que cette condescendance porte plus au bien qu'une sévérité en tout, qui ne sert qu'à les rebuter et à les rendre dissimulées.

On m'a dit qu'une des petites fut scandalisée au parloir de ce que son père avait parlé de sa culotte : c'est un mot en usage; quelles finesses y entendent-elles? Est-ce l'arrangement des lettres qui fait un mot immodeste? Auront-elles de la peine à entendre les mots de curé, de cupidité, de curieux, etc.? Cela est pitoyable. D'autres ne disent qu'à l'oreille qu'une femme est grosse : veulent-elles être plus modestes que Notre-Seigneur, qui parle de grossesse, d'enfantement, etc.? Une petite demoiselle s'arrêta avec moi quand je voulus lui faire dire combien il y a de sacrements, ne voulant pas nommer le mariage; elle se mit à rire, et me dit qu'on ne le nommait point dans le couvent dont elle sortait.

Quoi! un sacrement institué par Jésus-Christ, qu'il a honoré de sa présence, dont ses apôtres détaillent les obligations, et qu'il faut apprendre à vos filles, ne pourra pas être nommé! voilà ce qui tourne en ridicule l'éducation des couvents! Il y a bien plus d'immodestie à toutes ces façons-là qu'il n'y en a à parler de ce qui est innocent, et dont tous les livres de piété sont remplis. Quand elles auront passé par le mariage, elles verront qu'il n'y a pas de quoi rire. Il faut les accoutumer à en parler très sérieusement et même tristement, car je crois que c'est l'état où l'on éprouve le plus de tribulations, même dans les meilleurs. Il faut leur apprendre, quand l'occasion s'en présente, la différence des paroles immodestes, et qu'il ne faut jamais prononcer, et des paroles grossières : les unes sont des péchés, les autres sont contre la politesse.

Adieu, ma fille; je ne puis finir quand il est question de nos filles et du bien de la maison.

---

59. — LETTRE A Mme DE LA MAIRIE

Sur l'organisation de la maison de Bisy[1].

1714.

Vous verrez, madame, par ma diligence à vous répondre, combien vos lettres me sont agréables, et l'envie que j'aurais de vous aider dans l'intention que vous avez de donner chez vous l'éducation de Saint Cyr.

Les filles de basse naissance ne vous feront pas de tort quand vous les élèverez suivant ce qu'elles sont : vous en ferez des chrétiennes, elles vous rendront service, et seront bien plus en état d'en rendre à leur famille; mais il y a peu de parents assez raisonnables pour connaître leur véritable intérêt. Il est très bon que vous alliez aux pensionnaires, surtout dans les commencements d'un règlement nouveau; il ne faut pourtant pas y aller trop souvent, et, quand vous y êtes, il faut autoriser les maîtresses, du reste les laisser en liberté; nous nous trouvons bien à Saint-Cyr de cette méthode.

Vous mettrez votre maison en réputation, si vous rendez quelques filles bien raisonnables; et vous ne les rendrez raisonnables qu'en leur inspirant la raison par vos discours et par votre exemple, qui sera encore plus fort que vos

1. Voir notre *Introduction*.

paroles. Elles seront à peu près telles que vous serez : si vous êtes de bonne foi, elles seront de bonne foi; si vous agissez droitement, elles agiront droitement; si vous vous relâchez, elles se relâcheront; si vous êtes extérieures, elles seront extérieures; si vous faites autrement quand on vous voit que lorsqu'on ne vous voit pas, elles feront de même; si vous vous donnez tout entières, elles se donneront aux choses dont vous les chargerez; si vous vous cachez de vos supérieurs, elles se cacheront de vous : cet article regarde plus les maîtresses que vous; je vous prie de le leur dire.

Votre expérience vous fera voir que les grandes personnes qui veulent se retirer chez vous y feront plus de mal que de bien....

Les petites classes de Saint-Cyr ne vont point à vêpres les trois mois d'hiver, et quand vos filles n'iraient que les dimanches et les fêtes, il n'y aurait pas de mal.

Souffrez encore, ma chère fille, que je vous répète, pour vous et pour vos maîtresses de pensionnaires, que les vers, les conversations, les proverbes, les fables, et tout ce qu'on apprend à Saint-Cyr n'est pas l'essentiel de l'éducation, et leur est même très inutile pour l'avenir, si vous ne leur expliquez pas la religion et la raison qui sont dans tout cela.

Il faut tout rapporter à leurs mœurs : qu'elles voient l'insolence d'Aman, et combien il est malheureux au comble de la faveur; qu'elles remarquent la confiance en Dieu et le courage de Mardochée, et ainsi du reste. Les *Conversations* ont été faites pour éclairer nos Dames de Saint-Louis, qui ne peuvent guère savoir, ayant été élevées à Saint-Cyr, que rien n'est si dangereux que les mauvaises compagnies, qu'on ne peut avoir trop de soin de sa réputation, qu'il ne faut jamais recevoir des présents des hommes, qu'il faut les éviter comme nos plus grands ennemis, puisque pour l'ordinaire ils nous flattent pour nous perdre.

L'essentiel de l'éducation est la piété, qu'il faut leur inspirer solidement, mais la piété selon leur état, et non pas dans la multitude des prières. Il faut leur apprendre les différents devoirs des différents états : l'*Introduction à la vie dévote* est excellente pour cela.

Il faut bien se garder de leur peindre la dévotion triste et austère, mais au contraire gaie par le repos d'une bonne conscience ; il ne faut pas caresser plus que les autres celles qui paraissent les plus dévotes ; vous en feriez des hypocrites.

Il ne faut point leur donner des pratiques religieuses, mais les élever en bonnes séculières. La pauvre Mme de Bouju fit deux dévotes par son zèle peu expérimenté : l'une mourut folle, et l'autre le devient par ses scrupules.

L'essentiel est cette simplicité dans toute leur conduite, cette droiture dans leurs intentions, cette bonne foi dans tout ce qu'elles font ; vous l'avez expérimenté dans Mlle de Glapion : peu de filles auraient fait ce que vous lui avez vu faire. On leur apprend ici à dire des vers, et on leur dit en même temps que ce talent est peu de chose, et que la plus sotte comédienne les dit mieux qu'elles. On ne caresse point celles qui ont ces petits talents plus que celles qui ne les ont point ; on enflerait les unes et on découragerait les autres. On leur dit toujours la vérité en tout, on leur donne pour petit ce qui est petit et pour important ce qui est important.

Quelque estime que vous ayez pour l'éducation de Saint-Cyr, il est impossible que vous l'imitiez en tout, par la différence des lieux, et par n'être pas dans la même abondance. L'essentiel est de leur inspirer la piété et une grande docilité, de leur faire aimer la piété en faisant voir qu'elle n'est pas opposée à la joie, de ne les laisser jamais seules et sans une personne de confiance, de leur ôter le loisir de se parler en les occupant toujours : les défenses ne feraient qu'exciter leur envie : qu'elles ne parlent jamais bas. Je mets au rang des occupations les jeux : Mlle de Lasmastre leur en apprendra qui ne sont point inutiles. Ayez des dames, des jonchets, des trous-madame : je les payerai de tout mon cœur.

Il faut parler raisonnablement et doucement en toutes occasions.

Il ne faut jamais les châtier, sans les en avertir plusieurs fois : on est trop heureux quand une menace les corrige.

Il faut leur parler en particulier, et traiter leurs défauts avec charité et patience, mais avec force, en ne se rebutant jamais; il faut surtout s'oublier soi-même, ne point songer à leur dire de belles choses, mais bonnes, ne point vouloir en faire des prodiges de mémoire ou de grâces que leurs parents admirent, mais des filles raisonnables; il faut tâcher de leur donner de l'émulation.

Il faut leur inspirer la piété de leur état : cette sorte d'éducation ne paraît pas tant que de leur apprendre mille choses par cœur; la raison ne se montre point d'abord; mais les couvents et les familles où elles iront la trouveront meilleure que de savoir des langues étrangères et d'avoir mille talents extérieurs.

---

60. — LETTRE A Mme DE LA MAIRIE.

Même sujet.

7 février 1714.

Les raisons que vous me mandez pour vous décharger de Mlle d'Ormoy sont si bonnes, que je m'en vais solliciter son entrée à Saint-Cyr. A l'égard des enfants qui ont la tête un peu dure, il faut prendre patience, leur dire cent fois la même chose. L'émulation que vous établissez chez vous est ce qu'il y a de meilleur; pour la timidité, c'est une très-bonne qualité dans une fille.

Vous avez grand'raison d'employer Mlle de Saint-Messant à vous former des chefs; il faut lui donner ce qu'il y a de meilleur dans votre classe; ceux qu'elle a formés en formeront d'autres, et tout cela ne se fait pas en un jour....

Nous sommes fort contentes de Mlle d'Hapancourt.

Une des règles qui m'a donné le plus de peine à établir à Saint-Cyr a été la subordination des maîtresses subalternes avec la première : elles voulaient être consultées, et tout le temps se perdait en consultations, par conséquent en contestations, pendant lesquelles les demoiselles étaient abandonnées : les maîtresses voulaient des punitions pour chaque faute, elles voulaient être craintes et aimées ; elles conviennent présentement qu'il est beaucoup meilleur que la première maîtresse le soit en tout, qu'elle conduise tout, et que les autres soutiennent tout ce qu'elle veut. Je leur ai proposé l'idée d'une mère de famille : elle se sert de ses grandes filles pour élever les petites ; mais tout se fait par son ordre. La première maîtresse parle en particulier ; elle a la confiance de ses filles ; il n'y a qu'elle qui sache où elle en est avec elles ; et, sur la plainte d'une maîtresse subalterne, elle punira une fille à qui elle a promis la patience et la douceur pour ses fautes !

C'est une enfance de croire qu'il ne faut pas laisser une faute impunie : c'est selon les naturels, c'est selon les temps, c'est selon ce que veut cette première faute. Il sera plus aisé de trouver ce discernement dans une tête que dans quatre. Si on la trouve trop douce, si elle fait des choses que les autres blâment, elles peuvent se plaindre à leur supérieure ; cette porte doit toujours leur être ouverte ; du reste, les maîtresses doivent reprendre continuellement et courtement ; elles doivent avertir la première maîtresse de ce qu'elles voient, et ne plus penser si on les punit ou si on ne les punit pas.

La première doit consulter la supérieure et lui rendre compte de sa classe ; cette conduite attirera plus de bénédictions.

La supérieure doit presque toujours être donnée en récompense ou en punition, soit pour aller aux pensionnaires, soit qu'on les lui envoie à sa chambre.

Il ne faut pas qu'elle se montre trop souvent, son autorité en serait moins grande; vous devez avoir et suivre deux vues pour vos pensionnaires : l'une d'en acquitter votre conscience, l'autre de rendre les soins qu'elles demandent moins à charge que vous pourrez à vos religieuses; c'est pourquoi il faut établir, quand vous le pourrez, quatre maîtresses, dont il y ait toujours deux à la classe et deux à la communauté; cette diversité est très agréable. Quand nos filles ont été vingt-quatre heures auprès des demoiselles, elles sont ravies de les quitter pour se retrouver aux exercices de la communauté, où elles trouvent de la douceur et du repos; quand elles ont été vingt-quatre heures à la communauté, elles ne sont point fâchées de retrouver leurs filles, dont elles sont délassées.

Voulez-vous que je vous envoie une grande fille pour pouvoir être maîtresse? Voyez, par Mlles de Glapion et de Saint-Messant, comme on forme la raison aux enfants en leur parlant toujours raisonnablement. Ne mettez plus de fin à vos lettres.

---

61. — INSTRUCTIONS A LA CLASSE VERTE.

Sur les amitiés.

Mai 1714.

Mme de Maintenon leur dit : « J'ai dessein, aujourd'hui, mes enfants, de vous parler sur l'amitié. Il y en a de deux sortes, une bonne et une mauvaise : la bonne fait qu'on se porte mutuellement au bien, et la mauvaise, au contraire, en détourne. Vous ne pouvez être trop unies ensemble, mes enfants, et avoir trop d'amitié les unes pour les autres; mais il faut, pendant que vous êtes ici, que cette amitié soit générale et qu'elle n'exclue aucune de vos compagnes; car les amitiés particulières, qui sont très permises dans le monde, où il est fort libre et même convenable de se faire une société de gens choisis et de personnes de mérite, ne le sont pas dans les communautés, où elles font toujours des partages qui blessent le cœur de celles qui se sentent moins aimées et comme abandonnées. Votre règle est tournée de façon que vous ne sauriez vous associer ainsi plusieurs ensemble; il faut vous accommoder avec celles avec qui vous vous trouvez, et les traiter aussi honnêtement les unes que les autres, quoiqu'il vous soit fort permis de vous sentir plus de goût, d'estime et d'amitié pour quelques-unes que pour les autres; mais je vous exhorte fort à prendre la bonne habitude de ne pas laisser paraître ces inclinations particulières, pour ne point troubler la charité et l'union parfaite qui doit être égale entre vous toutes. Cette leçon est celle que l'on donne à toutes les personnes de communauté, et l'on dit ordinairement que toutes les amitiés particulières sont la peste des religions[1]. L'amitié, qui est une vertu si aimable et si douce, n'est donc point une vertu religieuse[2], mais bien une vertu propre aux personnes séculières, et, quoique vous soyez séculières, elle ne vous convient pas encore, parce que vous êtes en communauté; mais quand vous serez hors d'ici, il vous sera fort libre d'avoir des amitiés particulières; il faudra seulement user d'une grande prudence et discrétion pour faire un bon choix; car vous hasarderiez de perdre votre réputation par la seule liaison que vous auriez avec certaines femmes ou filles qui ne seraient pas elles-mêmes d'un bon renom.

« On dit que vous aimez fort vos maîtresses; je vous en loue, cela marque un bon cœur; je vous exhorte seulement à leur témoigner votre amitié beaucoup plus par votre docilité et votre application à profiter de tout ce qu'elles vous recommandent, que par des caresses et des empressements qu'il convient cependant que vous ayez pour elles

1. C'est-à-dire des couvents.
2. C'est-à-dire une vertu de couvent, une vertu monacale.

jusqu'à un certain point. Je me souviens que j'ai aimé une de mes maîtresses étant pensionnaire dans un couvent à un point que je ne puis dire[1]; je n'avais pas de plus grand plaisir que de me sacrifier pour son service; j'étais fort avancée dans les exercices, de sorte que, dès qu'elle était sortie, je faisais lire, écrire, compter, l'orthographe et jouer toute la classe, et je me faisais un plaisir de faire tout son ouvrage sans qu'il me fallût d'autre récompense que celle de lui faire plaisir. Je passais les nuits entières à empeser le linge fin des pensionnaires, afin qu'elles fussent toujours propres et qu'elles fissent honneur à la maîtresse sans qu'elle en eût la peine; j'étais charmée de voir son étonnement de trouver tout son ouvrage fait sans elle. Je faisais coucher promptement mes compagnes, je les pressais tant, qu'elles n'avaient pas le temps de se reconnaître; elles se couchaient pourtant diligemment et de bonne grâce par complaisance pour moi, car j'étais fort aimée. J'amassais beaucoup de bouts de chandelle, et je faisais en sorte qu'on ne brûlât pas autre chose dans toute la classe pendant une semaine, pour que j'eusse le plaisir de donner de temps en temps une chandelle entière à ma maîtresse pour des lectures et autres exercices qu'elle faisait pendant la nuit. Je pensai mourir de chagrin quand je sortis de ce couvent et j'eus l'innocence, pendant plus de deux ou trois mois, de demander à Dieu tous les jours, soir et matin, de mourir, ne pouvant comprendre que je pusse vivre sans la voir; et cependant j'étais, en ce temps-là, dans de grandes ferveurs, mais c'était manque d'instruction, car si j'avais su qu'il ne faut pas souhaiter la mort pour de tels motifs, je ne l'aurais pas fait; mais j'y allais bien simplement et bien franchement, puisque je m'adressais à Dieu, et que ce n'était pas par aigreur ni par amertume de cœur que je faisais cette prière. Je crois que, voyant mon innocence,

1. Aux Ursulines de Niort; elle n'avait alors que douze ans. Voir notre *Introduction*.

il ne m'en a pas su mauvais gré. Je priais pour elle tous les jours, et, étant ensuite entrée dans le monde, et même dans le grand monde, je ne l'ai jamais oubliée; je lui écrivais régulièrement deux fois la semaine, je ne le pouvais faire davantage, la poste pour le Poitou ne partant pas plus souvent; mais, quelque affaire pressée que j'eusse, je ne manquais point de lui écrire le mercredi et le dimanche. Tout le monde me louait de ma reconnaissance et d'avoir un si bon cœur, et mon amitié pour elle n'a fini qu'avec sa vie. Quand je fus établie[1], je demandai d'aller faire un voyage en Poitou pour voir mes parents, mais c'était en effet pour voir ma chère mère Céleste, car c'était son nom ; je fis cinquante lieues exprès, mais sous un autre prétexte.

« J'ai toujours aimé les personnes qui ont eu soin de moi : la mère de Delisle, mon maître d'hôtel, était ma gouvernante, et la femme de chambre de ma tante[2], chez laquelle je demeurais. Je l'aimais avec une tendresse surprenante, je lui montrais à lire et à écrire, et, quand j'avais fait quelque faute, elle me disait : « Vous avez fait quelque chose mal à propos, vous ne me montrerez point à lire aujourd'hui par punition. » J'étais affligée et pleurais amèrement. Je la peignais aussi; et elle me disait, quand j'avais fait quelque faute : « Vous ne me peignerez point demain. « Je me désolais, j'étais inconsolable, et j'ai toujours conservé une grande amitié pour cette femme-là, jusqu'à la faire venir trente ans après auprès de moi à la Cour. Pour Delisle, qui est son fils, je l'aime tout à fait, non seulement parce que c'est un très bon homme, mais encore parce qu'il est le fils de cette femme qui était ma gouvernante. Voilà de ces amitiés fortes et qui cependant ne sont point blâmables, et je vous louerai toujours du goût que vous montrez pour vos maîtresses, et de la reconnaissance que vous leur témoignez; il faut seulement que

1. A la Cour.
2. Mme de Villette.

les marques extérieures que vous en donnez soient égales envers toutes, quoique, comme je vous le dis, il vous soit fort permis d'avoir plus d'inclination pour l'une que pour l'autre; mais, encore une fois, toutes les marques de préférence font de très mauvais effets dans les communautés.

« Quant à vos compagnes, je vous répète qu'il faut tâcher de ne point montrer ici, du moins d'une manière trop marquée, plus d'amitié pour les unes que pour les autres, à moins que ce ne soit pour les plus raisonnables, les plus vertueuses et les plus pieuses, et qu'un chacun en voie le motif; ce goût-là est la marque d'un bon esprit et d'un cœur incliné au bien. »

---

62 — INSTRUCTION A LA CLASSE BLEUE.

Sur la droiture dans le monde.

1714.

« Je suis montée à votre classe, mes chères enfants, pour vous voir toutes et vous parler sur un mot que m'écrit une de vos compagnes qui est sortie et se plaint de ce qu'elle ne trouve point dans le monde la droiture qu'on lui a apprise à Saint-Cyr. J'ai fait plusieurs réflexions là-dessus, et j'ai pensé à vous aussitôt et à vous dire que vous ne devez pas vous attendre à trouver partout la même droiture qu'on vous inspire ici; peu de personnes en sont capables : premièrement, parce qu'il y en a peu qui en aient naturellement; il y en a d'autres qui en auraient, mais qui ne savent pas en quoi elle consiste ni comment la placer; il y en a enfin qui le savent bien, mais il leur en coûterait trop; l'intérêt les retient, car il en coûte pour être droite. Vous ne le sentez pas à présent, mais vous le sentirez un jour, quand, par exemple, vous n'aurez que deux pistoles, et qu'il faudra que vous en donniez une par droiture; vous verrez que cela n'est pas si aisé, et cependant nous n'avons point de droiture si, dès qu'il nous en coûte quelque chose, nous ne voulons pas faire ce qu'elle demande. Il n'y a rien de si rare dans le monde : on ne peut assez vous le dire. Qu'on ait un procès injuste, il y a peu de gens qui disent : il faut l'abandonner, et ils tâchent, au contraire, d'en tirer ce qu'ils peuvent, ce qui ne devrait pas être, puisqu'ils le savent mauvais; car c'est une injustice considérable de soutenir une mauvaise cause, et quand il s'agit d'une perte considérable, ou de la moitié de notre bien, cela est encore plus difficile; il faut avoir une grande vertu pour passer là-dessus. Cependant il faut y passer, faire justice à ses dépens : autrement point de salut. On n'entend guère ce langage dans le monde, et si vous disiez dans la plupart de vos familles ce que je vous dis à présent et tout ce qu'on vous apprend à Saint-Cyr là-dessus, il y a bien des gens qui n'y comprendraient rien et qui croiraient, pour ainsi dire, que vous parlez grec. Communément chacun agit par intérêt, et l'intérêt étouffe la droiture naturelle; mais si vous êtes assez heureuses pour avoir cette droiture, il ne faut point avoir de peine à souffrir ceux qui en manquent, ni pour cela ne vouloir pas vivre avec eux; il faut, au contraire, qu'elle vous les fasse supporter patiemment dans la vue de la leur inspirer. Pour vous, tâchez, dans les occasions, de donner des marques de la vôtre et de la faire aimer; puis demeurez-en là, sans être continuellement à critiquer tous ceux que vous verrez manquer de droiture, et à dire : on ne fait point comme cela à Saint-Cyr, car ce serait le sûr moyen de vous faire haïr partout où vous iriez. Vous seriez bien malheureuses si ce que vous apprenez ne servait qu'à vous rendre plus difficiles à vivre; il faut, au contraire, qu'il serve à vous rendre accommodantes et à vous faire supporter les travers que vous pourrez trouver sans les partager. Il y a mille gens qui manquent d'éducation; on voit peu de filles instruites avec les soins dont vous l'êtes ici : on vous précautionne sur tout; faudra-t-il pour cela ne pouvoir vivre avec personne? Non assurément, il faudra prendre patience et vous servir de tout ce qu'on vous aura appris pour agir avec plus de droiture que vous pourrez, mais avec douceur, sans vouloir vous mêler de redresser les autres. Les vertus ne sont point opposées l'une à l'autre, et ainsi en voulant être droites, il ne faut pas manquer à être charitables; un bien ne doit pas produire un mal, autrement ce ne serait plus un bien. »

Une maîtresse, prenant la parole, dit à Mme de Maintenon : « Il me semble que vous avez dit qu'une demoiselle de Saint-Cyr avait mandé qu'on était malheureuse d'avoir à vivre dans le monde, où l'intérêt règne, lorsqu'on avait essayé du désintéressement de Saint-Cyr. — J'en suis persuadée, répondit Mme de Maintenon, car on ne le trouve guère parmi les hommes. Il est vrai qu'il n'en coûte pas beaucoup aux Dames de Saint-Louis présentement, parce qu'elles sont dans l'abondance; mais si, dans la suite, que leurs biens seront diminués, ou qu'il leur arrive d'autres accidents, elles se maintiennent comme elles sont aujourd'hui et ne reçoivent aucune pension ni présent, selon l'intention du Roi, leur fondateur, alors on pourra dire qu'elles sont véritablement désintéressées; je l'espère de leur vertu et de la fidélité qu'elles m'ont toujours paru avoir aux obligations de leur état et à ce qui leur est prescrit dans les lettres patentes. Pour revenir à ce qui se passe ailleurs, vous y verrez presque partout de l'intérêt, de l'injustice; et même il s'en trouve jusque dans les couvents, où il arrive quelquefois qu'une fille qui a peu apporté est moins bien traitée qu'une autre; cela ne devrait pourtant pas être, mais enfin cela est, et il faut le souffrir, si on se trouve dans ce cas. Voilà à quoi peut vous servir ce que vous savez sur la droiture, sur la raison et encore plus sur le bon esprit et sur la piété qui nous doit faire faire un bon usage, pour notre salut, de toutes ces sortes de choses, qui répugnent à notre amour-propre et même à notre raison. »

63. — LETTRE A Mme DE VIEFVILLE, Supérieure de Gomerfontaine[1].

Sur les principes généraux d'éducation.

Janvier 1715.

Les écoliers, les pages, les laquais, les pensionnaires de couvent sont très sujets aux espiègleries que font les vôtres; elles en faisaient ici autrefois, mais il n'en est plus question; l'éducation chrétienne et raisonnable qu'on leur donne les met bien loin de telles bassesses, et je ne crois pourtant pas qu'il y ait de jeunesse ensemble qui se divertisse plus que la nôtre, ni d'éducation plus gaie; vous l'avez vu de près.

Je vois de grandes difficultés chez vous dans la diversité des conditions, par la différence des choses qu'il faut dire.

Quoique leurs âmes soient également précieuses à Dieu, il faut pourtant que l'instruction soit plus étendue pour une demoiselle que pour une fille de vigneron : il suffit à celle-ci de savoir ce qui est absolument nécessaire pour être sauvée, il faut un peu plus éclairer les autres. Il faut que les demoiselles parlent bon français, et les reprendre quand elles y manquent; il n'importe que les autres s'expliquent en leur langage, pourvu qu'elles entendent assez pour pratiquer ce qui est commandé. Les filles du vigneron se rendront ridicules en disant des vers; ils sont bons aux demoiselles.

Il faut parler aux filles de marchands de la fidélité dans leur commerce, sur les mesures, sur les poids, sur les profits permis; tout cela ne convient pas aux autres. Du reste, il n'importe point que vous imitiez Saint-Cyr en tout. Qu'une de vos dames aille par jour faire écrire, une autre apprendre à travailler, il n'y a rien que de bon.

Les inventions que nous avons pour que les enfants se

1. Voir notre *Introduction*.

montrent les uns aux autres ont été trouvées pour le soulagement des maîtresses, qui n'auraient jamais pu fournir à tout; mais il ne faut pas que les dames qui vont montrer quelque chose de particulier se mêlent de la conduite de leurs écolières, qu'elles les punissent, qu'elles les récompensent; elles doivent simplement en rendre bon ou mauvais témoignage à la première maîtresse, ou il arriverait qu'elles puniraient une fille dont la première maîtresse serait contente, ou qu'elles donneraient une récompense à celle à qui la maîtresse destine une punition. Cet endroit-là est essentiel; il faut que toute l'autorité soit dans cette première, et que les autres n'aient point de peine que les autres enfants la voient.

Nous nous sommes aperçues souvent du bon effet de cette subordination, et ces exemples de soumission et d'humilité sont encore plus forts que les discours pour les instruire. C'est ce qui a établi ce bon esprit à Saint-Cyr, qui fait qu'une fille de douze ans répond au catéchisme à une qui en a sept comme elle ferait à sa supérieure, et qu'elles apprennent toutes les unes des autres tout ce qu'elles savent; car, en tout, on leur inspire la raison, en leur montrant la petitesse qu'il y aurait à ne pas profiter de ce qu'une autre sait, parce qu'on a quelques années plus qu'elle. On leur donne toujours les choses pour ce qu'elles sont : la piété au-dessus de tout, la raison ensuite, les talents pour ce qu'ils valent; on ne récompense point celles qui en ont, on n'estime que la vertu et la sagesse. En les louant de bien dire des vers, ou d'avoir bien chanté, on leur dit que les plus sots comédiens ou chanteuses d'Opéra s'en acquittent bien mieux qu'elles, et qu'il n'y a point à s'en glorifier; on aime autant celles qui n'ont aucune de ces qualités extérieures; et les sages ont les distinctions. C'est, encore une fois, cette conduite qui inspire la raison : vous aurez beau la pratiquer, si on vous voit préférer votre parente ou votre amie aux autres. Voilà l'essentiel de l'éducation. Qu'elles vous voient en tout juste, désintéressée, donnant autant de soin à la plus choquante qu'à la plus aimable; les enfants voient très bien ce que font leurs maîtresses.

Il faut parler à une fille de sept ans aussi raisonnablement qu'à une de vingt ans; c'est ce qui avance nos filles comme elles le sont, quoique d'ailleurs elles n'aient aucune expérience.

---

64. — INSTRUCTION A LA CLASSE JAUNE.

Sur l'indiscrétion.

1710.

Mme de Maintenon ayant demandé aux demoiselles de la classe *jaune* sur quoi elles désiraient qu'elle leur fit l'instruction, Mlle de Chardon proposa l'indiscrétion; Mme de Maintenon la renvoya à la *Conversation* qu'elle avait faite sur cette matière.

Elles demandèrent ce que c'était que de rompre en visière. « C'est, dit Mme de Maintenon, dire des choses désobligeantes en face, comme de reprocher ouvertement à une personne les défauts de l'esprit ou du corps, quelque malheur arrivé dans sa famille et choses semblables. » — Elles demandèrent des exemples sur l'indiscrétion. — « C'en est une, répondit Mme de Maintenon, de parler d'un défaut devant une personne qui l'a, de relever les avantages d'une belle taille en présence d'un bossu, de parler du désagrément d'une personne qui a quelque autre difformité devant quelqu'un qui serait borgne ou qui aurait la bouche de travers ou qui boiterait et pareilles choses; de dire qu'on serait bien fâché d'avoir des parents qui fussent morts sur un échafaud devant une personne qui a un semblable malheur dans sa famille; de vanter la noblesse devant des personnes qui ne sont pas nobles et qui tiennent cependant un certain rang par leur fortune.

« Une personne indiscrète fait tout mal à propos, elle

entre à contretemps, elle sort de même.[1] » Entrer mal à propos, c'est rendre visite à une personne quand elle est en affaires ou qu'elle est avec une autre qui lui est assez intime pour être bien aise de se trouver seule avec elle; on sort à contretemps quand, après avoir fait cette indiscrétion, on fait sentir à la personne qu'on s'aperçoit qu'elle serait bien aise de se trouver seule avec son amie et qu'on sort sur-le-champ; c'est l'embarrasser et l'obliger à se défendre, car il n'y a personne qui ose convenir tout franchement qu'elle est de trop dans la conversation. Quand on a tant fait que de faire une visite mal à propos, il faut faire comme si on ne s'apercevait pas de l'embarras qu'on cause, rendre sa visite très courte, et chercher un prétexte pour en sortir honnêtement, et le plus tôt qu'on peut, sans faire sentir que c'est parce qu'on s'aperçoit qu'on interrompt la conversation commencée avec l'autre personne, à moins que celle qu'on va voir ne fût en affaire; car pour lors il serait de la prudence de ne pas passer outre et de remettre la visite à un autre jour. Une personne indiscrète n'entend point ce qu'on veut qu'elle sache et elle écoute ce qu'on ne veut pas qu'elle entende; parce que dans le premier cas, au lieu d'écouter ceux qui parlent et d'entrer dans le sujet de la conversation, elle l'interrompt pour dire ce qui lui vient dans l'esprit; elle écoute ce qu'on ne veut pas qu'elle entende dans une conversation dont elle ne devrait pas être, au lieu de se retirer prudemment quand elle voit des personnes qui parlent bas. Rien ne rend si indiscrète que de n'être occupée que de soi, c'est ce qui fait qu'on ennuie, rapportant tout à soi, ne parlant que de soi, de ses maux, de ses affaires; rien ne rend si désagréable dans la société. Je connais une jeune personne de la Cour qui est haïe de tout le monde sans être mauvaise, mais seulement parce qu'elle n'est occupée que d'elle-même et qu'elle veut toujours en parler. On m'en faisait des plaintes

1. Phrase de la *Conversation* rappelée au commencement de la lettre.

un de ces jours; on prétendait qu'elle nuisait aux autres par les rapports qu'elle m'en faisait. Je répondis : Comment me dirait-elle ce que font les autres, elle qui ne parle que d'elle-même? La personne qui m'en faisait des plaintes convint avec moi que c'était là en effet son tort et ce qui la fait haïr. Je ne sache pas d'ailleurs qu'elle ait jamais fait ni dit du mal à personne.

« Pour éviter les indiscrétions, il faut, comme je vous le disais tout à l'heure, être occupé des autres plus que de soi; penser avant que parler si ce qu'on va dire ne fera de peine à personne, s'il n'aura pas de mauvaises suites; prendre garde si en se plaçant on n'incommode point quelqu'un. — N'est-ce pas une indiscrétion, dit Mlle de Chabot, de révéler un secret? — Cela passe l'indiscrétion, répondit Mme de Maintenon; c'est une perfidie qui est bien opposée à la probité dont nous parlions l'autre jour, c'est une infamie dont une personne d'honneur n'est pas capable. Lequel aimeriez-vous mieux, dit-elle en apostrophant Mlle de Vandeuil, de dire indiscrètement votre secret à quelqu'un ou de déclarer celui qu'un autre vous aurait confié? — J'aimerais mieux, dit la demoiselle, dire celui d'un autre. — Ce sentiment est plus naturel que généreux, reprit Mme de Maintenon; car révéler un secret qu'on vous a confié est une trahison, une bassesse, une infamie, et si vous dites le vôtre, ce n'est qu'une imprudence qui ne porte d'ordinaire préjudice à personne; votre secret est à vous, vous êtes maîtresse de le dire à qui il vous plaît; si vous le placez mal, tant pis pour vous : c'est une indiscrétion; mais le secret qu'on vous a confié est un dépôt qui doit être sacré et dont vous ne pouvez disposer; c'est pourquoi toutes les règles du christianisme et de l'honneur vous imposent la nécessité de ne le pas violer; mais il est de la prudence de ne vous pas engager au secret avant de savoir si vous pouvez, en conscience, ne pas déclarer ce qu'on veut vous donner sous le secret.

« Voici un petit détail des plus communes indiscrétions

qu'il faut tâcher d'éviter avec soin, si l'on ne veut pas être fort désagréable en société :

« Choisir la place la plus commode; prendre ce qu'il y a de meilleur sur la table; interrompre ceux qui parlent; parler trop haut; montrer par quelque air du visage que ce que l'on dit vous fâche ou vous ennuie, et qu'on le trouve trop long; parler de soi, de ses sentiments, de ses aventures, de sa naissance, de sa famille, de ses répugnances, de ses inclinations, de sa santé, de ses maladies; non point que l'on ne puisse faire quelquefois quelques-unes de ces choses-là, mais il faut que cela soit rare; dire dans ce que l'on raconte des circonstances inutiles; allonger ce que l'on dit au lieu de le raccourcir; ne pas montrer d'attention à ce que l'on nous dit; parler bas à l'oreille devant quelques personnes à qui l'on doit du respect; parler ou faire du bruit à un spectacle, en cérémonie; parler de quelque défaut devant ceux qui l'ont; parler pour parler, sans qu'il y ait de l'utilité ou du plaisir pour les autres; rire immodérément; se mettre devant le jour de quelqu'un qui travaille ou qui fait quelque autre chose; s'approcher de trop près de quelqu'un qu'on respecte; ne pas écouter une lecture où l'on se trouve; ne pas attendre la fin d'une histoire qui nous ennuie; se trop presser de dire ce qu'on vient d'apprendre; montrer qu'on savait ce qu'on veut dire; se servir de ce qui est aux autres; parler trop vivement; hasarder de gâter ce qui est aux autres; montrer qu'on voit et qu'on entend ce qu'on veut vous cacher; écouter quelqu'un qui parle bas; dépenser librement ce qui n'est point à nous; faire des questions inutiles; montrer qu'on sait un secret; quand quelque chose devient public, montrer qu'on le savait; montrer qu'on devine ce qu'on ne nous veut pas dire; s'avancer trop; ne pas craindre de faire attendre; ne pas craindre d'incommoder les autres; emprunter trop facilement; garder trop longtemps ce qu'on emprunte; lire les lettres qu'on trouve; ne pas ménager ses domestiques sur leur travail, sur leurs pas sur leur repos; présumer de ses forces, et pour le corps et pour l'esprit; se pousser trop par des austérités qui ne sont pas de notre état, sans prévoir que nous manquons ensuite à ce qui en est; parler de sa conscience à ceux qui n'en sont pas chargés; parler trop de ses confesseurs; vouloir que les autres pensent et agissent comme nous; répondre trop facilement des autres; porter son jugement facilement, soit des choses, soit des personnes; agir et parler sans réflexion; assurer ce qu'on n'a pas vu; parler avec décision; demander à une dame quel âge elle a; regarder par-dessus l'épaule ce qu'elle lit ou ce qu'elle écrit; rire de ce qu'on n'entend point; rire des façons des étrangers qui nous paraissent si singulières, ou de leur langage quand ils ne parlent pas bien le français. »

---

65. — ENTRETIEN AVEC LES DAMES.

Sur l'égalité des soins à donner aux demoiselles.

1716.

« Il y a, dit une autre fois Mme de Bouju à Mme de Maintenon, des maîtresses qui ont l'attrait de s'attacher à perfectionner particulièrement les demoiselles les mieux nées et de plus grande espérance; d'autres, de s'appliquer aux plus défectueuses ou aux plus tardives; lequel aimeriez-vous mieux ? — Je ne voudrais pas, répondit Mme de Maintenon, en négliger une seule, non plus que de préférer les unes aux autres, et je vous conjure, mes chères filles, d'établir pour jamais cet esprit dans votre maison; que les soins soient égaux pour toutes, que l'intérêt soit le même, et qu'aucun de ces enfants, que Dieu et le Roi vous confient, ne puisse se plaindre avec justice d'avoir été moins bien traité que d'autres. J'avais pensé autrefois que vous feriez une bonne œuvre de vous appliquer davantage, quoique d'une manière imperceptible, à former les filles d'une naissance plus distinguée; je vous l'ai même écrit en quelque endroit; mais, toutes réflexions faites, je pense différemment présentement, et je persiste à vous recommander d'avoir une conduite égale, et la même attention, le même zèle et les mêmes soins, généralement pour toutes vos demoiselles; l'expérience nous faisant voir qu'il n'y en a point qui ne puisse parvenir à des places et à des fortunes où tout ce qu'elles auront pu prendre ou apprendre ici de bon ne sera pas de trop. Ce n'est pas une raison parce qu'une fille est excessivement pauvre, quand elle vient ici, de la laisser là et de s'y moins appliquer qu'à une autre, sous prétexte qu'elle n'en sera que plus malheureuse, si elle retombe dans la même misère dont la bonté du Roi l'a tirée; croyez que, si vous avez soin de l'élever en bonne chrétienne, d'en faire une fille raisonnable et de lui donner le plus de talents qu'il vous sera possible, vous lui rendrez un très grand service; cette piété, cette raison, ces talents lui aideront à porter la pauvreté avec plus de courage, à en soulager une partie, et peut-être à l'en tirer tout à fait, comme nous l'avons déjà vu en plusieurs.»

---

66. — INSTRUCTION A LA CLASSE VERTE

Sur la politesse.

Juillet 1710.

Mme de Maintenon ayant fait venir dans son appartement[1] les six plus raisonnables de la classe *verte*, leur dit : « Ce n'est point, mes enfants, pour vous faire le catéchisme que je vous envoie chercher aujourd'hui, mais pour vous parler sur la manière de vivre avec la politesse

1. La vieillesse empêchait Mme de Maintenon d'aller dans les classes aussi souvent qu'autrefois; pour continuer son œuvre d'éducation, elle faisait quelquefois venir des demoiselles dans sa chambre. Quand elle donna cette instruction, elle avait près de quatre-vingt-deux ans.

et les bienséances qui conviennent. Puisque Dieu vous a fait naître demoiselles, ayez-en les manières : que celles d'entre vous qui ont été bien élevées chez messieurs leurs parents les conservent, et que les autres s'appliquent avec soin à les acquérir. Cela est plus important que vous ne sauriez croire; la grossièreté rebute tout le monde et même les personnes les plus vertueuses; cela inspire malgré soi un certain dégoût qui fait qu'on évite d'avoir affaire aux personnes qui n'ont ni attention, ni politesse, ni savoir-vivre. Je vous en ai souvent parlé dans les classes, mais votre maison se renouvelle en si peu de temps qu'il faut aussi répéter très souvent les mêmes choses. Je vous dis donc, mes enfants, que vous ne sauriez trop tôt prendre l'habitude d'être polies entre vous, c'est le moyen de l'être avec tout le monde. Ne vous tutoyez pas, ne vous appelez pas tout court, défaites-vous de ces gros tons rudes, et traînants, qu'on est surpris de trouver en des demoiselles.

« Que toutes vos actions soient tranquilles, douces et modestes; ne jetez point une porte, ni un siège, ni un livre de toutes vos forces, comme un manœuvre ferait d'une pierre. Conduisez la porte doucement avec la main, et posez de même de bonne grâce le siège, le livre et toute autre chose. Ne passez devant personne sans faire la révérence, faites-vous-la les unes aux autres pour vous y accoutumer. Cédez-vous le pas à une porte, ou du moins faites-vous un petit air de politesse avant que d'entrer, et que ce ne soit pas à qui le fera la première comme je l'ai souvent vu. Ne répondez jamais oui ou non tout court; il vous est absolument nécessaire d'y ajouter : oui, monsieur, oui, madame, non, ma mère, non, mademoiselle, etc., si vous ne voulez pas être aussi grossières que les paysannes les plus mal apprises. Ne recevez jamais rien et ne présentez jamais rien à qui que ce soit sans faire auparavant un geste de politesse. Parlez bon français et n'inventez pas mille mots qui ne signifient rien et ne sont en usage nulle part. Encore une fois, mes chères enfants, puisque Dieu vous a fait naitre demoiselles, prenez-en les manières aussi bien que les sentiments, et mettez-vous dans l'esprit, une fois pour toutes, que quelque vertu, quelque mérite, quelque talent et quelques bonnes qualités que vous puissiez avoir d'ailleurs, vous serez insupportables aux honnêtes gens, si vous ne savez pas vivre. J'éprouvai cela moi-même, il y a quelque temps, au sujet d'une fille très vertueuse qui se vint présenter pour être à notre noviciat; sa grossièreté, sa mauvaise contenance, son ton, ses méchantes expressions et toutes ses manières me déplurent si fort, que je me tins, comme l'on dit, à quatre, pour ne pas l'en faire apercevoir. Je n'ai pas la force de monter à vos classes aussi souvent que je le faisais autrefois; mais je compte, mes enfants, que vous allez reporter à vos compagnes tout ce que je vous dis là, et que vous ne manquerez pas, par vos exemples et par vos paroles, à les renouveler toutes dans l'envie d'acquérir les bonnes manières dont nous parlons. Quoique vous soyez chargées d'un certain petit commandement sur vos compagnes, cela ne vous met pas en droit de leur parler avec empire, ni avec hauteur, ni par grossièreté; au contraire, vous devez vous attacher plus qu'aucune autre à le faire avec politesse, afin de leur servir de modèles en tout. Par exemple, dites doucement et honnêtement à l'une : « Voudriez-vous bien vous reculer pour ne pas ôter le jour à une telle? » à une autre : « Je vous prie de faire un peu de place à celle-là; » une autre fois : « Vous me feriez un grand plaisir; » et à celle-là : « Si vous vouliez bien lui aider à faire son ouvrage, ou lui faire répéter telle chose sur laquelle la maîtresse la doit examiner aujourd'hui. » Ainsi du reste et de mille sortes de choses qui se présentent à tous moments.

« Que tout votre extérieur soit bien composé; tenez-vous droite, portez bien la tête, n'ayez point le menton baissé : la modestie est dans les yeux, qu'il faut savoir conduire modestement, et non dans le menton. Quelque chose que vous fassiez, prenez garde à ne fâcher personne et à n'incommoder qui que ce soit; c'est de quoi il faut être toujours occupée, si l'on ne veut déplaire presque incessamment dans la société.

« Si vous vous asseyez, prenez garde de n'incommoder personne, de n'en être ni trop près, ni trop loin; prenez la place qui vous convient et point celle d'un autre. N'approchez jamais assez près d'une personne pour la pousser; et si par malheur cela arrivait, il en faudrait faire de sincères excuses. Une d'entre vous, cependant, me poussa assez brusquement il y a quelques jours pour entrer avant moi, sans seulement s'en apercevoir; cela me fait juger que vous êtes accoutumées à avoir ces mauvaises manières-là les unes avec les autres, et c'est ce que je voudrais détruire pour toujours. Il n'y aurait rien à désirer à votre éducation si vous pouviez vous élever dans cette politesse que nous vous demandons et qui vous devrait être naturelle.

« Les petits exemples d'attention que je viens de vous citer vous doivent servir pour toutes les autres occasions. Cette politesse s'étend presque à tout et doit accompagner toutes vos actions extérieures, soit pour le ton, l'air, la manière et la façon de les faire.

« Promettez-moi, mes enfants, de profiter de ce petit entretien; allez travailler à le rendre aussi utile à vos compagnes, et donnez-leur le bonjour de ma part. »

---

67. — MAXIMES

écrites par Mme de Maintenon à la tête des cahiers des demoiselles pour leur servir d'exemples d'écriture.

Accoutumez-vous à l'humeur des autres, sans espérer de les accommoder à la vôtre.

Accoutumez-vous à être seules.

Accoutumez-vous de bonne heure à être secrètes.

Aimez la présence de ceux qui vous reprennent, et que votre conduite soit égale, quand ils vous voient et qu'ils ne vous voient pas.

Ayez de la reconnaissance pour tous ceux qui vous ont fait du bien.

Aimer Dieu et votre état est le seul bonheur.

Cherchez la vérité en tout.

Contribuez à la paix autant qu'il vous sera possible.

Dieu sait mieux ce qu'il vous faut que vous-mêmes.

Écoutez toujours et ne parlez guère.

Aimez à faire plaisir et ne mentez jamais.

Élevez souvent votre cœur à Dieu.

Il n'y a de véritable malheur que d'avoir tort.

Il n'y a rien de honteux que de mal faire.

Il n'y a point d'état qui n'ait ses peines, et souvent plus grandes que les vôtres.

Il n'y a de vrai bonheur que de se conformer à la volonté de Dieu.

La fortune est inconstante; la vôtre est mauvaise présentement; c'est une raison pour espérer qu'elle deviendra bonne.

Le plus grand de tous les plaisirs est d'en pouvoir faire.

La véritable pénitence est de recevoir de bon cœur et d'aimer les peines que Dieu nous envoie.

Les souffrances et les afflictions qui nous viennent de Dieu lui sont plus agréables que les mortifications que vous choisiriez.

Les réprimandes que l'on fait aux jeunes gens sont de véritables marques de l'amitié qu'on a pour eux.

La mort nous égalera tous, il n'y aura plus que nos bonnes œuvres qui y mettront la différence.

N'ayez d'inquiétude que pour votre salut, le reste est trop incertain pour s'en mettre en peine.

N'ayez jamais envie de voir ni d'entendre ce que l'on veut vous cacher.

Ne dites jamais rien qui puisse désunir.

N'oubliez jamais Dieu; et si on ne vous laisse pas assez de temps pour le prier, pensez à lui.

N'enviez point les richesses, puisqu'il faut s'en détacher pour faire son salut.

Obéissez exactement à vos supérieurs, sans vouloir examiner s'ils ont tort ou raison.

Prenez de bonnes habitudes : il n'y en a point qui ne deviennent douces, quelque pénibles qu'elles vous paraissent d'abord.

Faites un bon usage de tout ce que l'on veut bien que vous voyiez et entendiez.

Prenez toujours la dernière place; il vaut mieux être appelé que chassé.

Rendez-vous le plus capables que vous pourrez, car vous ne savez à quoi Dieu vous destine.

Ne soutenez jamais votre opinion avec opiniâtreté.

Rendez-vous, si vous trouvez que vous ayez tort; il y a plus de grandeur à se rétracter qu'à soutenir une mauvaise cause.

Ne vous souvenez de votre noblesse que pour être plus vertueuses.

Ne confondez pas la mauvaise gloire avec la bonne.

Ne faites jamais dépendre votre bonheur des autres.

Ne soyez jamais pressées de redire ce que vous avez appris, à moins qu'il ne soit utile à quelqu'un.

Ne vous plaignez pas, car vous avez tout ce qui vous est nécessaire, et mille personnes manquent de tout.

Ne vous familiarisez jamais avec les hommes : la modestie est le partage des personnes de notre sexe.

Ne vous affligez pas de votre mauvaise fortune, mais songez à vous rendre dignes d'une meilleure.

Nous parvenons souvent à ce que nous avons désiré, et nous n'en sommes pas plus heureux.

Rendez-vous à la raison aussitôt que vous la voyez.

Soyez raisonnables, ou vous serez malheureuses.

Si vous vous mettez bien dans l'esprit qu'il est inévitable de souffrir, vous en souffrirez beaucoup moins.

Soyez sévères pour vous et indulgentes pour les autres.

Si vous ne pouvez donner l'aumône aux pauvres, donnez-leur vos prières, vos soins et des consolations.

Souvenez-vous de l'obole de la pauvre veuve; elle fut plus agréable à Dieu que les grandes aumônes des riches.

Si vous voulez être agréables à Dieu, obéissez à ses lois.

Si vous voulez être agréables dans la conversation, ne parlez guère de vous.

Souffrez beaucoup avant que de vous plaindre.

Si vous ne profitiez de votre bonheur, vous vous en repentiriez un jour bien inutilement.

Si vous voulez être heureuses, regardez ceux qui sont au-dessous de vous et non pas ceux qui sont au-dessus.

Sachez bon gré à tous ceux qui vous reprennent; il n'y a personne qui n'aimât mieux vous flatter que de vous reprendre.

Si vous sentez de la joie quand on vous reprend, croyez que vous aurez du mérite.

Si vous ne perdiez jamais de temps, vous seriez bientôt capables.

Soyez sobres, et ne soyez jamais occupées de vous que pour songer à éviter tout ce qui pourrait déplaire à Dieu et aux honnêtes gens.

Pour être agréable aux autres, il faut s'oublier.

Soyez gaies, et non pas évaporées.

Soyez ravies de faire quelque chose pour Dieu.

Si vous êtes orgueilleuses, on vous reprochera votre misère, et si vous êtes humbles, on se souviendra de votre naissance.

Il faut que des filles se modèrent toujours, et qu'elles gardent une conduite qui fasse voir qu'elles sont maîtresses d'elles-mêmes.

Il faut souffrir avec patience ce que la justice de Dieu veut que nous souffrions de l'injustice des hommes.

Pour bien commander, il faut savoir bien obéir.

La plus grande parure de notre sexe est la modestie.

Il n'y a que Dieu qui puisse vous donner le courage de soutenir votre mauvaise fortune.

Regardez ceux qui vous reprennent comme vos véritables amis.

C'est un mauvais caractère que celui de grand parleur.

On raille souvent les filles sur leur timidité, mais on les en estime davantage.

Il est difficile de parler beaucoup sans dire des sottises.

Si vous voulez être aimées, occupez-vous plus des autres que de vous-mêmes.

Rien ne déplait tant qu'une fille hardie.

Travaillez sans cesse, mais sans affectation.

En quelque condition qu'une fille soit, le goût de l'ouvrage lui est nécessaire.

Vous ne serez véritablement raisonnables qu'autant que vous serez à Dieu.

Aimez à faire plaisir; craignez de fâcher.

L'empressement de parler vient de légèreté ou de vanité.

Dites le moins que vous pourrez de choses inutiles.

Parler pour se réjouir honnêtement n'est pas inutile.

Choisissez d'être incommodées plutôt que d'incommoder.

Soyez simples dans toute votre conduite.

Que votre conscience soit simple et sincère.

Aimez à contenter toutes les personnes avec qui vous vivez, et surtout celles de qui vous dépendez.

Ne troublez jamais la paix, n'aigrissez personne.

Soyez capables de secret, ne soyez jamais pressées de parler.

Vous déplairez à Dieu, si vous cherchez à plaire au monde.

Si vous connaissiez le monde, vous le haïriez.

Songez que Dieu vous a choisies entre mille pour être élevées dans sa maison.

Prenez la bonne habitude de remplir tous les moments de la journée.

Ne faites et ne dites rien que vous ne vouliez bien qu'on sache.

Les filles bien élevées ne parlent jamais bas à l'oreille de qui que ce soit.

Ayez une conduite ouverte simple, franche, et éloignée de tout mystère.

II

CONVERSATIONS[1]

68. — SUR L'INDISCRÉTION.

VICTOIRE.

Je sors d'un lieu où j'ai bien souffert : il y avait un très-honnête homme qui était bossu ; une jeune dame a parlé

1. Les Dames de Saint-Cyr, dans leurs *Mémoires*, expliquent ainsi qu'il suit l'origine et le caractère des *Conversations* : «.... Mme de Maintenon a composé des entretiens sur divers points de conduite, de vertus morales et de religion, dans lesquels plusieurs personnes, parlant ensemble sur la même matière, prenant différents partis et faisant différentes réflexions, sont amenées par la conversation et par une espèce de dispute à conclure en faveur de quelque vérité morale ou chrétienne. Dans ces *Conversations*, les personnages font valoir chacun son opinion, et plusieurs de ces opinions sont, ou les maximes ordinaires qui règnent dans le monde, ou les idées que la prévention et l'ignorance ont coutume d'y inspirer. Chaque opinion de cette nature est combattue avec avantage par celle qui parle avec plus de raison, de prudence et de vertu. Ces *Conversations* sont pleines d'esprit, de sentiment, de gentillesse même et de reparties vives et agréables.... Composées dans un style aisé et naturel; quoique mêlées de saillies d'esprit, elles sont préparées pour chaque classe et proportionnées à l'âge et à la portée des enfants. Elles les apprennent de mémoire et les récitent entre elles. Le roi goûtait beaucoup cet exercice. Il aimait à entendre ces *Conversations;* il avait un très grand plaisir à les voir réciter par les demoiselles, et Mme de Maintenon ne manquait pas de les préparer de telle sorte qu'elles servaient même sans affectation à l'instruction des princes et des princesses qui avaient l'honneur d'accompagner Sa Majesté et des officiers qui formaient sa suite. Souvent ils y ont entendu des vérités qui leur ont été utiles. » (*Livre septième*).

Pour compléter ces renseignements, ajoutons que l'usage des *Conversations* date de l'origine même de Saint-Cyr. Des dix volumes de longtemps devant lui des avantages d'une belle taille; nous avons toussé et fait tous nos efforts pour la faire apercevoir de l'embarras qu'elle causait, ou pour changer de conversation; mais elle a toujours continué, et s'est enfin emportée sur l'imprudence des bossus qui vont par le monde. Je suis sortie aussi embarrassée que celui pour qui je l'étais.

ADÉLAÏDE.

Voilà une bien grande indiscrétion.

MÉLANIE.

On ne peut trop éviter cette personne-là.

ROSALIE.

Tout le monde n'a pas des défauts si visibles.

ALEXANDRINE.

Quand on est indiscrète, mademoiselle, on embarrasse toujours, et on ne s'en tient pas à blâmer les bossus.

Conversations sur divers sujets, publiés par Mlle de Scudéry de 1680 à 1690, les deux derniers furent écrits pour Saint-Cyr, mais les sujets étaient mondains, plus païens qu'évangéliques. Ils furent sévèrement écartés dès les premières résolutions de la réforme. « Ne leur apprenez pas les *Conversations* que j'avais demandées, écrivait Mme de Maintenon à Mme de Montfort, dame de Saint-Louis, le 20 septembre 1690; laissez tomber toutes ces choses-là, sans en rien dire .» Peu après, elle reprit elle-même l'œuvre de Mlle de Scudéry, sans autre prétention que celle d'enseigner à ses filles l'art de raisonner sur les choses de la vie avec agrément, « dans un esprit de christianisme et de raison ». « Je n'ai fait les *Conversations*, disait-elle, que pour vous apprendre à vous entretenir ensemble, à savoir disputer sans vous quereller. Si tout le monde était d'abord du même avis, il n'y aurait presque rien à dire. C'est ce qui m'a fait mettre des sentiments si différents surtout dans la conversation *du mensonge*. La manière de converser ne s'apprend pas comme des notes, mais l'habitude fait qu'on l'acquiert insensiblement. » La mode de composer ces sortes de dialogues gagna les Dames de Saint-Cyr; seule Mme de Glapion y réussit, paraît-il. Les élèves se mirent à leur tour de la partie; mais Mme de Maintenon ne l'entendait pas ainsi. « Arrêtez tout court les *Conversations* des demoiselles, écrivait-elle à Mme de Berval; elles n'ont pas assez d'expérience pour rien dire de bon : ce serait une perte de temps et de papier qui les exciterait sur l'esprit et rendrait orgueilleuses celles qui y réussiraient le mieux. » (Voir notre *Introduction*.)

ROSALIE.

On sait bien qu'il y a des défauts aussi visibles que celui-là, mais n'est-on pas en sûreté quand on n'a rien de remarquable en sa personne?

ALEXANDRINE.

Et qui est-ce qui n'a pas des endroits qu'il faille traiter avec discrétion? et si ce ne sont pas des défauts aussi visibles, ils n'en sont pas moins sensibles.

ANASTASIE.

On ne se fait pas toujours justice, mademoiselle : les défauts du cœur et de l'esprit ne sont pas si remarquables que ceux du corps; on ne les connaît pas si clairement, on n'en demeurerait pas d'accord si aisément, et on n'en serait pas si embarrassé.

ALEXANDRINE.

Ah! mademoiselle, si vous connaissiez la personne dont mademoiselle vient de parler comme je la connais, vous verriez qu'elle n'ouvre jamais la bouche qu'elle ne fâche quelqu'un, et ne fasse trembler tout le monde.

MÉLANIE.

Il faudrait la chasser du commerce des honnêtes gens.

ALEXANDRINE.

Ce serait un grand bonheur, si on n'avait pour vivre en sûreté qu'à se défaire d'elle; mais l'indiscrétion est plus ordinaire qu'on ne pense.

ADÉLAÏDE.

Moi, je suis de l'avis de Mlle Rosalie, et il me semble que l'on n'a rien à craindre quand on a une figure passable.

ALEXANDRINE.

Croyez-vous donc, mademoiselle, que l'indiscrétion ne va qu'à parler d'un défaut devant une personne qui l'a, et ne comptez-vous pour rien d'importuner, comme font les personnes indiscrètes?

MÉLANIE.

Dites-nous donc ce que c'est que l'indiscrétion.

ALEXANDRINE.

Je ne saurais vous en faire une bonne définition, car les définitions, comme vous le savez mieux que moi, doivent être courtes, et je sens que je parlerais des heures entières sur l'indiscrétion.

VICTOIRE.

Il est dommage, mademoiselle, que je ne sois pas aussi capable d'en parler que vous, car, d'après ce que j'ai vu aujourd'hui, je m'emporterais de bon cœur contre elle.

MÉLANIE.

Il faut que mademoiselle nous la fasse connaître, pour l'éviter.

ALEXANDRINE.

L'indiscrétion est ce qu'il y a de pire pour la société; c'est ce qui fâche continuellement, c'est ce qui se trouve à tout; on est indiscrète à toute heure, en tout temps et avec toutes sortes de personnes. L'indiscrète fâche sans vouloir fâcher; elle entre mal à propos, elle sort à contre-temps; elle parle toujours d'elle-même, elle rompt en visière; elle écoute ce qu'on ne veut pas qu'on entende, elle n'entend pas ce qu'on veut qu'elle sache; elle raille de la laideur devant une personne laide, elle attaque la pauvreté devant les gens qui ne sont pas riches et qui s'en font une honte, elle se déchaîne contre le peu de naissance en présence des personnes qui n'en ont point, elle tourne la vieillesse en ridicule devant ceux qui ne sont plus jeunes; en un mot, elle dit tout ce qu'il faut taire.

ANASTASIE.

En vérité, mademoiselle, il n'y a rien de si terrible que le portrait que vous venez de faire, et je ne connais présentement rien de si fâcheux que l'indiscrétion.

ADÉLAÏDE.

Je crois qu'il n'y a point de défaut dont on s'accommodât moins, et il faut que la discrétion soit la plus grande de toutes les vertus.

ALEXANDRINE.

Je crois pourtant qu'il y en a de plus essentielles; mais je n'en connais pas d'un usage si fréquent.

MÉLANIE.

Il est vrai qu'on en a besoin à tous les moments de la vie.

ANASTASIE.

Il n'y a qu'avec les amis intimes qu'on peut s'en passer, à qui on parle sans réflexion, et à qui on dit tout ce qu'on pense.

ALEXANDRINE.

La discrétion est encore nécessaire avec les personnes dont vous parlez, mademoiselle; car il faut respecter l'amitié, la ménager, prendre son temps, éviter de la blesser, ne voir pas toujours ses faiblesses; et c'est par la discrétion que toutes ces délicatesses se doivent régler.

VICTOIRE.

Je croirais blesser l'amitié, si j'avais de l'art avec les personnes que j'aime et si je ne leur disais tout ce que je pense.

ALEXANDRINE.

Vous la blesseriez bien davantage si vous n'en usiez avec discrétion, et nous sommes trop imparfaits pour n'avoir pas besoin que l'art vienne au secours de la nature, qui est très défectueuse.

ANASTASIE.

Je me rends à ce que vous me dites, et avoue que je n'avais pas de la discrétion l'idée que vous m'en donnez; je suis ravie de vous en entendre parler.

ALEXANDRINE.

La discrétion est en effet admirable; elle nous apprend à nous taire, elle nous empêche de parler brusquement, elle nous donne une grande attention aux autres; elle nous défend de parler de nous-mêmes, de notre naissance, de nos biens, de nos maux, de nos affaires; elle fait que nous n'ennuyons jamais et que nous plaisons souvent. Mais je ne sais, mesdemoiselles, si je ne suis point indiscrète moi-même de vous en parler si longtemps.

MÉLANIE.

Non, mademoiselle, vous ne le sauriez être; nous ne cherchons qu'à nous instruire, et tout ce que vous nous dites nous peut être fort utile. Continuez, je vous en prie.

ALEXANDRINE.

Je n'en sais pas plus que vous, mesdemoiselles, et c'est par intérêt ou par amour-propre que j'attaque si vivement ce défaut, dont je pâtirais plus que personne; mais puisque vous voulez que nous nous instruisions ensemble, songeons à acquérir la discrétion; il en faut en tout, et jusque dans la vertu : c'est à la discrétion à la régler; car il ne faut pas toujours faire des actions de piété, ni en tenir les discours; et enfin il n'y a que de la discrétion dont il faut toujours user.

VICTOIRE.

Je n'ai plus de regret à ce que j'ai souffert d'une indiscrète, puisque mon aventure a donné lieu à une conversation dont j'espère que nous profiterons toutes.

---

69. — SUR LA RAISON

ADÉLAÏDE.

Si j'osais me mettre de la partie, je dirais que le hasard assemble aujourd'hui une très bonne compagnie.

ANASTASIE.

Je dirais volontiers la même chose.

MARCELLE.

Pour moi, je suis fort aise d'y être; car si je ne le mérite pas par moi-même, je ne m'en sens pas indigne par le goût que j'ai pour les personnes raisonnables.

ÉLÉONORE.

Qu'elles sont rares ! il me semble qu'on trouve plus aisément de l'esprit que de la raison.

EUPHROSINE.

Je le crois comme vous.

ODILLE.

Je crois l'esprit plus agréable que la raison.

ADÉLAÏDE.

L'esprit peut divertir en passant, et la raison nous déplaire quand elle nous contrarie; mais, pour vivre ensemble, la raison est préférable à l'esprit.

ÉLÉONORE.

Comment peut-on aimer ce qui nous contrarie?

ADÉLAÏDE.

C'est que ce qui nous contrarie dans une occasion, nous l'approuvons dans une autre, et que rien n'est plus agréable que l'approbation d'une personne raisonnable.

ODILLE.

La raison a quelque chose de bien sérieux et d'opposé aux plaisirs.

MARCELLE.

N'est-ce point qu'on la confond avec la sévérité?

ADÉLAÏDE.

Oui, c'est cela même, on s'en fait une idée triste, et rien n'est plus aimable que la raison.

EUPHROSINE.

Ne trouvez-vous point que les personnes qui raisonnent continuellement sont ennuyeuses?

ADÉLAÏDE.

Si elles raisonnent continuellement, elles ne sont pas raisonnables, car il ne faut pas toujours raisonner.

ÉLÉONORE.

Pourquoi? Et qu'est-ce qu'elles peuvent mettre de meilleur dans le commerce?

ADÉLAÏDE.

De la complaisance, de la joie, du badinage, du silence, de la condescendance, de l'attention aux autres.

MARCELLE.

Vous donnez une agréable idée de la raison avec de tels accompagnements.

ADÉLAÏDE.

Je ne crois pas la raison toujours hérissée, sévère, critique; elle met tout à sa place, elle veut que les enfants jouent, que la jeunesse se divertisse innocemment, que la vieillesse cherche des relâchements.

ANASTASIE.

Vous en prouvez fort bien l'agrément; faites-nous-en voir de même la solidité.

ADÉLAÏDE.

Elle s'accommode de tout; elle compatit aux faiblesses des autres, elle diminue les siennes; elle console dans les afflictions, elle les avait prévues; elle modère dans les plaisirs; elle jouit de la société, elle s'en passe; elle goûte la santé, elle ne s'accable pas dans les maladies; elle fait un bon usage de l'infortune, elle soutient la pauvreté; elle est en paix, elle la porte partout, autant qu'il lui est possible; elle tire le meilleur parti des états les plus malheureux.

EUPHROSINE.

Voilà certainement un beau portrait, et je ne crois pas que personne l'ait jamais mieux connue que vous.

ADÉLAÏDE.

Je ne dis pas encore tout ce que j'en connais, et il est certain que je n'en connais pas toute l'étendue.

MARCELLE.

Vous la mettez donc au-dessus de tout?

ADÉLAÏDE.

Non, car la piété peut sauver sans la raison, mais la piété ferait beaucoup plus de bien, si elle était réglée par la raison. La piété peut prendre le change, la raison ne le prend jamais; la piété peut être indiscrète, la raison ne le peut être.

ÉLÉONORE.

Je crois en vérité que vous aimez trop la raison; car il me paraît que vous la mettez au-dessus de toutes les vertus

ADÉLAÏDE.

Les vertus ont besoin de la raison pour agir à propos et pour ne prendre nulle extrémité.

EUPHROSINE.

Que fera toute la raison possible contre une mauvaise fortune?

ADÉLAÏDE.

Elle la fera supporter avec plus de fermeté; elle rendra la personne si aimable et si estimable, qu'elle trouvera des gens qui soulageront ses malheurs.

MARCELLE.

Mademoiselle de .... a bien de la raison; en est-elle plus heureuse dans sa retraite?

ADÉLAÏDE.

N'en doutez pas : elle trouve de la ressource dans ses réflexions; elle comprend qu'il y a des places encore plus malheureuses que la sienne; elle compte le soir que les jours sont passés pour les heureux comme pour elle, et qu'il ne leur reste rien de leurs plaisirs; elle se fait aimer des personnes avec qui elle vit parce qu'elle ne songe qu'à leur plaire; elle s'accommode à leur goût, à leur manière, à leur règle, et ces personnes-là de leur côté songent à adoucir son état.

ANASTASIE.

Vous supposez donc que les autres sont aussi raisonnables?

ADÉLAÏDE.

Il est impossible que la raison n'adoucisse et ne gagne même les personnes du monde les plus grossières.

MARCELLE.

Vous dites de la raison tout ce qu'on dit de la sagesse, de la droiture et du bon esprit.

ADÉLAÏDE.

Quand nous confondrions tout ce que vous venez de dire, ce ne serait pas un grand malheur

EUPHROSINE.

Mais d'où vient cette raison?

ADÉLAÏDE.

Elle vient de Dieu, qui veut bien être appelé la souveraine raison.

ÉLÉONORE.

Je ne puis croire que cette conversation nous soit inutile, et vous donnez une grande envie d'être raisonnable.

ADÉLAÏDE.

Soyons-le dans notre conduite; car celle qui n'apprend qu'à raisonner dans la conversation n'a pas une véritable raison.

ODILLE.

Je vous avoue que vous l'avez raccommodée avec moi, et que la manière dont vous l'expliquez est très différente de ce que je pensais; elle me faisait peur, et je l'aurais volontiers renvoyée si elle s'était présentée. Allons chacune de notre côté commencer à faire connaissance avec elle par nos réflexions.

MARCELLE.

Souvenons-nous que mademoiselle Adélaïde dit que ce n'est rien de raisonner dans ses réflexions ni dans ses discours, et qu'il faut qu'elle règle toute notre conduite.

ODILLE.

Mais, mademoiselle, nous ne sommes pas toujours maîtresses de régler notre conduite par la raison, et nous sommes quelquefois forcées d'en prendre que notre raison ne prendrait pas; nous dépendons de la volonté des autres : un mari veut faire de la dépense quoiqu'il ne le puisse, sans s'incommoder dans ses affaires; une mère vous met dans le monde quand la raison vous en retirerait.

MARCELLE.

On nous vient de dire que la raison tire le meilleur parti

de tout, et dans les deux cas que vous venez de marquer, la raison s'accommoderait de la volonté de ceux dont elle dépend, et dépenserait et s'abandonnerait au monde le moins qu'il lui serait possible, au lieu qu'une personne sans raison se perdrait dans l'un et dans l'autre cas.

ADÉLAÏDE.

Ce sujet de conversation est inépuisable, et quelques exemples que vous puissiez donner, vous verriez que la raison trouve toujours sa place et fait du bien partout.

---

70. — SUR L'ÉMULATION.

MARCELLE.

On parle souvent d'émulation, surtout aux jeunes personnes ; je trouve qu'il est difficile de ne la pas confondre avec l'envie.

SOPHIE.

Je les crois pourtant très différentes.

MARCELLE.

Dites-nous ce que vous en pensez.

SOPHIE.

L'envie consiste à être fâché du bien qu'on voit dans les autres : on le leur ôterait, si on le pouvait, ce qui vient de la bassesse du cœur ; l'émulation est d'être excité au bien par celui qu'on voit dans les autres, de vouloir les imiter, et de faire son possible pour les surpasser, ce qui vient de l'élévation du cœur ; ainsi je crois avoir raison de dire que rien n'est plus différent.

IRÈNE.

Vouloir surpasser les autres, n'est-ce pas envie?

SOPHIE.

Non certainement, c'est émulation, courage, bonne gloire, et nulle raison ne nous oblige à ne vouloir pas aller le plus loin que nous pouvons dans le bien.

MARCELLE.

J'aurais cru mettre la division entre mes enfants, si je leur avais prêché cette émulation.

SOPHIE.

Je crois que vous y auriez mis ce qu'il y a de meilleur pour la jeunesse.

IRÈNE.

N'y a-t-il pas d'autres moyens de les exciter?

SOPHIE.

Les mauvais naturels se rendent aux châtiments, les médiocres aux récompenses, et les excellents à l'envie de plaire et d'exceller dans ce qu'on leur demande; mais je suis honteuse de tant parler, et si Mlle Faustine voulait entrer en conversation, elle vous parlerait mieux que moi.

FAUSTINE.

Je ne pourrais m'expliquer aussi bien que vous, mais je pense de même.

MARCELLE.

Vous croyez donc aussi, mademoiselle, qu'il faut inspirer l'émulation?

FAUSTINE.

Je le crois par raison et sur mon expérience : j'ai vu des enfants qu'on poussait à tout ce qu'on voulait par la moindre louange, ou en leur marquant qu'on était content d'eux.

IRÈNE.

Rien ne serait plus dangereux pour la jeunesse que de les y rendre insensibles.

MARCELLE.

Mais c'est l'orgueil qui fait aimer les louanges.

FAUSTINE.

L'orgueil veut des louanges sans les mériter, et l'honneur veut mériter des louanges.

IRÈNE.

Vous dites, mademoiselle, que les jeunes personnes

doivent être sensibles; est-ce que la vertu n'est pas la même pour tous les âges ?

SOPHIE.

La vertu est sans doute toujours la même, mais il faut y aller par degrés.

MARCELLE.

Pourquoi ne pas aller tout d'un coup où il faut aller ?

SOPHIE.

Parce qu'on ne va guère au haut d'une maison sans ces degrés dont je veux parler.

IRÈNE.

Mais vous convenez bien que, pour être vertueuse, il faut d'autres motifs que celui de la louange.

FAUSTINE.

Il en faut d'autres certainement; mais on y conduira beaucoup plus aisément ces cœurs élevés et généreux, dont je parle, que ceux qui ne connaissent que la crainte ou l'intérêt.

SOPHIE.

On ne peut rien faire de bon de ceux qui ne se soucient point de contenter les personnes qui les conduisent, et cette indifférence est de mauvais augure pour l'avenir.

MARCELLE.

J'ai bien de la peine à me rendre, et à comprendre qu'il faille inspirer dans un temps ce qu'il faudra détruire dans un autre.

FAUSTINE.

Il est pourtant certain que chaque chose a son temps, et qu'il y a une solidité dans la vieillesse qui ne siérait pas à la jeunesse.

SOPHIE.

Je persiste à croire que la jeunesse ne peut être trop sensible aux louanges des honnêtes gens, à l'honneur de la réputation, et qu'il n'y a que les courages élevés qui soient capables de tout faire pour y parvenir.

IRÈNE.

Avez-vous des exemples de ce que vous dites?

SOPHIE.

On en voit pour peu que l'on veuille étudier le naturel des jeunes gens; j'en ai connu qui auraient souffert le martyre pour contenter les personnes avec qui elles vivaient; j'en ai vu, et en trop grand nombre, qu'on ne menait que par la crainte.

MARCELLE.

Et vous croyez que ceux-là sont moins bons?

SOPHIE.

Ils ont le cœur bas, et comment auraient-ils le courage de se contraindre par la réputation quand ils seront dans le monde? Ils n'ont pas celui de faire leur possible pour plaire à ceux dont dépend leur bonheur présent. Ne me parlez point des gens incapables d'émulation; il n'y a rien de bon à en espérer.

---

71. — SUR LA NÉCESSITÉ DE LA DÉPENDANCE.

ODILLE.

Divertissons-nous aujourd'hui à imaginer ce que nous ferions dans le monde si nous y étions.

HORTENSE.

J'éloigne cette pensée de mon esprit, ne craignant rien tant que le jour où je sortirai d'ici.

AURÉLIE.

Mlle Odille ne prétend pas parler de ce qu'elle fera, mais de ce qu'elle ferait si elle n'avait qu'à désirer.

VICTOIRE.

Pourquoi donner l'essor à son imagination, pour n'en être que plus malheureuse dans la suite?

MÉLANIE.

C'est que, si nous nous arrêtons à ce qui nous attend, nous serons tristes au lieu de nous divertir; et vous voulez vous faire un plaisir de ce qui n'arrivera jamais.

ODILLE.

Oui, mademoiselle, n'est-il pas de bon temps de se réjouir le plus qu'on peut?

VICTOIRE.

J'aimerais mieux voir à peu près le parti que je prendrais en sortant de Saint-Cyr.

AURÉLIE.

Quelle utilité tirerons-nous de nous affliger avant le temps?

ODILLE.

Il ne faut pas nous affliger, mais nous préparer pour être moins surprises.

MÉLANIE.

Si nous avons des malheurs à essuyer, au moins serons-nous en liberté, et avec cela tout me paraît supportable.

HORTENSE.

Peignez-nous cet état de liberté, car j'avoue que je ne le comprends pas.

MÉLANIE.

J'appelle liberté, de faire tout ce qui me vient dans la tête.

HORTENSE.

Venons au détail; vous sortez de Saint-Cyr, où irez-vous?

MÉLANIE.

J'irai avec mon père; il ne me contraindra pas; il sort souvent, je serai maîtresse de la maison.

HORTENSE.

Tout cela est général. Que ferez-vous le matin?

MÉLANIE.

Je me lèverai tard, je m'ajusterai, j'irai à la messe.

VICTOIRE.

Avec qui? toute seule?

MÉLANIE.

Une fille me suivra.

HORTENSE.

Vous supposez donc une femme de chambre, qui n'aura

qu'à vous ajuster et à vous suivre; mais il faut vous l'accorder. Vous voilà revenue de la messe.

ODILLE.

Elle dînera, si son père est revenu.

ADÉLAÏDE.

Et s'il ne l'est pas?

AURÉLIE.

Elle l'attendra.

HORTENSE.

La voilà dans la dépendance.

ADÉLAÏDE.

Et si le dîner est mauvais, mal servi, à qui s'en prendra-t-on?

VICTOIRE.

A celle qui est la maîtresse de la maison, et qui en répond.

HORTENSE.

Passons encore le dîner; votre père est sorti : que devenez-vous?

MÉLANIE.

Je fais ou je reçois des visites.

VICTOIRE.

Vous ne connaissez personne, vous avez vingt ans, et vous voilà à faire et à recevoir des visites? Qui vous accompagne?

AURÉLIE.

Quelque amie de sa mère.

HORTENSE.

Vous ne pouvez donc rien seule, et il faut dépendre de l'humeur, du loisir, de la santé et de la volonté de cette amie.

ODILLE.

Je n'aime pas ce plan-là, faisons-en un autre. Je n'ai ni père ni mère.

ADÉLAÏDE.

Eh bien! à la bonne heure. Où allez-vous?

ODILLE.

Je vais chez une princesse ; elle me donne de quoi m'habiller proprement ; je la suis au bal, à la comédie, chez les grands ; je fais bonne chère.

VICTOIRE.

Êtes-vous bien avec elle

ODILLE.

Je suis sa favorite.

ADÉLAÏDE.

Vous permet-elle de la quitter ? vous reposez-vous ? voyez-vous qui il vous plaît ? en un mot, avez-vous un moment de liberté ?

AURÉLIE.

Vous ne mettez point de piété dans vos projets ; j'en veux avoir et me retirer avec une personne qui pense comme moi, mettre notre bien ensemble, avoir les mêmes exercices et les mêmes relâchements, nous servir tour à tour et faire notre salut ensemble.

HORTENSE.

Il faut pour la bienséance qu'elle soit âgée.

AURÉLIE.

N'y a-t-il pas des personnes âgées fort raisonnables ?

HORTENSE.

Sans doute, et elles le sont pour l'ordinaire plus que les autres ; mais, comme nous l'avons déjà dit, il faut se régler sur la santé, la volonté et l'humeur de cette fille-là ; vous voilà plus dépendante qu'à Saint-Cyr et engagée à une vie plus triste ; je ne vois que votre chambre et l'église, un habit modeste, un éloignement de tout plaisir mondain ; un couvent serait moins austère.

ODILLE.

Vous me désespérez, mademoiselle, et je ne sais plus quel parti prendre ; accordez-moi, pour me consoler un peu, ce qu'on appelle un château en Espagne.

HORTENSE.

J'y consens.

ODILLE.

Je suis veuve, riche, sans enfants, sans proches parents, maîtresse de moi, avec assez d'années pour me conduire; j'ai une maison à la ville pour l'hiver, une à la campagne pour l'été, et je ne songe qu'à me divertir; vous ne pouvez nier que je fusse heureuse.

HORTENSE.

Oui, s'il n'arrive aucun événement qui vous trouble.

AURÉLIE.

Que pourrait-il arriver?

ADÉLAÏDE.

L'injustice d'un voisin qui fait un procès, l'insolence d'un paysan qui ne craint point une femme.

VICTOIRE.

Un chasseur qui tue son gibier.

ADÉLAÏDE.

Un gentilhomme qui lui dispute la place à l'église.

ODILLE.

La justice est pour tout le monde.

HORTENSE.

Vous voilà en procès et dépendant de tous vos juges, et de tous ceux dont vous voudriez les sollicitations.

AURÉLIE.

J'ajoute au plan de mademoiselle que j'ai une grande protection à la Cour, qui me soutient dans mes affaires.

HORTENSE.

Quoi! sans que vous lui rendiez aucun service! sans que vous lui fassiez votre cour, sans que vous soyez assidue auprès d'elle!

ADÉLAÏDE.

Ces idées sont impraticables.

ODILLE.

Hé bien! qu'en voulez-vous conclure?

HORTENSE.

Que les hommes sont dépendants les uns des autres; que

les femmes le sont encore plus; que nous sommes faibles, timides, que nous avons besoin d'être secourues, protégées; et que cela est si vrai, que nous n'oserions demeurer dans une maison sans hommes.

VICTOIRE.

On n'oserait se mettre en chemin sans avoir quelque homme, parce que nous serions exposées à toutes sortes d'insultes.

ODILLE.

Les couvents n'ont pas d'hommes.

HORTENSE.

Ils en ont au dehors pour les secourir.

AURÉLIE.

Combien de maisons à Paris habitées par des femmes!

ADÉLAÏDE.

Leurs voisins les protègent, si elles savent s'attirer de la considération.

ODILLE.

Tout cela conclut que nous sommes bien malheureuses.

HORTENSE.

Oui, quand nous ne sommes pas raisonnables, que nous voulons des choses impossibles, que nous ne savons pas nous accommoder de notre état et vivre dans une dépendance dont nous venons de voir qu'on ne peut se passer.

---

72. — SUR LES VERTUS CARDINALES.

VICTOIRE.

Pour entrer dans le dessein que l'on a de nous rendre capables de conversations raisonnables, j'ai pensé que nous devions prendre aujourd'hui les vertus cardinales pour sujet de la nôtre, et dire sur chacune ce qui nous viendra dans l'esprit.

PAULINE.

Voilà qui est fait, je prends la Justice.

VICTOIRE.

Et moi, la Force.

EUPHRASIE.

Et moi, la Prudence.

AUGUSTINE.

Vous ne me laissez pas à choisir; mais je suis contente de mon partage, et ravie d'être la Tempérance.

LA JUSTICE.

Je ne crois pas qu'aucune de vous prétende s'égaler à moi. Rien n'est si beau que la Justice : elle a toujours la Vérité auprès d'elle; elle juge sans prévention; elle met tout dans son rang; elle sait condamner son ami, et donnerait le droit à son ennemi; elle se condamne elle-même; elle n'estime que ce qui est estimable.

LA FORCE.

Tout cela est vrai; mais vous avez besoin de moi, et vous vous lasseriez, si je ne vous soutenais.

LA JUSTICE.

Pourquoi me lasserais-je?

LA FORCE.

Parce que votre personnage est triste, que vous déplaisez souvent, et qu'on ne vous aime guère, qu'on vous craint, et qu'il faut un grand mérite pour s'accommoder de vous.

LA PRUDENCE.

C'est à moi à régler ses démarches, à l'empêcher de se précipiter, à lui faire prendre son temps, et vous gâteriez tout l'une et l'autre sans moi.

LA JUSTICE.

Est-ce qu'il ne faut pas être toujours juste?

LA PRUDENCE.

Oui, mais il ne faut pas toujours être sur son tribunal à rendre justice; il faut mettre tout à sa place.

LA FORCE.

Vous pouvez en effet rendre quelques services à la Justice, mais les miens vous sont nécessaires; vous êtes plus propre à la retenir qu'à la faire agir, si je ne vous donne à toutes deux mon secours.

LA JUSTICE.

Je ne vous comprends point : quoi ! j'ai besoin de votre secours pour voir que mon ami a tort et mon ennemi a raison !

LA FORCE.

Non, vous le voyez par vous-même ; mais vous avez besoin de moi pour oser le dire, car votre amitié vous fait trouver de la peine à fâcher votre ami.

LA JUSTICE.

Il me suffit qu'une chose soit juste pour la soutenir.

LA FORCE.

Oui, si je suis avec vous ; mais c'est que vous ne voulez pas voir : vous donnez à la Justice ce qui est à la Force, et vous voilà injuste.

LA TEMPÉRANCE.

Je vous admire, mesdemoiselles, de croire que vous pouvez vous passer de moi, et que je vous suis nuisible parce que je ne m'empresse pas de parler.

LA PRUDENCE.

Voudriez-vous aussi faire la nécessaire?

LA TEMPÉRANCE.

Je le suis si fort, que je vous défie toutes trois de vous passer de moi.

LA FORCE.

Et que ferez-vous avec votre froideur?

LA TEMPÉRANCE.

Je vous empêcherai de pousser tout le monde à bout...

LA JUSTICE.

Quel service me rendrez-vous?

LA TEMPÉRANCE.

Je modérerai votre justice, souvent amère et désagréable.

LA PRUDENCE.

Je ne pense pas que vous prétendiez rien sur moi.

LA TEMPÉRANCE.

Je m'opposerai à vos incertitudes, à votre timidité qui va souvent trop loin.

LA FORCE.

A vous entendre, vous l'emporteriez donc sur nous toutes?

LA TEMPÉRANCE.

Sans doute, vous penchez toutes aux extrémités si je ne vous modère; c'est moi qui mets des bornes à tout, qui prends ce milieu si nécessaire et si difficile à trouver, et qui m'oppose à tous les excès.

LA PRUDENCE.

Je vous avais toujours regardée comme opposée à la gourmandise, et rien de plus.

LA TEMPÉRANCE.

C'est que vous ne me connaissez pas : je détruis en effet la gourmandise et le luxe, je ne souffre aucun emportement; non seulement je m'oppose à tout mal, mais il faut que je règle le bien; sans moi, la Justice serait insupportable à la faiblesse des hommes, la Force les mettrait au désespoir, la Prudence empêcherait souvent de prendre des partis qu'il faut prendre et perdrait son temps à tout peser. Mais avec moi la Justice devient capable de ménagement, la Force s'adoucit, la Prudence donne des conseils, sans trop affaiblir; elle ne va ni trop vite ni trop lentement; et en un mot je suis le remède à toutes les extrémités.

LA JUSTICE.

Je suis surprise de ce que j'entends; ne conviendrez-vous point que la sagesse se peut passer de vous?

LA TEMPÉRANCE.

Vous répondriez vous-même à cette question, car vous n'ignorez pas qu'il faut être sobre dans la sagesse. Ne cherchez pas davantage, mademoiselle, on ne peut rien faire de bon sans moi.

LA PRUDENCE.

Au moins ferons-nous notre salut sans vous?

LA TEMPÉRANCE.

Difficilement; j'ai à tempérer le zèle trop actif, amer et indiscret; il faut que je fasse prendre une conduite qui évite les extrémités, que je modère l'inclination à donner, et l'inclination à garder, que je règle le temps de la prière, les austérités, le recueillement, le silence, les bonnes œuvres, que j'abrège une exhortation, que je raccourcisse une consultation, un examen; enfin j'ai à modérer jusqu'aux désirs de la ferveur.

LA JUSTICE.

Vous avez bien des affaires.

LA TEMPÉRANCE.

Mon caractère ne me permet pas d'en être fatiguée; j'agis doucement et paisiblement.

LA FORCE.

Tout cela conclut que nous avons besoin de vous; et n'avez-vous besoin de personne?

LA TEMPÉRANCE.

Non, je me suffis à moi-même.

LA FORCE.

Ne peut-on pas être trop modéré?

LA TEMPÉRANCE.

Ce ne serait plus modération, car elle ne souffre ni le trop ni le trop peu.

LA PRUDENCE.

Vous me dégoûtez de mon état, et j'envie le vôtre.

LA TEMPÉRANCE

C'est que vous aviez trop bonne opinion de vous; cependant vous êtes toutes très estimables. Y a-t-il rien de plus beau que la Justice? toujours fondée sur la vérité, incapable de prévention, incorruptible, désintéressée, se jugeant elle-même malgré son amour-propre.

LA JUSTICE.

Avec tout cela vous dites que je suis haïe.

LA TEMPÉRANCE.

C'est que vous ne flattez pas, et on veut être flatté.

LA FORCE.

Et pour moi je gâterais tout sans vous.

LA TEMPÉRANCE.

Oui, mais vous faites merveille avec moi; vous animez toutes les vertus; vous poursuivez vos entreprises jusqu'à la fin, et vous ne vous lassez jamais.

LA PRUDENCE.

Et je ne fais qu'hésiter.

LA TEMPÉRANCE.

Vous savez choisir les temps, vous êtes accommodante, vous prévoyez les inconvénients, vous prenez des mesures, et vous êtes absolument nécessaire, pourvu que je vous garantisse de l'extrémité.

LA FORCE.

Vous voulez nous consoler, mais enfin notre personnage est inférieur au vôtre.

LA TEMPÉRANCE.

Que serais-je sans vous? employée seulement et souvent inutilement à m'opposer aux excès et aux passions des hommes; mon bel endroit est d'être nécessaire pour modérer les vertus.

LA FORCE.

Sommes-nous des vertus, si nous avons besoin de vous pour éviter quelque extrémité? la vertu tient le milieu.

LA TEMPÉRANCE.

C'est moi qui fais connaître ce milieu; je ne dis pas que vous fissiez de grands maux, mais vous pourriez aller trop loin.

LA JUSTICE.

Je pourrais être trop juste.

LA TEMPÉRANCE.

Non, mais juger trop souvent, être par là à la charge de tout le monde; la Force, jointe à la sécheresse de la Justice, la rendrait encore plus fâcheuse.

LA PRUDENCE.

Je pourrais y remédier.

LA TEMPÉRANCE.

Vous les embarrasseriez souvent. Nous avons besoin les unes des autres : vivons bien ensemble et sans jalousie, unissons-nous contre la corruption du monde, plus forte que toutes les vertus, si la grâce ne venait à leur secours.

---

73. — SUR LA BONNE CONDUITE

VICTOIRE.

Quand on loue une personne d'une bonne conduite, qu'est-ce qu'on entend dire?

ALEXANDRINE.

Qu'une femme est vertueuse et qu'elle n'a jamais fait parler d'elle.

HENRIETTE.

C'est assurément un endroit essentiel, mais je crois que la bonne conduite s'étend plus loin.

ALEXANDRINE.

Je voudrais savoir le détail de cette bonne conduite.

HENRIETTE.

La bonne conduite est de remplir ses devoirs, de se régler, de ne tomber en aucun excès.

FAUSTINE.

D'avoir le plus d'égalité qu'on peut dans ses occupations.

VICTOIRE.

Je sais qu'il faut éviter les excès de tout ce qui est mal; mais sur ce qui est indifférent, faut-il de la conduite?

HENRIETTE.

Il en faut en tout, et, comme Mlle Faustine l'a dit, il faut que la conduite soit égale autant qu'on le peut.

ALEXANDRINE.

Eh! quel mal y aurait-il, mademoiselle, quand je serais

inégale dans mes occupations, et que je travaillerais un jour, et que je jouerais un autre ?

HENRIETTE.

On ne juge pas de la conduite sur ce qu'on fait en deux jours; mais si vous travailliez trois mois de suite, et que vous jouassiez trois autres mois, on dirait que vous êtes extrême dans ce que vous faites.

VICTOIRE.

Quoi ! il ne me serait pas permis de voir tous les jours une amie que j'aurais, et de me livrer tout entière à une personne de mérite !

FAUSTINE.

Il y aurait plus de conduite à se modérer un peu pour éviter le dégoût, qui pour l'ordinaire suit ces grands empressements.

HENRIETTE.

Il n'y a rien de plus opposé à ce qu'on appelle conduite que cet esprit d'extrémité.

VICTOIRE.

Vous êtes trop sage, mademoiselle; vous vous contraignez donc en tout?

FAUSTINE.

Il y a longtemps que nous sommes convenues que souvent ce qui s'appelle mérite est de savoir se contraindre.

HENRIETTE.

On regagne par le repos et l'honneur d'une bonne conduite ce qu'on souffre par un peu de contrainte.

ALEXANDRINE.

Mais pourquoi voulez-vous qu'on se contraigne dans ce qui n'est pas mal?

HENRIETTE.

C'est que la bonne conduite dont vous voulez parler n'est pas seulement d'éviter le mal; c'est qu'il en faut avoir même dans le bien.

ALEXANDRINE.

Voulez-vous aussi que nous ne priions pas Dieu tant que nous voudrons?

FAUSTINE.

Non, il ne faut pas le prier tout un jour et n'y pas penser le lendemain; il faut finir sa prière pour aller à d'autres devoirs; il faut retrancher sa prière pour ne se pas pousser à bout, et pour être plus en état de prier tous les jours de la vie.

VICTOIRE.

C'est votre raison, mademoiselle, qui nous pousse à bout; on ne peut disconvenir de ce que vous dites, mais la pratique en est tout à fait incommode.

HENRIETTE.

Nos inclinations ne sont pas assez bien arrangées pour que nous n'ayons qu'à les suivre; il faut s'y opposer souvent, les négliger quelquefois, les contraindre toujours, et c'est là cette bonne conduite dont vous avez voulu être instruite.

VICTOIRE.

Revenons à cette amie, à qui vous ne voulez pas qu'on s'abandonne.

HENRIETTE.

Il ne faut jamais s'abandonner, il faut être toujours maîtresse de soi, il faut prévoir l'avenir; cette intime amie vous manquera peut-être, elle vous quittera pour une autre, ou vous vous lasserez d'elle, et le vrai moyen de s'en lasser est cet abandon que vous demandez.

FAUSTINE.

Pendant que vous donnez toutes vos journées et tous vos soins à cette amie, que deviendront vos autres amies, vos proches? reviendrez-vous à eux, les trouverez-vous prêts à vous recevoir, quand cette amie vous aura manqué ou par sa faute, ou par les événements de la vie qui nous séparent souvent?

ALEXANDRINE.

Voilà bien des ménagements, et vous n'agissez donc jamais naturellement?

HENRIETTE.

Quand nous agirons naturellement, nous ferons fautes

sur fautes : nous serons un jour engouées d'une chose, et le lendemain d'une autre; nous ferons une amitié et nous nous en dégoûterons; nous nous brouillerons avec nos amis, nous manquerons à nos devoirs, nous témoignerons nos dégoûts, nous serons prodigues ou avares; nous nous jetterons dans la retraite, et ensuite dans le grand monde; nous serons dévotes trois mois, et puis libertines; un temps dans l'ajustement, un autre dans la négligence outrée; en un mot, nous agirons avec la légèreté de l'esprit humain, qui ne sait ce qu'il veut, et nous serons de ces personnes dont on dit : elle n'a point de conduite, elle ne sait ce qu'elle fait.

VICTOIRE.

Vous ne nous avez rien dit de la conduite sur les affaires.

HENRIETTE.

Elle est pourtant très nécessaire et personne ne peut s'en passer, ou l'on est bientôt ruiné.

ALEXANDRINE.

A moins qu'on ne fût très riche.

HENRIETTE.

Quelque riche qu'on soit, il faut se régler, proportionner sa dépense à son bien, compter sur des besoins qu'on ne prévoit pas en particulier, tâcher d'avoir quelque chose de reste au bout de l'an, aimer mieux se passer que d'emprunter.

FAUSTINE.

Par tout ce que vous venez de dire, mademoiselle, je comprends que le jugement nous est bien nécessaire.

HENRIETTE.

Bien plus que l'esprit mille fois; c'est ce jugement qui fait cette bonne conduite qui nous attire l'estime des honnêtes gens.

ALEXANDRINE.

Mais il me semble que cette conduite est un art qui sait faire et montrer ce qui est le mieux; je n'y vois rien d'essentiel, et ce qui s'appelle mérite n'est donc point réel?

HENRIETTE.

On ne peut sans un mérite bien réel, et sans avoir des vertus bien essentielles, se conduire toujours par la raison, et le pouvoir de résister à ses inclinations n'est pas un petit mérite.

---

74. — SUR LA CONTRAINTE INÉVITABLE DE TOUS LES ÉTATS

UNE VIEILLE DAME.

Par quelle aventure vois-je quatre demoiselles de Saint-Cyr à la fois? et est-il possible que je doive ce plaisir au hasard tout seul?

ÉMILIE.

Non, madame; il faut vous avouer que c'est une partie faite entre nous, et que, ayant eu plus d'une dispute ensemble, nous sommes demeurées d'accord de vous prendre pour juge.

LA DAME.

Je suis prête à tout ce que vous pouvez désirer de moi, et je serai toujours ravie de me voir avec vous.

ÉMILIE.

Nos disputes roulent sur la contrainte : on nous en a beaucoup parlé à Saint-Cyr. Mlle Euphrosine croit que c'est avec raison; Mlle Dorothée prétend que des religieuses ne connaissent en effet que la contrainte, et je conviens qu'elles peuvent ignorer ce qui se passe dans le monde, où l'on est peut-être moins contraint qu'elles ne pensent.

EUPHROSINE.

Si la vie était telle qu'on nous la dépeignait à Saint-Cyr, elle serait peu aimable.

DOROTHÉE.

Il est vrai, car il n'y a de plaisir que dans la liberté.

EUPHROSINE.

J'avoue que nos maîtresses me persuadaient souvent, et

que le peu de temps qu'il y a que je suis dans le monde me fait craindre qu'elles ne nous aient dit vrai.

ÉMILIE.

Serait-il possible qu'il n'y eût pas un état sans contrainte?

LA DAME.

C'est ce qu'il faut chercher, et commencez par vos propres expériences.

DOROTHÉE.

Il y a si peu que j'en suis sortie, que je ne me compte pour rien, et que j'ai souffert dans l'espérance que j'ai qu'un autre état me mettra en liberté.

ÉMILIE.

Je croyais que vous en aviez assez : on dit que madame votre mère est la douceur même, et que vous êtes plus maîtresse chez elle qu'elle-même.

DOROTHÉE.

Il est vrai; mais elle est malsaine et dévote; je ne puis sortir sans elle, et il n'y a nul plaisir chez nous.

EUPHROSINE.

Je suis retirée pour trois mois auprès d'une dame, qui doit me rendre à mon père; je m'y ennuie à la mort; cependant je veux la contenter, et ce dessein me jette dans une contrainte qui ne serait pas supportable à la longue.

ÉMILIE.

Je vais me marier, et j'espère après cela me dédommager de tout ce que je souffre chez une grand'mère qui me fait passer mes journées avec celui que je dois épouser, en me disant continuellement de bien prendre garde à tout ce que je ferai ou je dirai, de sorte que je suis toujours sur les épines.

FLORIDE.

Ma mauvaise fortune me réduit à servir, et je suis avec de très honnêtes gens qui ont mille bontés pour moi; mais je n'en pouvais trouver de plus opposés à mes inclinations. Je ne crois point pouvoir y demeurer.

LA DAME.

Quel besoin avez-vous de moi, si vos expériences vous font déjà voir qu'il n'y a nul état sans contrainte?

DOROTHÉE.

Tous nos états, madame, ne sont qu'en attendant; quand je serai établie, je serai chez moi, et je ferai ce qui me plaira.

LA DAME.

Vous aurez, mademoiselle, votre mari à ménager, et alors vous aurez un maître.

DOROTHÉE.

Ce maître m'aimera et ne songera qu'à me rendre heureuse.

LA DAME.

Vous lui déplairez peut-être; peut-être qu'il vous déplaira; il est presque impossible que vos goûts soient pareils : il peut être d'humeur à vous ruiner, il peut être avare à vous tout refuser; je serais ennuyeuse, si je vous disais ce que c'est que le mariage.

EUPHROSINE.

Mon père m'aime, et je ferai chez lui tout ce que je voudrai.

LA DAME.

Vous ferez ce qu'il voudra, qui pourra être très contraire à votre projet.

ÉMILIE.

Celui qu'on me destine est pauvre, mais honnête homme.

LA DAME.

Vous l'aimerez si cela est, et souffrirez avec lui et pour lui; la pauvreté augmentera par les enfants, et Dieu veuille que la nécessité, qui aigrit l'esprit, ne trouble pas votre union! Tout cela attire de grandes contraintes.

DOROTHÉE.

Est-il possible, madame, qu'il n'y ait personne qui agisse en liberté, et qui fasse sa volonté?

LA DAME.

On la fait quelquefois, mais cela est rare et de peu de durée.

EUPHROSINE.

Quelle contrainte souffre une veuve riche et sans enfants?

LA DAME.

Toutes celles de la raison, de la coutume et des bienséances.

DOROTHÉE.

La raison n'empêche point qu'on se divertisse.

LA DAME.

Non, mais il faut que ce soit avec modération pour le temps, avec choix pour les personnes, rarement si on veut conserver sa réputation.

EUPHROSINE.

Peut-on perdre sa réputation sans faire de mal?

LA DAME.

Une femme n'en aurait pas une bonne, si on la voyait continuellement dans les plaisirs.

DOROTHÉE.

Et que dirait-on d'elle?

LA DAME.

Qu'elle est trop dissipée, et qu'une honnête femme doit demeurer chez elle.

ÉMILIE.

Pourquoi demeurer chez elle, si elle ne fait rien de mal quand elle sort?

LA DAME.

C'est que le mérite des femmes consiste à savoir se modérer, à ne pas suivre tous leurs goûts, à ne pas s'abandonner aux plaisirs, quoique innocents; et tout cela exige de la contrainte.

EUPHROSINE.

Vous m'étouffez, madame, et je voudrais passer ma vie seule.

LA DAME.

Ce serait une terrible contrainte, car vous auriez souvent envie de sortir et de voir du monde.

DOROTHÉE.

Vivre dans une famille bien unie, sans mari, sans enfants, serait plus doux.

LA DAME.

Il faudrait se contraindre pour l'union, et faire la volonté des autres, du moins tour à tour.

EUPHROSINE.

Quand on est vieux, que la réputation est établie, qu'on n'a plus de prétention au monde, n'est-on pas sans contrainte?

LA DAME.

Non, la société en requiert toujours; il faut se contraindre pour ne pas faire souffrir les autres; il faut se taire quand on voudrait parler; il faut parler, quand on voudrait se taire; il faut s'accommoder aux goûts des autres, et en un mot, tout ce qu'on vous a dit des égards, de la politesse, du savoir vivre, de l'occupation des autres, tout cela en bon français est de savoir se contraindre.

ÉMILIE.

Je ne vois de ressource que dans la piété; n'y vivrais-je pas sans contrainte?

LA DAME.

Non, mais la piété vous la fera aimer, et c'est en effet le seul moyen de trouver la liberté.

---

75. — SUR LES DISCOURS POPULAIRES

VICTOIRE.

Savez-vous, mesdemoiselles, le nouvel arrêt qu'on vient de donner contre les toiles peintes[1]?

1. Un arrêt confirmatif des édits de Colbert. Les toiles peintes, qui

CLOTILDE.

Je viens de l'apprendre, et j'admire que le Roi et ses magistrats s'occupent de telles bagatelles dans un temps où il y a des affaires si sérieuses.

MÉLANIE.

Il est vrai qu'il n'importe guère si on porte de la toile ou du taffetas.

ROSALIE.

C'est bien quelque intérêt qui fait attaquer les pauvres gens qui vendent ces sortes de marchandises.

VICTOIRE.

On ne voit qu'injustice; j'entendais il y a quelques jours déplorer celle qu'on vient de faire à un homme qui a trouvé une invention de faire des souliers à bon marché; il ne demande que la liberté de les vendre seul, on la lui refuse[1].

ROSALIE.

Ce n'est pas le moyen de donner de l'émulation aux hommes, et il faudrait des récompenses pour ceux qui s'avisent de quelque chose.

CLOTILDE.

Y a-t-il une injustice pareille à celle des tailles[2]? Quand on pense qu'il faut que le pauvre donne au Roi!

sont aujourd'hui une des principales industries de la France, étaient alors fabriquées en Hollande et prohibées.

1. C'est-à-dire qu'il demandait un *privilège*. Toutes les industries étaient alors privilégiées; le refus fait au cordonnier, qui va être expliqué et justifié tout à l'heure, semblerait prouver qu'on commençait à sentir les inconvénients de ce régime.

2. La *taille* était le principal impôt levé sur les roturiers. Elle était *réelle*, dans certaines provinces dites *d'états*, c'est-à-dire qu'elle portait seulement sur les biens-fonds des imposés; elle était *personnelle* dans d'autres provinces, dites pays *d'élections*, c'est-à-dire qu'elle portait sur les biens-fonds et les biens mobiliers des imposés. La noblesse et le clergé n'étaient point soumis à la taille. Pendant les vingt-deux années de l'administration de Colbert (1661-1683), cet impôt rapportait en moyenne trente-six millions; à la fin du règne de Louis XIV, il était plus que doublé.

MÉLANIE.

N'ayant que son travail pour le nourrir, lui et toute sa famille!

VICTOIRE.

Nous ne finirions pas, si nous repassions les violences que l'on fait. Mais est-ce que Mlle Pauline et Mlle Célestine ne pensent pas comme nous? Elles gardent un grand silence.

PAULINE.

Il est vrai, mademoiselle, que je pense très différemment, et que je trouve très facile de vous convaincre qu'il n'y a nulle injustice à ce que vous venez de dire.

CÉLESTINE.

Et je soutiendrai qu'il y a beaucoup de justice, de raison et de bonté.

MÉLANIE.

Quoi! il est possible de trouver tout ce que vous venez de dire dans la défense de s'habiller de toiles peintes?

PAULINE.

Un des grands inconvénients du royaume est que l'argent en sort, et il en sort par ces marchandises qu'on ne trouve pas en France.

CÉLESTINE.

Un des grands biens d'un royaume est qu'on y établisse des manufactures; elles tombent quand on n'achète pas ce qui s'y fait; on ne l'achète pas, quand on a la liberté de prendre ce qui vient des pays étrangers[1].

PAULINE.

Les femmes, qui font la moitié du monde, aiment toujours mieux ce qui vient de loin.

VICTOIRE.

Me voilà un peu éclairée, et presque convaincue sur les

1. Ces deux phrases résument tout le système protecteur de Colbert et des hommes d'État de son temps. L'exportation de l'or et de l'argent, prohibée en 1674, fut de nouveau interdite par ordonnance du 18 novembre 1687. Quant aux tarifs qui prohibaient l'entrée des marchandises étrangères, ils datent de 1664, 1667 et 1671.

toiles; mais que diront ces demoiselles de ce pauvre cordonnier?

PAULINE.

Qu'il est très louable; qu'il faut qu'il vende ses souliers, mais non pas seul; car la bonté qu'on aurait pour lui ruinerait tous les autres.

VICTOIRE.

Mais les autres se serviront de son invention[1]?

PAULINE.

Mais une invention qui n'enrichit qu'un homme, et qui en mettrait un grand nombre à l'aumône, serait une mauvaise invention.

CÉLESTINE.

Il faut, mademoiselle, que votre cordonnier vende et qu'il gagne, comme il le fera sans doute, dans la nouveauté des souliers qu'il a imaginés; ensuite les autres l'imiteront et alors ils gagneront tous un peu moins, mais plus également.

PAULINE.

Rien n'est si injuste que des privilèges sur les choses nécessaires.

CLOTILDE.

Je ne sais pas trop ce que c'est que privilèges.

PAULINE.

C'est qu'un seul ait une permission qui exclut les autres de faire ou de vendre la même chose.

CLOTILDE.

Nous voudrez-vous prouver aussi qu'il soit juste de faire payer la taille à un homme qui n'a que son travail pour nourrir toute sa famille?

CÉLESTINE.

Il ne nourrirait pas sa famille en repos, si le prince ne le mettait en sûreté; il serait exposé au pillage des ennemis, si les soldats ne le gardaient.

1. Aujourd'hui on obvie à cet inconvénient par le *brevet d'invention*, qui n'est qu'un privilège temporaire.

MÉLANIE.

D'accord, mais pourquoi ce misérable payera-t-il le soldat?

PAULINE.

Et qui est-ce qui le payera? Le Roi n'a point de bien particulier; il prend d'une main sur ses sujets pour leur rendre de l'autre.

CLOTILDE.

Qui a établi ses droits?

CÉLESTINE.

Celui qui a établi les rois et les souverains. Dès que César a été, on a payé un tribut à César.

CLOTILDE.

Qu'est-ce que c'est qu'un tribut?

PAULINE.

Une marque de sujétion, une reconnaissance de son souverain.

ROSALIE.

Un prince ne serait-il pas plus habile et plus heureux de laisser ses sujets dans l'abondance, vivant en paix de leur travail?

CÉLESTINE.

Nous avons déjà dit qu'il faut des armées pour le garantir de ses voisins; mais, sans compter même cette raison-là, le peuple ne travaillerait guère, s'il était dans l'abondance.

ROSALIE.

Il se reposerait; pourquoi s'y opposer?

PAULINE.

Que deviendrions-nous, si personne ne voulait nous servir et faire tout ce qui est nécessaire pour notre nourriture, pour notre vêtement, pour notre habitation? Que deviendrait la terre, si elle n'était pas cultivée? Tout ce qui se recueille demande du travail; il faut que les peuples aient besoin de travailler.

CÉLESTINE.

Combien de maux suivraient cette oisiveté! que de

vices, que de débauches, que d'emportements, que de querelles! S'il faut que les honnêtes gens s'occupent, à plus forte raison ces sortes d'hommes grossiers et sans éducation.

PAULINE.

Ces demoiselles sont bonnes et se sont laissé prévenir par la pitié; l'expérience leur fera voir que nous la plaçons mal fort souvent.

MÉLANIE.

Vous prétendez donc nous persuader qu'il n'y a rien d'injuste? que tout est réglé à souhait, et qu'il faut que les malheureux le soient?

PAULINE.

Non, mademoiselle, car il n'y a rien de parfait; quoique les lois et les ordres du prince soient justes, ils sont souvent mal exécutés; il se commet mille injustices par leur autorité, mais c'est un mal qui a toujours été, qui sera et qui est sans remède.

VICTOIRE.

Eh! pourquoi sans remède?

CÉLESTINE.

Parce que les hommes sont très imparfaits, et que le meilleur gouvernement est celui où il se fait le moins de mal; mais il ne faut pas prétendre d'éviter tous les inconvénients.

VICTOIRE.

Permettez donc les plaintes, puisque vous convenez qu'on souffre et qu'on souffrira toujours.

PAULINE.

On ne peut permettre les plaintes et les murmures à des personnes aussi bien élevées et aussi éclairées que vous l'êtes ici.

CÉLESTINE.

Non seulement nous n'y devons pas tomber, mais il faut s'opposer à ceux des autres, les consoler et tâcher de leur faire entendre raison.

MÉLANIE.

Quelle raison leur dire pour les consoler d'un état malheureux, comme est celui de n'avoir pour tout bien que son travail pendant que les autres sont à leur aise?

CÉLESTINE.

Un bon laboureur et un bon artisan sont plus heureux que nous dans les temps ordinaires; ils gagnent leur vie et la passent plus doucement que les grands.

PAULINE.

Dieu a fait les états différents; si chacun y demeurait en paix, tout en irait mieux.

VICTOIRE.

Je ne croyais pas que les toiles peintes nous menassent à tant de réflexions sérieuses.

CÉLESTINE.

Il faut en faire sur tout pour ne pas se laisser entraîner au torrent des discours généraux qu'on fait sans avoir rien approfondi.

VICTOIRE.

On dira que nous parlons comme ayant été élevées dans un lieu tout dévoué au Roi et à la faveur.

PAULINE.

On verra que nous savons nos devoirs, qui nous obligent à craindre Dieu, à honorer le Roi et à être soumises à toute autorité.

MÉLANIE.

Comment! vous nous voulez soumettre au juge du village?

CÉLESTINE.

Oui, assurément, toute autorité vient du prince, il faut la reconnaître.

VICTOIRE.

Tout cela me paraît tyrannique.

CÉLESTINE.

Parce que vous n'en voulez pas voir la raison; cette tyrannie vous accommode pourtant, quand elle met votre vie et votre bien en sûreté, et alors vous voulez bien reconnaître les juges, les sergents, et tout ce qui contribue à réparer les torts qu'on vous aurait faits.

PAULINE.

Ne voyez-vous pas, mesdemoiselles, que tous ces murmures se font sans réflexion? Y a-t-il rien qui paraisse si violent, si tyrannique et si injuste que le pouvoir que les hommes se sont donné de faire mourir des hommes comme eux? Cependant, mesdemoiselles, où serions-nous, si on ne punissait tous les crimes?

VICTOIRE.

Vous êtes si raisonnables qu'il n'y a pas moyen de vous résister, mesdemoiselles; et me voilà bien résolue de profiter de tout ce que vous venez de nous dire.

---

76. — SUR LES DIFFÉRENTS ÉTATS.

LUCILE.

J'entends dire souvent que tous les états sont confondus; je ne comprends pas bien clairement ce qu'on veut dire.

CONSTANCE.

Je vous l'expliquerai avec plaisir, car personne n'est plus choquée que moi de ce renversement.

LUCILE.

Je vous serai bien obligée.

CONSTANCE.

Quand on dit que les états sont confondus, on a grande raison, car effectivement on ne voit personne à sa place; chacun veut être aussi grand que l'autre : le gentilhomme égal au seigneur; le seigneur veut être prince; le prince veut être aussi grand prince que ceux qui sont au-dessus de lui, et ainsi de suite.

EUGÉNIE.

Mais, en effet, pourquoi ces différences? Et quand on

est né gentilhomme, pourquoi céder à un autre qui se croit de meilleure maison, parce qu'il a plus de bien ou quelque charge que l'autre n'a pas?

CONSTANCE.

On ne cède pas sur l'opinion, mais sur la vérité, et il y a même une notoriété publique à laquelle il faut déférer.

ALPHONSINE.

Je ne sais ce que c'est que notoriété publique.

LUCILE.

Je crois que c'est ce que tout le monde croit et dit, et qui passe pour vrai, quoiqu'il n'y en ait pas de preuve.

PLACIDE.

Mais enfin, mademoiselle, démêlez-nous ce que c'est que ces états confondus, et qu'il faudrait qu'ils fussent réglés.

CONSTANCE.

Il est certain que Dieu a mis les hommes en des états différents, et que, s'ils étaient sages, ils s'y tiendraient, car il n'y en a point qui ne soit honnête.

LUCILE.

Trouvez-vous la condition d'un paysan fort honorable?

CONSTANCE.

Elle l'est très fort, on ne saurait s'en passer. De quoi vivrions-nous, si personne ne cultivait la terre et ne recueillait du blé?

LUCILE.

Je conviens qu'elle est nécessaire, mais elle est basse.

EUGÉNIE.

Il faut bien que tout se fasse, et, dans cet état comme dans tous les autres, c'est le mérite qui distingue.

PLACIDE.

Quel mérite peut avoir un paysan que celui de bien travailler?

CONSTANCE.

Le même que dans tous les autres emplois, qui est de

vivre en homme de bien et d'honneur; il n'y a guère de village où il n'y ait quelque paysan dont la probité est connue et dans lequel tous les autres se confient; ils ont du bon sens et de l'esprit.

PLACIDE.

Avez-vous eu beaucoup de conversations avec eux?

CONSTANCE.

Souvent.

PLACIDE.

Je serais bien honteuse, si on me voyait parler à un paysan.

ALPHONSINE.

Ces idées-là sont d'un enfant qui n'a jamais rien vu. Le Roi leur parlerait volontiers, et je suis assurée qu'il le fait en bien des occasions.

LUCILE.

Croyez-vous qu'ils fussent bien propres à notre conversation?

CONSTANCE.

Non; il faut leur parler de ce qui leur convient, de leurs affaires, de leurs familles, des biens de la terre, et vous les trouverez en tout cela éclairés, habiles et de très bon sens.

LUCILE.

Marquez-nous donc les degrés de toutes les conditions.

CONSTANCE.

Les artisans des gros lieux, c'est-à-dire des bourgs et des villes, qui sont des états nécessaires et honorables, et dans lesquels on trouve ce bon sens dont je viens de parler. Vous avez ensuite les marchands, qui sont utiles au public et au commerce : c'est ce qui s'appelle les bourgeois, les échevins, les élus et les chefs qui gouvernent la police, c'est-à-dire qui gouvernent les villes et tiennent la main contre le désordre. Il y a aussi, pour la sûreté des biens, des notaires qui se mêlent de placer l'argent et de le faire valoir.

ALPHONSINE.

Il y a des procureurs qui font les écritures nécessaires pour faire connaître aux juges les raisons de nos procès.

CONSTANCE.

Des avocats qui plaident les causes.

ALPHONSINE.

Des conseillers et des présidents qui les jugent.

EUGÉNIE.

Et tous ceux que vous venez de nommer sont plus ou moins par degrés?

CONSTANCE.

Oui, le procureur est moins que l'avocat, l'avocat moins que le conseiller, le conseiller au-dessous du président, et ainsi du reste.

EUGÉNIE.

Je ne crois pas tant de degrés dans la noblesse; et pour moi, je compte que, dès qu'on peut prouver qu'on est né gentilhomme, le plus ou le moins ne fait plus rien.

ALPHONSINE.

Il y a des degrés dans la noblesse : les unes sont plus anciennes, les autres ont été soutenues par de grands biens, les autres illustrées par des dignités, les autres par les alliances, et ce sont là les rangs différents.

EUGÉNIE.

Toutes ces distinctions-là n'empêchent pas que le plus noble ne soit celui dont la noblesse est la plus ancienne.

ALPHONSINE.

Cela est vrai au pied de la lettre; mais il est pourtant vrai aussi qu'il faut céder au rang, et que ce gentilhomme qui fera des preuves de cinq cents ans, doit appeler un maréchal de France Monseigneur, quoique d'une naissance moins ancienne que lui.

LUCILE.

J'ai une grande peine à céder à tout ce que fait la fortune.

CONSTANCE.

La fortune a souvent grande part à ces élévations; la volonté des rois y en a aussi; ils veulent récompenser le mérite, donner de l'émulation, marquer leur amitié; et quand on est sage, on cède à toutes ces raisons et aux usages établis.

EUGÉNIE.

Il faut bien céder à la force; mais vous m'avouerez que cela n'est pas agréable.

ALPHONSINE.

Tout le monde perd au désordre; si vous ne voulez pas vous soumettre à ceux qui sont au-dessus de vous, ceux qui seront au-dessous feront de même pour vous : votre inférieur se soulèvera, vous disputera la porte, la place à l'église, et jusqu'au paysan de votre village vous manquera de respect.

CONSTANCE.

Si on était seule obligée de céder, il y aurait plus de peine; mais vous cédez au grand seigneur de votre province; il faut qu'il cède à un homme titré, que l'homme titré cède au prince, que ce prince cède à un plus grand prince que lui, que ce plus grand prince cède au Roi, et enfin que le Roi cède à la raison, aux lois, aux coutumes, et surtout qu'il soit soumis à la volonté de Dieu.

EUGÉNIE.

Quelle différence y a-t-il entre les princes?

ALPHONSINE.

Comme dans la noblesse, les maisons plus anciennes, et aussi la souveraineté : un souverain, quoique issu d'une maison moins illustre, ne cède pas à un prince qui n'est que cadet; ils évitent autant qu'ils peuvent de se trouver ensemble.

PLACIDE.

Eh! si les rois se trouvaient ensemble, comment feraient-ils?

ALPHONSINE.

Ils ne se commettraient pas sans être convenus de ce qui

s'appelle le cérémonial, c'est-à-dire la manière dont ils se traitent.

CONSTANCE.

Il y a, dans les rois comme dans les princes, des degrés différents, par la grandeur, par l'étendue, par la puissance des royaumes.

ALPHONSINE.

Le roi de Portugal ne disputera pas au roi d'Espagne.

CONSTANCE.

Ni le roi de Danemark au roi de France.

PLACIDE.

Qui sont les plus grands rois ou royaumes?

ALPHONSINE.

La France, l'Espagne et l'Angleterre.

PLACIDE.

Et dans ces trois-là, quel est le premier?

CONSTANCE.

Ils se disputent; mais nous avons vu notre Roi donner la main au roi d'Espagne, et nous le voyons tous les jours mettre le roi d'Angleterre au-dessus de lui.

PLACIDE.

Est-ce qu'il les reconnaît plus grands que lui?

ALPHONSINE.

Non, c'est qu'il est chez lui, et qu'il leur fait les honneurs comme les particuliers se les font les uns aux autres.

PLACIDE.

Mais en effet quel est le plus grand?

ALPHONSINE.

Il est certain que, sans nulle prévention, la plus grande maison que l'on connaisse est celle de Bourbon, qui nous gouverne présentement.

---

77. — SUR L'ÉLÉVATION.

EUPHROSINE.

Que veut-on dire quand on dit : cette personne a de l'élévation? je ne sais si c'est un blâme ou une louange.

MÉLANIE.

Vous me faites un grand plaisir, mademoiselle, d'entamer ce discours, car je suis blessée, il y a longtemps, de ce terme que je trouve qu'on applique fort mal.

AUGUSTINE.

Mais qu'est-ce en effet que l'élévation?

SOPHIE.

Je crois que c'est d'avoir le cœur plus grand que la fortune et de vouloir s'élever au-dessus de tout par mérite.

AUGUSTINE.

Quoi! vouloir être plus grand que son père?

SOPHIE.

Oui, et ne point donner de bornes à son ambition.

AUGUSTINE.

Mais on le voudra inutilement, car on est toujours fils de son père, et rien plus que lui.

SOPHIE.

On peut parvenir à des charges et à des dignités qui font qu'on est plus grand que son père.

MÉLANIE.

Vos idées s'accommodent fort bien avec notre siècle, où l'on voit des laquais en carrosse et des gentilshommes à pied; ces laquais donc, mademoiselle, ont eu de l'élévation?

SOPHIE.

Assurément, et il ne me paraît rien de plus louable.

HORTENSE.

Je pense bien différemment, car j'avais toujours regardé ces gens-là avec mépris, les trouvant très insolents.

MÉLANIE.

Je leur passerais plutôt l'insolence que l'élévation.

EUPHROSINE.

Mais à quoi donc mettez-vous l'élévation?

MÉLANIE.

La véritable élévation est de n'estimer que la vertu, de savoir se passer de la fortune quand elle nous fuit, et de ne nous pas enivrer quand elle nous est favorable, de la partager avec les malheureux, et de ne les mépriser jamais, de se rendre digne de tout, sans vouloir rien de trop disproportionné à ce que nous sommes.

SOPHIE.

Vous refuseriez une place qu'on vous offrirait, si elle était au-dessus de vous?

MÉLANIE.

Non, mais si je l'avais de cette façon-là, on n'appellerait pas cela élévation.

EUPHROSINE.

Eh! qu'est-ce donc qu'on appelle présentement élévation?

MÉLANIE.

Une ambition sans mesure qui fait vouloir être plus riche, plus élevé que les plus grands seigneurs, qui porte à une dépense immense, à acheter des charges possédées par des gens à qui on ne devrait pas oser parler, à épouser leurs enfants, à se former un train et une maison où il n'y a presque que le maître qui ne soit pas noble.

HORTENSE.

J'appellerais cela une véritable folie.

MÉLANIE.

J'en ai toujours usé ainsi; c'est pourtant ce qui s'appelle aujourd'hui élévation, et on regarde avec mépris un homme qui veut faire le métier de son père et demeurer dans la modération de son état, qui se contente de peu, qui vit avec règle, avec mesure, qui se voit tel qu'il est, et qui croit qu'il y a bien des gens au-dessus de lui.

HORTENSE.

Vous venez de peindre la véritable sagesse.

SOPHIE.

Quoi? s'il plaît à la fortune de m'élever, si mon maître veut me faire grand seigneur, s'il m'offre des richesses, vous mettriez la sagesse à les refuser?

MÉLANIE.

Non, mais à connaître toujours que ni la fortune, ni votre maître n'ont pu vous donner une autre naissance que la vôtre, que vous pouvez en jouir, mais non pas en abuser; puis malgré la fortune il y a bien des misérables qui sont en effet au-dessus de vous.

SOPHIE.

Vous supposez donc que je suis née dans la lie du peuple; car si je suis noble, il n'y a plus de différence du plus au moins.

MÉLANIE.

Il y a des degrés de noblesse; il faut se voir tel qu'on est, il ne faut s'élever que par son mérite, et c'est la véritable élévation.

AUGUSTINE.

En quoi faites-vous consister ce mérite?

HORTENSE.

Je crois que c'est de voir les choses comme elles sont, et ne les pas estimer plus qu'elles ne valent, à être au-dessus de toutes les fortunes, et à tenir une conduite qui marque qu'elle ne nous a pas fait tourner la tête.

SOPHIE.

Si vous étiez né soldat, vous n'auriez pas envisagé d'être maréchal de France?

HORTENSE.

J'aurais peut-être envisagé de faire si bien mon métier, que j'y serais parvenue.

SOPHIE.

Et vous ne blâmeriez pas un dessein si disproportionné à votre état?

HORTENSE.

Je vous ai déjà dit, ce me semble, que vouloir mériter tout est la véritable élévation, et je veux finir cette conversation par un trait fort agréable. Un homme de rien parvient par tous les degrés de la guerre et par son mérite à être général; et ayant un démêlé avec un très-grand seigneur, celui-ci lui reprocha qu'il s'était élevé bien haut, étant né dans la boue; l'autre répondit : « Il est vrai que je ne suis rien, et je suis bien persuadé que si vous étiez né ce que j'étais, vous ne seriez pas ce que je suis. »

EUPHROSINE.

Ne trouvez-vous pas cette réponse trop hardie?

HORTENSE.

Si quelque chose peut nous égaler à ceux qui sont au-dessus de nous, c'est d'avoir plus de courage qu'eux[1].

1. Si cette *Conversation* est empreinte de l'esprit du temps, on ne peut méconnaître que par certains sentiments Mme de Maintenon devance son siècle, et que les idées qu'elle développe témoignent de la place qu'elle entendait faire au mérite personnel dans une société dont la hiérarchie était fondée sur le privilège. C'est dans le même sentiment que la Bruyère écrivait sur la grandeur : « La fausse grandeur est farouche et inaccessible : comme elle sent son faible, elle se cache ou du moins ne se montre pas de front et ne se fait voir qu'autant qu'il faut pour imposer et ne paraître point ce qu'elle est, je veux dire une vraie petitesse. La véritable grandeur est libre, douce, familière, populaire; elle se laisse toucher et manier, elle ne perd rien à être vue de près; plus on la connaît, plus on l'admire. Elle se courbe par bonté vers des inférieurs et revient sans effort dans son naturel; elle s'abandonne quelquefois, se néglige, se relâche de ses avantages, toujours en pouvoir de les reprendre et de les faire valoir; elle rit, joue et badine, mais avec dignité; on l'approche tout ensemble avec liberté et avec retenue. Son caractère est noble et facile, inspire le respect et la confiance et fait que les princes nous paraissent grands et très grands, sans nous faire sentir que nous sommes petits. » (*Du mérite personnel*).

78. — SUR LA GÉNÉROSITÉ.

ROSALIE.

Je suis ravie de ce que nous nous trouvons toutes cinq ensemble pour avoir de ces conversations dont je trouve que nous tirons toujours quelque utilité.

CLOTILDE.

Nous aurions grand tort, si nous ne profitions des soins qu'on a pour nous en nous appliquant à ce qu'on nous apprend.

CLARISSE.

Et en le pratiquant dans les occasions qui se présentent.

DOROTHÉE.

Il me semble que nous savons bien des choses que nous ne pouvons pratiquer, et qu'il y a des vertus qui ne sont propres qu'aux grands.

ROSALIE.

Comme quoi?

DOROTHÉE.

Par exemple la générosité; comment serons-nous généreuses, nous qui, bien loin de donner, avons besoin qu'on nous donne?

CLOTILDE.

Ce n'est point la fortune qui règle nos inclinations; mais, avant que d'entrer en matière, convenons de ce que c'est que la générosité.

ROSALIE.

Je crois que la générosité est une grandeur d'âme qui nous élève au-dessus de toute sorte d'intérêt et de l'envie, qui nous fait compatir à la misère des autres en la soulageant autant que nous pouvons, qui nous rend incapable de bassesses.

DOROTHÉE.

Je croyais que la générosité était de donner volontiers.

CLARISSE.

C'est libéralité; et la générosité va plus loin, c'est un

mouvement du cœur qui le rend sensible aux malheurs d'autrui.

CLOTILDE.

Et qui va quelquefois jusqu'à en être plus touché que des nôtres.

DOROTHÉE.

Que voyez-vous dans tout ce que vous venez de dire qui nous convienne?

CLOTILDE.

Tout, puisqu'il ne faut qu'un grand cœur.

DOROTHÉE.

Quelle marque en donnerez-vous?

CLOTILDE.

La vertu n'est pas dans les marques qu'on en donne, elles la font connaître seulement; mais c'est dans l'intérieur qu'elle est ou qu'elle n'est pas, et nous pouvons comme les autres être au-dessus de l'intérêt, de l'envie, et incapables de bassesses.

CLARISSE.

De quelle sorte de bassesses entendez-vous parler?

ROSALIE.

De ces lâchetés qu'on fait par intérêt, de ces flatteries pour ceux qui peuvent nous être utiles, de ces empressements qui vont à se mettre sous les pieds des gens en faveur.

BLANDINE.

Vous touchez mon sensible et me réjouissez; car, par ce que vous venez de dire, je me crois généreuse, je ne puis souffrir les favoris, je n'aime que les malheureux, et c'est assez que le Roi ou la fortune soient favorables à un homme pour que je le haïsse.

CLARISSE.

J'ai connu une personne qui partageait son repas et ses habits avec des malheureux, et qui ne pouvait plus les souffrir, dès qu'ils pouvaient se passer d'elle.

CLOTILDE.

Ce n'est pas générosité, c'est plutôt une sorte d'envie.

CLARISSE.

Quoi! de donner sa robe et son dîner, c'est envie?

CLOTILDE.

Il y a quelque sorte de bonté et de piété naturelle à donner sa robe et son dîner; mais cette envie de ne plus aimer les gens quand ils n'ont plus besoin de nous, c'est vouloir être au-dessus d'eux, et il n'y a rien dans ce sentiment qui puisse s'appeler générosité.

BLANDINE.

Vous n'en direz pas autant de moi; il n'y a nul intérêt à ce que je pense et dans l'aversion que j'ai pour les heureux.

ROSALIE.

Je craindrais qu'il n'y eût un peu d'envie; mais il y a du moins un grand travers qui est très éloigné de la générosité.

BLANDINE.

Vous voulez que je fasse ma cour à un ministre qui n'a rien au-dessus de moi que la fantaisie de son maître?

CLOTILDE.

Si son maître est le vôtre, vous devez respecter son choix et non parler ainsi.

BLANDINE.

Je ne trouve rien de si beau que de se déclarer contre ces gens-là : c'est ainsi que j'ai toujours compris la générosité.

DOROTHÉE.

On ne peut pas dire que dans cette conduite il y ait de la bassesse et de l'intérêt.

CLOTILDE.

Non, mais de l'imprudence, de la fausseté, de l'injustice, du travers et une singularité qu'il ne faut jamais chercher.

BLANDINE.

Il faut se distinguer et ne se pas singulariser : voilà ce que je ne puis entendre.

CLARISSE.

Il ne faut pas aspirer à être seule dans sa conduite, mais on se distingue assez quand on remplit ce qu'on doit.

BLANDINE.

Et pour remplir ce devoir, faire sa cour à des misérables! Jamais on ne me verra que leur ennemie.

DOROTHÉE.

Ce chemin sera peu suivi; mais j'avoue que j'y trouve de la vertu.

ROSALIE.

La vertu n'est point dans les extrémités; elle rend des honneurs à ceux que le prince veut honorer, elle veut être bien avec eux par respect pour lui, et, par prudence, elle ne veut en faire son ennemi ni pour elle ni pour sa famille; elle ne voudrait pas acheter sa faveur par la moindre bassesse, par flatter ce qui doit être blâmé, par témoigner une amitié qu'elle n'a point, par rendre des devoirs trop empressés, en un mot elle agit simplement en tout.

BLANDINE.

C'est cette simplicité et ce milieu qui me sont insupportables; j'ai le cœur trop grand pour ne faire que suivre les autres; je veux quelque chose de nouveau; je fais quelquefois un château en Espagne qui me plairait: ce serait de quitter mon pays, mon bien, ma famille, mon Roi pour aller au bout du monde m'attacher à un prince vertueux.

CLOTILDE.

S'il avait une véritable vertu et du bon sens, il vous mépriserait et ne se fierait jamais à vous.

BLANDINE.

Pourquoi?

CLOTILDE.

Parce qu'on ne doit jamais se fier à un homme qui manque à toutes sortes de devoirs et 'obligations.

BLANDINE.

Je ne suis point esclave, je suis libre, et je puis disposer de moi.

ROSALIE.

Vous êtes à votre pays, à votre prince, et vous manquez à tout ce que vous devez pour aller chercher ce que vous ne devez pas chercher.

BLANDINE.

Vous êtes nées pour l'esclavage, mesdemoiselles, et pour les vertus les plus renfermées et les plus ennuyeuses; vous ne parlez que de modération et de remplir son devoir; où est l'éclat et le bruit d'une telle conduite? et qu'est-ce que le mérite d'une femme renfermée dans ce triste devoir?

CLOTILDE.

Il n'en faut jamais sortir, et c'est là le vrai et solide mérite.

BLANDINE.

J'en ai une autre idée, et je ne puis aimer que ce qui est au-dessous de moi.

CLOTILDE.

Cette idée est fausse : la religion et la raison veulent qu'on respecte l'autorité du prince et toute autre autorité établie pour nous gouverner.

BLANDINE.

Ne convenez-vous au moins qu'il y a plus de grandeur à penser ce que je pense?

ROSALIE.

Fausse grandeur sans règle et sans raison, et bien éloignée de la vraie générosité, qui sait se soumettre à tout, quelque élévation qu'elle sente dans son cœur.

BLANDINE.

Peut-on avoir le cœur élevé et se soumettre?

CLOTILDE.

La véritable élévation est dans les sentiments du cœur, et point du tout dans une révolte contre les règles, les coutumes et les supérieurs; la générosité plaint et soulage les malheureux, et ne blesse personne.

BLANDINE.

Dès que je sais un homme disgracié, je vais le trouver pour en faire mon ami.

ROSALIE.

Vous dites tout cela pour disputer, il n'est pas possible que vous le pensiez.

DOROTHÉE.

Voudriez-vous qu'on allât insulter à son malheur?

ROSALIE.

Non, je veux qu'on demeure son ami, si on l'était avant sa disgrâce, qu'on le console; mais je ne veux point qu'on aille le chercher par le seul mérite d'être exilé; il y a plus de contradiction et d'envie dans ce sentiment que de générosité.

CLOTILDE.

Il n'y a rien d'affecté dans la véritable vertu; elle partage les malheurs de ses amis, elle les soulage, elle plaint même ceux qu'elle ne connaît pas, mais ne se pique point de faire amitié avec une personne par la seule raison qu'elle est mal à la Cour; ces sentiments sont faux et outrés, et jamais la vertu ne choque la raison.

BLANDINE.

Nous avons accoutumé de nous rendre à la fin de nos conversations; mais j'avoue, mademoiselle, que vous ne m'avez point persuadée, et que votre sagesse ne s'accommode point avec l'envie que j'ai de faire des choses nouvelles et éclatantes.

ROSALIE.

Elles vous attireront le blâme de tout le monde et bien des inconvénients.

BLANDINE.

Je ne trouve rien de pire que de ne suivre jamais son goût.

CLOTILDE.

Je ne trouve rien de si bon que de n'avoir point de reproches à se faire; mais, mademoiselle, espérons que les années et la raison seront plus fortes que nous, et qu'elles vous persuaderont un jour.

79. — SUR LE JUGEMENT.

SOPHIE.

Comment ne nous a-t-on pas donné une instruction sur le jugement, dont on nous parle sans cesse?

ADÈLE.

Je crois en deviner la raison.

LOUISE.

Je ne comprends pas qu'il puisse y en avoir pour ne nous pas éclairer sur un sujet si important et si nécessaire.

ADÈLE.

C'est qu'il est si étendu qu'on ne pourrait se renfermer dans le temps qu'on a donné jusqu'ici à ces instructions.

SOPHIE.

Le jugement n'est-il pas plus nécessaire dans la conduite que dans la conversation?

ADÈLE.

Il est nécessaire dans la conduite, pour ne pas faire de sottise; et dans la conversation, pour ne pas en dire.

SOPHIE.

Je comprends qu'on pense et qu'on juge sur ce qu'on a à faire; mais la conversation serait bien pesante et bien ennuyeuse, si on étudiait tout ce qu'on dit.

ADÈLE.

Elle est bien folle et fait bien des indiscrétions, quand on ne juge pas de ce qui se peut dire et de ce qui se peut faire.

LOUISE.

Ce jugement ne s'oppose-t-il pas à la vivacité de l'esprit et ne rend-il pas le commerce trop sérieux?

ADÈLE.

Il est certain que le jugement fait souvent supprimer des choses qui pourraient divertir; mais ce qui plairait aux uns fâcherait quelquefois les autres; ainsi il est toujours meilleur de peser ce qu'on veut dire.

SOPHIE.

Mais nous voyons des personnes vives, agréables, qui ne fâchent point et qui ne pensent rien.

ADÈLE.

Vous le croyez; mais si elles ne disent rien mal à propos, concluez qu'elles pèsent, quoique vous ne vous en aperceviez pas, et qu'elles sont bien attentives pour ne rien dire de mal.

SOPHIE.

J'aimerais mieux me taire que d'avoir ainsi à choisir entre ce qui me viendrait dans l'esprit.

ADÈLE

C'est un parti que le jugement fait prendre fort souvent, et ce qui a toujours fait dire que les grands parleurs ont peu de jugement.

LOUISE.

Comment peut-on être divertissant et montrer son esprit quand on ne dit mot?

ADÈLE.

Il ne faut pas avoir envie de montrer son esprit; il se montre quand il y en a et souvent plus en se taisant qu'en parlant. Le jugement n'empêche point qu'on ne soit divertissant; on dit des choses aimables et agréables, quand elles viennent à propos; on n'en dit jamais de fâcheuses ni d'indiscrètes, et par là on plaît infiniment.

SOPHIE.

Je croirais bien ennuyer une personne, si je ne lui parlais pas.

ADÈLE.

Vous la divertiriez peut-être plus en l'écoutant, car elle veut parler aussi bien que vous.

LOUISE.

Je serais honteuse quand je serai dans le monde, si je ne disais rien.

ADÈLE.

Vous serez bientôt tournée en ridicule, si vous parlez; car, quelque esprit naturel que vous puissiez avoir, vous ignorez mille choses, n'ayant jamais été dans le monde, et vous montrerez une innocence qui fera tous les jours une nouvelle histoire.

SOPHIE.

Pourquoi se moquer de moi, quand je ne saurai pas ce qu'on ne m'a jamais appris?

ALEXANDRINE.

On se moquera de ce que vous en parlez et de ce que vous n'attendez pas que vous le sachiez.

SOPHIE.

Je passerai donc des années sans rien dire?

ADÈLE.

Ce serait un grand bonheur et bien des fautes épargnées. Qu'est-ce qui vous presse? n'est-il pas raisonnable d'écouter avant que de parler, et tâcher de discerner ce qu'on dit et les personnes les plus estimées? votre expérience vous fera voir que ce ne sont pas les grandes parleuses.

LOUISE.

Cette étude me demandera-t-elle du jugement?

ALEXANDRINE.

Oui, vous verrez celles qui parlent peu, qui écoutent souvent, qui ne fâchent jamais; vous verrez celles qui sont étourdies, qui ne pensent qu'à elles, qui veulent qu'il soit question d'elles, qui font des questions indiscrètes, qui traitent des matières qui embarrassent quelqu'un de la compagnie, qui décident, et mille autres fautes de jugement que vous éviterez.

LOUISE.

Le jugement peut donc s'acquérir?

ALEXANDRINE.

Il peut croître et se former; mais il y a des personnes qui naissent légères, et ce caractère ne change guère.

SOPHIE.

Quel conseil donneriez-vous pour acquérir ou pour augmenter ce jugement?

ALEXANDRINE.

Je conseillerais de parler peu, d'écouter attentivement, et surtout les personnes estimées, de faire beaucoup de réflexions sur tout ce qui se passe, de voir d'où sont venus la plupart des inconvénients qui sont arrivés.

ADÈLE.

Vous verrez que c'est presque toujours pour avoir trop parlé ou pour n'avoir pas prévu ce qui pouvait arriver, et tout cela faute de jugement; car la prudence, la prévoyance, les ménagements sont les effets et les pratiques du jugement.

SOPHIE.

Par tout ce que vous dites, il n'y a rien de plus nécessaire.

ALEXANDRINE.

Je le crois, et qu'on ne peut aimer longtemps ni vivre en société avec ceux qui sont sans jugement.

LOUISE.

Il faut bien s'accoutumer à vivre avec des personnes qui ont mille défauts.

ADÈLE.

Il est vrai, mais c'est que celui-là fait souvent souffrir les autres, et même plus que ceux qui l'ont, car ils ne s'en aperçoivent pas.

---

80. — SUR LA DOUCEUR.

ROSALIE.

Je sors d'un lieu où l'on a bien disputé; les uns soutenaient que Mme de Barcelieu était douce, et les autres soutenaient qu'elle ne l'était pas du tout.

ALEXANDRINE.

Il me semble que c'est une des qualités qui paraissent le plus vite, et qui est la moins douteuse.

ANASTASIE.

Je suis d'un avis bien opposé au vôtre, mademoiselle, et je ne sache rien où l'on soit si souvent trompé.

AUGUSTINE.

Mais, par exemple, mademoiselle, doutez-vous que Mme de Barcelieu soit douce, et que Mme de Montanier soit prompte et rude?

ANASTASIE.

Je mets une grande différence entre la promptitude et la rudesse, et si je ne craignais de vous paraître trop contrariante, je vous dirais que je crois Mme de Montanier plus douce que Mme de Barcelieu.

ALPHONSINE.

Ah! mademoiselle, vous n'y pensez pas; il ne faut que les voir pour en juger tout autrement.

HENRIETTE.

Mme de Barcelieu est douce jusque dans les choses extérieures; sa langueur, la douceur de sa voix, ses manières, tout est opposé en elle à la brusquerie.

ANASTASIE.

Voilà en effet sur quoi on juge une personne douce; mais que dit-elle avec ce ton de voix languissant? comment s'en accommode M. son mari, ses amis, ses domestiques et ses voisins?

AUGUSTINE.

Elle n'est pas trop aimée; je n'en comprends pas la raison.

ANASTASIE.

Et cet autre brutale, Mme de Montanier?

ALEXANDRINE.

On l'aime sans qu'on sache pourquoi.

ANASTASIE.

Voilà déjà un grand préjugé en sa faveur.

AUGUSTINE.

Elle peut être aimée et aimable sans être douce.

ANASTASIE.

Il est vrai qu'on peut avoir mille bonnes qualités qui font aimer sans être douce; mais je crois qu'il est difficile d'être aimée généralement sans avoir de la douceur de quelque espèce.

ROSALIE.

Est-ce qu'il y en a de différentes espèces?

AUGUSTINE.

Je le crois; il y a des personnes moins sensibles, moins vives, et la douceur est presque naturelle à celles-là.

ANASTASIE.

Il y en a dont le premier mouvement est vif et dont le cœur ne laisse pas d'être doux.

ROSALIE.

Mais enfin en quoi consiste la véritable douceur?

ANASTASIE.

Je crois que c'est de souffrir sans aigreur et sans colère tout ce qui s'oppose à nous.

ALPHONSINE.

Je ne suis donc pas douce, car je me fâche quand on me contrarie.

ALEXANDRINE.

Et moi j'ai un profond mépris pour ceux qui ne sont pas de mon avis ; mais jamais je ne m'en fâche.

ANASTASIE.

Appelez-vous cela être douce ?

ALEXANDRINE.

C'est toujours l'être plus que Mlle Alphonsine, puisqu'elle se fâche quand on la contrarie.

AUGUSTINE.

Et moi je prétends que mademoiselle est plus douce, et qu'il y a plus d'aigreur au mépris qu'à la contestation.

ANASTASIE.

Vous voyez déjà, mademoiselle, qu'il y a plus d'une espèce de douceur.

HENRIETTE.

Je voudrais bannir la contestation du commerce.

ANASTASIE.

Il en serait moins agréable, mademoiselle, et ce désir-là n'est pas d'une personne aussi douce que vous le paraissez ; car il faut disputer, mais disputer avec douceur.

HENRIETTE.

J'avoue que je ne comprends pas cela.

ANASTASIE.

Et pourquoi ne pouvez-vous comprendre qu'on pense autrement que vous! Ne voulez-vous pas bien être persuadée si vous avez tort, et persuader les autres si vous avez raison?

ALPHONSINE.

J'aurais beau être persuadée de l'opinion des autres, je ne me rendrais jamais, si j'avais tant fait que de disputer.

ANATASIE.

Voilà justement ce qu'on appelle n'être pas douce, car il faut se rendre à la raison aussitôt qu'on la connaît, et ne jamais disputer de mauvaise foi, du moins dans les choses de conséquence.

HENRIETTE.

J'avoue que j'aurais de la peine à faire ce que vous dites.

ANASTASIE.

Je l'ai vu faire à une personne de beaucoup d'esprit, très prévenue de l'opinion qu'elle soutenait: elle disputait avec une vivacité qui lui était naturelle, avec un peu d'orgueil, et l'on voyait qu'elle était persuadée qu'elle allait convaincre; cependant elle s'arrêta tout à coup à une raison qui la convainquit elle-même, et elle avoua qu'elle avait eu tort.

ALEXANDRINE.

Je trouve quelque lâcheté à cela.

ANASTASIE.

Dieu vous préserve, mademoiselle, de confondre le courage avec l'opiniâtreté! On fut charmé de ce que je viens de vous dire, et cette personne fut plus admirée par là que par mille bonnes qualités qu'elle a.

AUGUSTINE.

Bien loin qu'il y ait de la lâcheté dans ce procédé, il y a, ce me semble, de la grandeur.

ANASTASIE.

Vous avez raison, mademoiselle, rien n'est si grand que de se rendre à la raison et à la vérité.

ALPHONSINE.

J'ai toujours ouï dire qu'il y avait du courage à soutenir ce que l'on avait commencé.

ANASTASIE.

Il y a du courage à ne point se rebuter des difficultés, à surmonter tous les obstacles qui se trouvent dans les autres ou dans nous-même, à souffrir toutes les peines qui se rencontrent dans les choses que nous entreprenons; mais il faut qu'elles soient fondées sur la justice et sur la raison.

ROSALIE.

Nous avons oublié la douceur, et il me semble que ce que nous disons n'y a plus de rapport.

ANASTASIE

Tout y en a, mademoiselle : il y a une douceur d'humeur qui nous fait tout recevoir sans peine et sans aigreur, et il y en a une de conduite qui nous fait rendre à la raison; il y en a une de cœur qui nous fait aimer la paix avec les personnes avec qui nous vivons, et c'est une des plus nécessaires.

HENRIETTE.

Et une des plus rares.

ANASTASIE.

Elle le peut être dans toute son étendue; mais il y a beaucoup de personnes qui paraissent rudes et dont le cœur ne l'est pas.

AUGUSTINE.

On juge de la douceur sur les apparences extérieures qui cachent quelquefois beaucoup d'aigreur.

ALEXANDRINE.

Quelque opposition qu'on ait à cette vertu par son naturel, ne peut-on pas l'acquérir?

ANASTASIE.

Toutes les vertus peuvent s'acquérir par le secours de la

grâce, et je crois qu'en faisant souvent des actions de douceur, on deviendrait bientôt plus douce que celles qui le sont naturellement.

ROSALIE.

Je crois cette vertu inséparable de l'humilité.

AUGUSTINE.

Il est vrai, et je crois qu'elle l'est aussi de la patience.

ALEXANDRINE.

Voilà une conversation qui nous peut être fort utile.

ANASTASIE.

Oui, si elle nous fait entreprendre la pratique des vertus dont nous venons de parler.

---

81. — SUR LE COURAGE.

FAUSTINE.

Je suis bien lasse de m'entendre gronder tous les jours sur le courage, et je voudrais bien savoir précisément en quoi il consiste.

ÉLÉONORE.

Le courage est de n'avoir point peur, et cette sorte de mérite n'est point pour notre sexe, à qui il est permis d'être timide, de craindre les esprits, le tonnerre et toutes sortes de dangers.

SOPHIE.

Il faut bien le permettre, car je ne pourrais m'en empêcher.

VICTOIRE.

Il est certain que le courage est opposé à la peur; mais il y en a de plus d'une espèce, et ce n'est pas celui qui fait aimer la guerre et hasarder sa vie qui nous est nécessaire; pour les faiblesses dont mademoiselle a parlé, je voudrais l'en défaire.

SOPHIE.

Eh! comment m'en défaire?

VICTOIRE.

En s'y opposant d'abord, car les faiblesses qu'on se communique dans la jeunesse et qu'on croit jolies, deviennent des maladies dans la suite dont on souffre beaucoup et dont on ne peut plus se défaire. J'ai vu des personnes bien importunes par cet endroit-là

FAUSTINE.

Rien ne me paraît plus excusable.

ÉMILIE.

Il ne nous restera que trop de faiblesses qui auront besoin d'excuses, sans en garder de volontaires.

FAUSTINE.

Mais revenons donc au courage.

VICTOIRE.

Je suis persuadée que mademoiselle pourrait en savoir plus que nous.

ÉMILIE.

Si cela est, c'est pour avoir approché plus souvent celle qui nous fait ces reproches et avoir entendu ses instructions.

SOPHIE.

Quoi qu'il en soit, mademoiselle, dites-nous ce que vous en avez appris.

ÉMILIE.

J'ai ouï dire que le courage est de surmonter les difficultés que nous trouvons dans nous-mêmes et dans les autres, et de poursuivre nos entreprises sans nous rebuter.

SOPHIE.

Et quelles entreprises pouvons-nous faire ici, où nous n'avons qu'à obéir et à observer une règle?

VICTOIRE.

Il faut du courage pour obéir et pour observer une règle.

FAUSTINE.

Nous en avons donc toutes, car nous n'en voyons point parmi nous qui s'en dispensent.

ÉMILIE.

Il y a bien de la différence, mademoiselle, entre faire

une chose et la bien faire; peu de soldats se dispensent d'aller au combat, mais les uns y courent avec ardeur, et les autres n'y vont qu'à coups de bâton.

SOPHIE.

Cette comparaison m'éclaircit parfaitement et me fait voir qu'en effet cette différence se trouve entre nous.

ÉMILIE.

Il y en a qui s'acquittent de tous leurs devoirs avec joie, qui sont les premières partout, qui se lèvent dans l'instant qu'on les éveille, qui ne se plaignent jamais du froid ni du chaud, qui trouvent du temps pour elles et pour rendre service aux autres, qui aiment le travail, qui veulent contenter leurs maîtresses, qui voudraient faire encore plus qu'on ne leur demande, qui comptent pour rien ce qu'elles font, qui comprennent qu'elles auront bien d'autres peines dans le monde, et je crois que celles-là ont du courage.

VICTOIRE.

Dépeignez-nous aussi les autres.

ÉMILIE.

Ce sont celles à qui tout coûte, qui ne peuvent ni s'éveiller ni s'endormir, qui trouvent la règle insupportable, qui voudraient vivre en bêtes, se lever quand elles n'auraient plus d'envie de dormir, se coucher quand elles sentiraient le besoin de dormir, manger quand la fantaisie le demanderait, ne jamais travailler, chercher le plaisir en tout ou au moins le repos.

ÉLÉONORE.

Vous tomberez d'accord que ces exemples ne sont que pour le temps présent, et que nous en serons quittes en sortant d'ici.

ÉMILIE.

Nous n'aurons peut-être pas les mêmes occasions de souffrir, mais nous en aurons apparemment de plus grandes; ce que je viens de dire ne sont que des bagatelles, si nous les comparons à la pauvreté où nous pouvons nous trouver et à la mauvaise humeur de ceux à qui nous aurons affaire, qui ne nous reprendront pas avec les mesures que l'on garde ici.

FAUSTINE.

Vous voulez donc du courage dans l'esprit aussi bien que dans les actions.

SOPHIE.

Je me sentirais assez capable de me surmonter dans tout ce qui ne fait souffrir que mon corps; mais pour les contraditions, les réprimandes, les mépris, je ne les puis supporter sans colère ou sans abattement.

FAUSTINE.

Et moi je souffrirais plus aisément ce qui ne blesse que mon esprit; mais j'avoue que je suis fort sensible aux incommodités extérieures.

ÉMILIE.

Vous voyez, mademoiselle, que le courage s'étend bien loin et qu'il en faut en tout. Que peut-on espérer dans la suite de sa vie, si on ne veut rien souffrir? Comment rendrons-nous notre corps et notre esprit fermes, si la moindre peine nous abat, ou nous rebute? Jamais un corps ne se fortifie au-dessus des autres que par l'accoutumer à la fatigue, et jamais l'esprit ne deviendra robuste et courageux que par l'accoutumer à surmonter les difficultés.

VICTOIRE.

Il en est de même de la vertu: on ne l'acquiert que par des épreuves et des pratiques qui ont à se faire violence.

ÉLÉONORE.

Que savons-nous ce que Dieu nous réserve? Nous n'aurons peut-être rien à souffrir.

ÉMILIE.

Dieu en a disposé autrement; on ne se sauve que par la voie droite, et on ne peut parvenir au bonheur que par les souffrances.

ÉLÉONORE.

Tout cela ne me coûtera rien quand je serai dévote.

ÉMILIE.

Il vous en coûtera encore beaucoup, et surtout ne vous étant pas accoutumée à souffrir.

FAUSTINE.

Mais tout le monde souffre-t-il également, et n'y a-t-il aucune condition qui puisse diminuer nos souffrances?

ÉMILIE.

Si quelque chose peut les diminuer, c'est de nous y attendre, de nous y préparer, de nous y accoutumer, de trouver celles qui se présentent petites, et d'en envisager toujours de plus grandes. Je crois qu'une demoiselle de Saint-Cyr, qui aurait souffert courageusement les incommodités, les assujettissements, les contraintes, les humiliations, les contradictions qui sont inséparables d'une bonne éducation, sera plus capable de se bien tirer de ce qu'elle trouvera dans le monde, que celle qui aura été lâche, délicate, difficultueuse, et qui, bien loin de se fortifier par les souffrances, se sera encore affaiblie par les plaintes, les murmures, les commuications de ses peines, qui ne sont propres qu'à ajouter les faiblesses des autres aux nôtres particulières.

FAUSTINE.

Je commence à comprendre que les demoiselles de Saint-Cyr ont besoin de courage par le malheur de leur fortune; et cet endroit excite un peu mon envie contre les grands et les riches qui n'ont guère de choses à souffrir.

ÉMILIE.

J'ai voulu vous expliquer tout ce que j'ai dit du courage afin de vous le rendre utile; mais il n'y a aucun état où l'on n'ait à souffrir, et où il ne faille du courage; les grandes peines sont pour les grands; nous nous plaignons d'être contraintes, les grands le sont plus que nous; ils essuient de grandes contradictions, pendant que nous en essuyons de petites.

FAUSTINE.

Au moins leur corps est-il à l'aise.

ÉMILIE.

Les peines d'esprit nous mèneraient trop loin, si nous voulions entrer dans le détail; et pour leur corps, quoi qu'ils aient de quoi être à leur aise, on les expose aux fatigues pour les y accoutumer, tant on est persuadé que quelque naissance, quelque bien et quelque avantage qu'on ait, il faut avoir du courage pour se distinguer des autres.

ÉLÉONORE.

A quelle peine les expose-t-on?

ÉMILIE.

Et songez-vous bien, mademoiselle, que nos princes vont souvent à pied dans les voyages et dans les promenades, je ne dis pas pour leurs plaisirs, mais jusqu'à se fatiguer?

VICTOIRE.

Il y a quelque temps qu'on trouva le roi d'Espagne sur le chemin de Versailles à Saint-Cyr; il avait ôté son justaucorps pour marcher plus librement; il chassait par un froid très rude, et était à pied, un fusil sur l'épaule.

ÉLÉONORE.

A quoi cela est-il bon?

ÉMILIE.

A fortifier son corps et sa santé, à l'accoutumer aux fatigues inséparables de la guerre, et à rendre son esprit plus libre et plus courageux qu'il ne le peut être, quand il est esclave des commodités et des délicatesses.

VICTOIRE.

Me voilà contente sur le courage. Disons quelque chose de cette bonne foi qu'on nous demande encore.

SOPHIE.

Ce sujet demande une conversation particulière.

III

PROVERBES[1]

82. — LES FEMMES FONT ET DÉFONT LES MAISONS

PERSONNAGES :

M. DU CHATEAU.	Mme CLAIRFAIT.	
Mme DERMONVILLE.	JUSTINE,	servantes.
Mme DUVERNOIS.	SUZANNE	

SCÈNE PREMIÈRE.

JUSTINE.

J'ai rencontré ce matin ta sœur au marché qui m'a dit que tu cherchais condition.

SUZANNE.

Je n'en cherche plus, je suis raccommodée avec ma maîtresse.

JUSTINE.

Je t'aurais offert de venir avec moi ; car madame cherche une fille pour ses enfants.

SUZANNE.

Chez toi ! je n'y voudrais pas demeurer. A vivre comme vous faites, sans voir du monde, sans faire bonne chère, j'aimerais autant être dans un cloître ! On rit chez nous jour et nuit, et nous y dépensons plus en une semaine que vous ne faites chez vous en un an.

1. Les *Proverbes* sont de petites scènes faites sur un dicton dont Mme de Maintenon cherchait à tirer la moralité utile. Ils ont été composés dans le même esprit et dans le même but que les *Conversations*, mais généralement pour les demoiselles les plus jeunes.

JUSTINE.

Tes profits sont-ils grands, et amasses-tu quelque chose?

SUZANNE.

Non, mais je me divertis bien.

JUSTINE.

Il est vrai que nous vivons de ménage; mais cela n'empêche pas que je ne gagne, et nous sommes dans une grande paix.

SUZANNE.

Qu'est-ce à dire paix? j'aime le bruit, le tintamarre, le désordre, le grand monde, le bel air.

JUSTINE.

A la bonne heure; tu es placée selon ton humeur, et moi selon la mienne.

SCÈNE DEUXIÈME.

MADAME DERMONVILLE.

Je ne fais que d'apprendre que vous êtes ici, et on dit qu'il y a trois mois.

M. DU CHATEAU.

Il est vrai, madame, nous y sommes venus pour un procès que j'espère gagner.

MADAME DERMONVILLE.

Madame votre femme est à plaindre d'avoir été obligée de sortir de sa province et de faire une dépense qu'elle aura peine à soutenir.

M. DU CHATEAU.

En quelque lieu qu'elle soit, elle ne fait pas grande dépense; elle a tant d'ordre et de prévoyance dans les affaires que, dès qu'il a fallu partir, elle a trouvé tout ce qui nous était nécessaire.

MADAME DERMONVILLE.

Vous n'avez pas emprunté pour venir ici?

M. DU CHATEAU.

Je n'ai pas emprunté un sou depuis que je suis marié.

MADAME DERMONVILLE.

Ce que vous dites n'est pas croyable.

M. DU CHATEAU.

Je vous pardonne d'en douter, car moi-même j'ai de la peine à le comprendre ; il n'y a pourtant rien de plus vrai.

MADAME DERMONVILLE.

J'aurais une grande curiosité de savoir la conduite de madame votre femme, si je pouvais le demander sans indiscrétion.

M. DU CHATEAU.

Je ferai plus, en faveur de notre ancienne connaissance, et je vais vous conter mon histoire. Je voulus épouser mademoiselle de Lincy sur l'air de sagesse que je lui voyais ; sa modestie à l'église, la simplicité de son habillement, son silence en compagnie, et une certaine douceur qui se faisait remarquer en tout, me firent croire que je serais heureux avec une personne qui me paraissait au-dessus de la faiblesse des femmes ; on m'en voulait dégoûter sur son peu de bien ; mais je passai outre, et il n'y a pas de jour que je n'en remercie Dieu.

MADAME DERMONVILLE.

Ce n'est donc pas vous qui l'avez formée à votre mode ?

M. DU CHATEAU.

Non, je l'ai trouvée au-dessus de ce que j'aurais pu lui demander. Dès le lendemain de nos noces, je la priai de conduire notre petite maison, et je lui montrai l'état de nos affaires, qui n'étaient pas trop bonnes ; elle me demanda si je lui donnais tout pouvoir, et je l'en assurai ; elle commença par retrancher la moitié de ce que j'avais réglé pour elle, sans toucher à ce qui était pour moi ; elle s'occupa tout entière de son salut, de son ménage, de ses enfants dès qu'elle en eut, et se défit bientôt par là de la compagnie qui venait chez moi, et qui me faisait de la dépense, me disant que nos vrais amis nous demeuraient et s'accommoderaient de nos manières, et qu'il ne fallait pas se ruiner avec les autres.

MADAME DERMONVILLE.

Où avait-elle pris ce fonds de raison et de sagesse?

M. DU CHATEAU.

J'en ai bien profité; car, sans entrer dans un détail qui vous ennuierait, vous saurez qu'elle a raccommodé nos affaires. Je ne suis point riche, mais je ne crois pas qu'il y ait dans notre province un gentilhomme si à son aise que moi.

MADAME DERMONVILLE.

Je vous conjure d'entrer dans le détail; je suis charmée de ce que vous dites, bien loin de m'ennuyer; mais souffrez mes questions : ne vous faites-vous pas haïr en vivant si serrés et solitaires?

M. DU CHATEAU.

Nous ne sommes haïs ni l'un ni l'autre, nous recevons nos amis, mais simplement, sans vanité, ne donnant que le nécessaire, de bonne grâce, avec joie, et il me semble qu'on est content de nous.

MADAME DERMONVILLE.

En quoi consiste ce ménage et cette épargne?

M. DU CHATEAU.

A ne rien perdre, à se passer de peu, à avoir un petit nombre de valets.

MADAME DERMONVILLE.

Comment les affectionner, si on ne fait pas leur fortune?

M. DU CHATEAU.

Ma femme les traite avec douceur, elle leur rend justice, elle leur donne, elle leur apprend à épargner, elle les tient dans leur état et elle est très aimée.

MADAME DERMONVILLE.

Vous dites à se passer de peu? mais il faut des meubles, il faut vivre, tout cela va loin.

M. DU CHATEAU.

Quand on se contente du nécessaire, il ne va pas loin;

nos meubles sont simples et fort conservés; c'est la vanité qui ruine tout le monde.

MADAME DERMONVILLE.

N'est-elle pas honteuse d'être plus mal meublée et plus mal vêtue que ses voisines?

M. DU CHATEAU.

Elle en raille la première, et dit qu'elle met son honneur à ne pas emprunter, à vivre de ce qu'elle a, et à donner le plus qu'elle peut à son mari et à ses enfants.

MADAME DERMONVILLE.

Et quand, après tout cela, arrive une grêle, un feu, un accident?

M. DU CHATEAU.

Elle le prévient, et met quelque chose à part pour ces aventures-là.

SCÈNE TROISIÈME.

MADAME DUVERNOIS.

Voici une surprenante nouvelle : on dit que M. de Rémont fait une manière de banqueroute.

MADAME CLAIRFAIT.

Cela n'est pas possible, il était riche et n'a jamais fait aucune dépense : à quoi se serait-il ruiné?

MADAME DUVERNOIS.

On dit que c'est sa femme.

MADAME CLAIRFAIT.

Elle ne paraissait pas plus dépenser que lui.

MADAME DUVERNOIS.

Pardonnez-moi, elle recevait du monde, tenait table, avait beaucoup de domestiques, et tout paraissait en désordre chez elle.

MADAME CLAIRFAIT.

Toutes ces dépenses étaient peu de chose, à proportion des grands biens qu'il y avait dans cette maison.

MADAME DUVERNOIS.

Il n'y a point de richesses qui ne finissent, quand on vit dans le désordre.

MADAME CLAIRFAIT.

A quoi peut aller ce désordre? un peu trop de dépense en habits; en vérité, on en a bien pour une somme médiocre.

MADAME DUVERNOIS.

On dépense trop en habits, on joue, on ne paye pas, on achète pour contenter les marchands qui se ruinent aussi par leur avidité et donnent à crédit; on veut un grand train; les valets mal payés servent mal; les chevaux meurent, il en faut d'autres; les créanciers se lassent d'attendre, on a des procès; comme ils sont mauvais, on les perd, et on est condamné aux dépens; il n'y a point d'argent pour payer; on saisit les terres, on les décrète, et voilà où en est M. de Rémont; toutes ses terres sont dans cet état-là, et il aime mieux tout abandonner que de passer sa vie à plaider.

MADAME CLAIRFAIT.

S'en prend-il à sa femme?

MADAME DUVERNOIS.

Oui, assurément; ils en sont brouillés à se séparer.

MADAME CLAIRFAIT.

Et les enfants?

MADAME DUVERNOIS.

Ils savent très mauvais gré à leur mère, elle est le mépris de tous ceux qui la connaissent; et ceux qui lui ont aidé à se ruiner ne la regardent pas.

MADAME CLAIRFAIT.

Voilà une grande ingratitude.

MADAME DUVERNOIS.

C'est un triste personnage d'avoir à s'en plaindre; je m'en vais voir ces malheureux, ils me font pitié.

SCÈNE QUATRIÈME.

SUZANNE.

Où étais-tu cachée, je te cherche depuis ce matin?

JUSTINE.

Que me veux-tu?

SUZANNE.

Aller avec toi si tu pouvais m'y faire entrer.

JUSTINE.

Tu t'ennuierais chez nous; il n'y a ni bruit, ni tintamarre.

SUZANNE.

Sais-tu déjà ce qui nous est arrivé?

JUSTINE.

Si je le sais! on en parle tout haut dans les rues et ta maîtresse est la fable du monde.

SUZANNE.

On a bien raison, je n'ai jamais vu une femme si insensée. Je voudrais qu'elle fût bien loin; voilà mes plus belles années perdues.

JUSTINE.

Ne t'a-t-elle pas payée?

SUZANNE.

Payée! elle n'a pas le sou, la pauvre misérable!

JUSTINE.

Mais tu t'es bien divertie, et tu avais le bel air! Conte-moi, je t'en prie, comment on s'est ruiné en si peu de temps.

SUZANNE.

Ma maîtresse ne pensait jamais à ses affaires; elle donnait à toute dépense, elle ne comptait jamais; elle jouait son argent comptant, et achetait à crédit; elle dormait jusqu'à midi, et veillait toute la nuit. Nous faisions tout ce que nous voulions; chacun tirait de son côté; grande chère, et volée par les domestiques.

JUSTINE.

Mais faisait-elle comme cela dès qu'elle fut mariée?

SUZANNE.

On dit que non, que petit à petit elle en est venue là ; elle aimait l'ajustement et le plaisir; une femme sans courage qui ne voulait point se donner de la peine !

JUSTINE.

La voilà bien, elle s'en repentira à loisir.

SUZANNE.

Prends pitié de moi, elle deviendra ce qu'elle pourra.

JUSTINE.

Quoi! tu ne l'aimes point?

SUZANNE.

Le moyen d'aimer une folle! je tâchais de m'en divertir, mais dans le fond je ne pouvais la souffrir.

JUSTINE.

Viens voir ma maîtresse pour juger de la différence qu'il y a de femme à femme.

Les femmes font et défont les maisons.

---

83. — TANT VAUT L'HOMME, TANT VAUT LA TERRE.

PERSONNAGES :

M. DE SAINT-DIDIER, M. DE SOMBREUIL,	gentilshommes
CONSTANCE, ADÉLAIDE,	demoiselles sans fortune.
LA ROCHE, GERMAIN,	sergents recruteurs.

SCÈNE PREMIÈRE.

M. DE SOMBREUIL.

Soyez le bienvenu, monsieur; il y a longtemps que j'avais envie d'avoir l'honneur de vous voir.

M. DE SAINT-DIDIER.

Je ne le désirais pas moins; mais j'ai tant d'affaires chez moi, que je ne puis guère quitter.

M. DE SOMBREUIL.

Pour moi, je n'ai point d'affaires; j'ai abandonné mon bien, parce qu'il ne me rapportait que très peu de chose. Que pouvez-vous faire du vôtre qui vaut encore moins que le mien?

M. DE SAINT-DIDIER.

Je le fais valoir avec de la peine et du soin; mais il me suffit pour ma subsistance et celle de toute ma famille.

M. DE SOMBREUIL.

Ce que vous dites n'est pas possible; je connais ce que vous avez, vous ne sauriez aller au bout de l'année.

M. DE SAINT-DIDIER.

Je vous surprendrais donc bien, si je vous faisais voir que j'en ai de reste, que j'envoie de l'argent à mon fils à l'armée, et que je pourrais bien marier ma fille aînée!

M. DE SOMBREUIL.

Vous avez donc la pierre philosophale?

M. DE SAINT-DIDIER.

Je ne l'ai point, mais je travaille : je me lève matin, je me couche tard, nous sommes sobres, et trouvons moins de honte à ne manger quelquefois que du pain et des légumes que d'être à charge à nos amis, ou d'aller mendier du secours.

M. DE SOMBREUIL.

Un homme de votre condition vivre de légumes?

M. DE SAINT-DIDIER.

Nous n'en vivons pas toujours, et nous faisons quelquefois très bonne chère par le gibier que je tue et par notre basse-cour; mais si nous pouvions vendre ce que nous mangeons, nous le ferions volontiers, ne comptant point pour un malheur de vivre de pain; mon bonheur est d'avoir une famille qui pense comme moi.

M. DE SOMBREUIL.

Où trouvez-vous de l'argent pour habiller vos enfants?

M. DE SAINT-DIDIER.

Ma femme et mes filles filent la toile et l'étoffe dont nous avons besoin.

M. DE SOMBREUIL.

Vous les élevez donc en servantes? Ont-elles oublié leur naissance?

M. DE SAINT-DIDIER.

Elles s'en souviennent pour ne faire jamais de bassesses, pour s'élever par leur courage au-dessus de leur fortune; et ces personnes qui ne sont vêtues que de la toison de leurs moutons ont assez de générosité pour être ravies que le profit de leurs épargnes soit employé pour celui de la famille qui en a le plus besoin.

M. DE SOMBREUIL.

J'ai été contraint de retirer mes enfants du service du Roi; nous cherchons les uns et les autres à nous donner à quelque particulier; en attendant, tout nous manque.

M. DE SAINT-DIDIER.

Je vous plains du parti que vous prenez.

SCÈNE DEUXIÈME.

CONSTANCE.

Quel plaisir de vous retrouver après une si longue séparation, ma chère sœur !

ADÉLAÏDE.

Il est bien grand pour moi; mais vous me paraissez en mauvais état.

CONSTANCE.

Vous n'êtes pas de même, ce me semble; quel bonheur avez-vous trouvé?

ADÉLAÏDE.

Quand la perte de nos biens nous sépara, je songeai

promptement à ce que je pouvais faire pour ne pas tomber dans la nécessité ; je pris courage, je me mis dans une chambre et j'attirai de petites filles chez moi ; je m'appliquai à leur montrer tout ce qu'on m'avait appris dans ma jeunesse. Les parents en furent satisfaits, et il y eut de l'empressement à m'en donner. Ce travail me fournit abondamment de quoi vivre ; je pris un plus grand logement, et je continue dans cet emploi, le trouvant également bon pour ma fortune et pour mon salut.

CONSTANCE.

Je vous admire ! mais je n'aurais jamais la force d'en faire autant, et j'aime mieux manger en repos ce que je puis trouver dans la charité de ceux qui ne connaissent pas ma misère. Voilà tout ce que j'ai fait depuis que je vous ai quittée.

ADÉLAÏDE.

Quoi ! vous ne voudriez pas venir partager mon travail et mon bien ?

CONSTANCE.

Non, je ne saurais rien faire.

ADÉLAÏDE.

Ce malheur est plus grand que la misère. J'admirais l'autre jour deux jeunes garçons de notre quartier : l'un est né bien fait, l'autre estropié à n'avoir que les bras de libres, et tous deux dans une extrême nécessité ; celui qui est sain demande l'aumône, et l'estropié gagne par son travail de quoi subsister et de quoi nourrir un autre misérable, qui lui rend les services dont il a besoin.

CONSTANCE.

Je n'ai jamais pu comprendre qu'on pût vivre de son travail, et j'aime mieux mourir à l'hôpital.

SCÈNE TROISIÈME.

LA ROCHE.

Bonjour, camarade ; que viens-tu chercher en province ?

GERMAIN.

Je viens faire une recrue, mais je n'en peux venir à bout, et je m'en vais tout quitter, ne pouvant soutenir la peine qu'il y a dans le service; en avez-vous fait autant?

LA ROCHE.

Quitter le service? moi! Je prétends faire une grande fortune ou mourir en chemin.

GERMAIN.

Comment pouvez-vous subsister? Vous voilà sans plumes, sans rubans, sans cravate; avez-vous tout vendu pour vivre? Pour moi, j'en suis là, le vin est cher, il est impossible de vivre de notre paye.

LA ROCHE.

Je n'ai rien vendu; n'ayant personne à voir ici, j'épargne tout ce que j'ai, je ne bois point de vin, je vis souvent de fromage; mais ma recrue est partie, je vais la rejoindre dès que j'aurai vendu quelque arpent de vigne qui me reste, et j'espère paraître bientôt fort leste à la tête d'une très belle compagnie.

GERMAIN.

Je me sens du courage pour les occasions; mais je n'ai point celui de me passer des choses nécessaires, j'en aurais de la honte.

LA ROCHE.

Il faut avoir en tout du courage, il n'y a rien de honteux que de mal faire.

Tant vaut l'homme, tant vaut la terre.

---

84. — QUI TROP EMBRASSE MAL ÉTREINT.

PERSONNAGES :

M. DE NEMOURS.
M. DE CABAGNAC.
Mme DE MANDON.
Mlle DE VALENCE.
MARGUERITE, } servantes.
MARTINE, }

SCÈNE PREMIÈRE.

M. DE NEMOURS.

On dit, monsieur, que vous achetez une terre de conséquence et érigée en marquisat.

M. DE CABAGNAC.

Il est vrai, monsieur; il est difficile de se passer d'une maison de campagne.

M. DE NEMOURS.

Il faudrait bien s'en passer, si l'on n'avait pas de quoi l'acheter.

M. DE CABAGNAC.

J'ai quelque chose et j'emprunte le reste.

M. DE NEMOURS.

Je n'aimerais pas emprunter pour acheter.

M. DE CABAGNAC.

Vous serez donc bien étonné, quand je vous dirai que je suis en marché d'une charge à la cour.

M. DE NEMOURS.

Est-ce que vous renoncez au service?

M. DE CABAGNAC.

J'en serais bien fâché.

M. DE NEMOURS.

Quoi! vous voulez être courtisan, officier et gentilhomme campagnard?

M. DE CABAGNAC.

Oui, et on ne paraît établi qu'à ces conditions-là; je me marierai mieux.

M. DE NEMOURS.

Avec tout ce que vous venez de me dire, vous traitez un mariage?

M. DE CABAGNAC.

Il est vrai qu'il y en a un sur le tapis.

M. DE NEMOURS.

La moindre de vos affaires me ferait tourner la tête. Mais voici deux dames à qui il faut céder la place; elles me paraissent bien sérieuses.

SCÈNE DEUXIÈME.

MADAME DE MANDON.

Vous vous mettez dans la dévotion depuis huit jours, et vous ne voulez plus voir qui que ce soit.

MADEMOISELLE DE VALENCE.

Non, j'ai commencé par tracer le plan de la vie que je veux faire.

MADAME DE MANDON.

Voudriez-vous me le confier?

MADEMOISELLE DE VALENCE.

Je n'y aurai pas de peine : je veux me mettre dans une chambre seule; je n'en sortirai que pour aller à l'église; je me servirai toute seule : il me faudra peu de chose, car je compte de jeûner quatre fois la semaine; je ne porterai point de linge; je coucherai sur la dure; je lirai, prierai et travaillerai tout le jour.

MADAME DE MANDON.

Quels seront vos délassements?

MADEMOISELLE DE VALENCE.

Je n'en veux pas d'autres que le silence et la solitude.

MADAME DE MANDON.

Vous aurez de la peine à soutenir ce projet.

MADEMOISELLE DE VALENCE.

Je n'en suis pas en peine; je vous dis adieu pour toujours.

SCÈNE TROISIÈME.

MARTINE.

Est-ce toi, ma chère Marguerite? j'ai de la peine à te reconnaître.

MARGUERITE.

C'est moi-même, il est vrai que je me meurs.

MARTINE.

On m'a dit que tu étais si bien placée.

MARGUERITE.

On t'a dit vrai, mais j'ai trop de peine.

MARTINE.

Qu'est-ce que tu fais?

MARGUERITE.

Je sers ma maîtresse en tout et partout; je suis sa femme de chambre, sa cuisinière, son laquais, sa couturière, sa blanchisseuse; en un mot, je suis de tout métier.

MARTINE.

Est-ce que tu es toute seule?

MARGUERITE.

Et par ma faute. Ma maîtresse voulait partager en deux tout ce que je viens de te dire; mais j'ai eu peur qu'une autre partageât aussi les profits et peut-être l'amitié de madame, qu'elle ne me débusquât, et j'ai entrepris de tout faire.

MARTINE.

Tu as fort bien fait, car tu auras tout.

MARGUERITE.

Mes héritiers auront tout, car pour moi je sens bien que je ne ferai pas de vieux os.

MARTINE.

Tu te repens donc?

MARGUERITE.

Oui, vraiment, je me repens, car je sens que tout m'échappe des mains, et que je n'en aurai que le mal.

SCÈNE QUATRIÈME.

MADAME DE MANDON.

C'est un grand malheur de ne point prendre conseil et d'abonder dans son sens.

M. DE NEMOURS.

On trouve souvent des personnes de ce caractère; mais avez-vous quelques raisons particulières de faire cette réflexion?

MADAME DE MANDON.

Oui, je suis tout affligée de la ridicule scène que Mlle de Valence donne présentement.

M. DE NEMOURS.

Quoi! cette grande dévotion! Peut-elle mieux faire!

MADAME DE MANDON.

Elle a entrepris au-dessus de ses forces, et la voilà dégoûtée, changeant de conduite, vêtue d'incarnat, et déchaînée pour tous les divertissements.

M. DE NEMOURS.

Sa piété n'a guère duré.

MADAME DE MANDON.

Elle ne pouvait pas durer, n'ayant d'autre conseil que le sien, et ayant voulu commencer par où à peine pourrait-on finir.

M. DE NEMOURS.

Auriez-vous voulu qu'elle eût résisté à de si bons mouvements?

MADAME DE MANDON.

Les bons mouvements doivent être réglés; la vraie piété n'est ni étourdie ni imprudente; mais il fallait prendre un bon conseil, qui aurait conduit ces mouvements à une heureuse fin.

SCENE CINQUIÈME.

M. DE NEMOURS.

Il court des bruits sur vous, monsieur, dont je voudrais bien m'éclaircir par moi-même; vous savez que c'est par l'intérêt que j'y prends.

M. DE CABAGNAC.

Je connais votre amitié pour moi, et vous pouvez me questionner sans que je vous accuse d'indiscrétion.

M. DE NEMOURS.

Est-il vrai que le mariage dont on parlait pour vous est rompu?

M. DE CABAGNAC.

Non pas encore tout à fait; mais il s'y trouve de grandes difficultés.

M. DE NEMOURS.

Si grandes qu'on m'a assuré que celle que vous aviez fait demander se marie au premier jour. Mais est-il vrai aussi que vous n'auriez point la charge que vous comptiez avoir, et qu'un autre a couru sur votre marché?

M. DE CABAGNAC.

On m'a manqué de parole.

M. DE NEMOURS.

On prétend que votre argent n'était pas prêt.

M. DE CABAGNAC.

Tout cela ne m'afflige pas tant que d'avoir mal pris mes mesures pour l'achat d'une terre, dont j'avais envie. Je l'ai achetée bien cher, j'y ai fait bâtir, et je la perds par un retrait lignager[1].

1. « *Retrait lignager* se dit quand un *lignager* retire des mains d'un tiers acquéreur ou d'un adjudicataire par décret un ancien propre de sa famille vendu par son parent. » (*Dict. de Trévoux.*) Un *lignager* était une personne de la mêmes parenté, du même lignage. Le retrait lignager avait été introduit dans la plupart des coutumes de France pour conserver les héritages dans les familles nobles.

M. DE NEMOURS.

Vous m'affligez sensiblement par tous ces contretemps.

M. DE CABAGNAC.

Ils me mettent hors d'état de continuer le service, et je ne sais en effet ce que je deviendrai ; j'abandonne tout ; mes créanciers en sortiront comme ils pourront.

M. DE NEMOURS.

Cela s'appelle une banqueroute.

M. DE CABAGNAC.

J'en connais toute la honte, mais j'y suis forcé.

M. DE NEMOURS.

Il n'est pas temps de vous faire des reproches d'avoir trop entrepris, ce serait insulter à votre malheur.

Qui trop embrasse mal étreint.

---

85. — A BONNE VOLONTÉ POINT DE CHANDELLE.

PERSONNAGES.

M. DE BELLEGARDE.
AUGUSTE, } ses fils.
ALFRED, }
Mme DE BELLEGARDE.
Mme DE MIRCOURT, sa sœur.
M. DE SAINT-CYPRIEN.
L'ÉPIME, valet d'Auguste.
LA RAMÉE, valet d'Alfred.

SCÈNE PREMIÈRE.

M. DE BELLEGARDE.

Vous voilà grands, mes enfants, il est temps de prendre un parti et de voir ce que vous voulez faire.

AUGUSTE.

Si vous me donnez la liberté de dire mon sentiment, je veux aller à la guerre.

ALFRED.

J'ai la même intention.

M. DE BELLEGARDE.

Ce sentiment est digne de votre naissance, mais je n'ai pas assez de bien pour fournir à tout ce qu'il faudra pour deux.

AUGUSTE.

Je me contenterai de tout, et si je n'ai que deux chevaux, je tâcherai de m'en passer.

ALFRED.

Il est impossible de se passer d'un assez grand équipage.

M. DE BELLEGARDE.

Surtout quand on est de votre humeur, car vous voudrez sans doute être bel esprit à l'armée comme ici, et porter une bibliothèque.

ALFRED.

Il y a tant d'heures vides à la guerre, qu'en effet je serai bien aise de lire.

M. DE BELLEGARDE.

Faites chacun un mémoire de ce que vous voudriez, et je verrai ce que je pourrai faire.

AUGUSTE.

Le mien sera bientôt fait.

ALFRED.

Il sera difficile que nous n'oubliions bien des choses.

SCÈNE DEUXIÈME.

LA RAMÉE.

Sais-tu la nouvelle? nos maîtres vont à la guerre.

L'ÉPINE.

Et quand?

LA RAMÉE.

Il faut du temps pour s'y préparer.

L'ÉPINE.

Je suis tout prêt, moi, et je partirais sur l'heure.

LA RAMÉE.

Tu es un habile homme. Et de quoi vivras-tu?

L'ÉPINE.

De ce que je vis à peu près ici.

LA RAMÉE.

Qui te le donnera?

L'ÉPINE.

Celui qui me le donne ici.

LA RAMÉE.

Oui, on mettra partout un pot-au-feu, et on sonnera la cloche pour t'appeler à dîner.

L'ÉPINE.

Tout cela ne m'embarrasse point; je n'ai pas tant d'esprit que vous; si je n'ai pas de potage, je mangerai autre chose.

LA RAMÉE.

Comment porteras-tu tes hardes?

L'ÉPINE.

Je n'ai point de hardes.

LA RAMÉE.

Est-ce que tu ne changeras pas de chemise?

L'ÉPINE.

J'en achèterai une à la première ville, ainsi je n'aurai point la peine de la porter si loin.

LA RAMÉE.

Et ta robe de chambre?

L'ÉPINE.

Est-ce que des gens comme nous ont des robes de chambre? Il y a trente ans que les gentilshommes de vingt mille livres de rente n'en avaient point.

LA RAMÉE.

Ils étaient bien sots de ne pas prendre leurs commodités.

L'ÉPINE.

Je ne sais ce que c'est que commodité, mais rien ne m'incommode.

SCÈNE TROISIÈME.

M. DE BELLEGARDE.

Sont-ce vos mémoires?

AUGUSTE.

Oui, monsieur, voilà le mien.

M. DE BELLEGARDE *lit.*

« Deux chevaux pour moi, un pour mon valet, mon linge ordinaire, dix louis pour joindre le régiment, après quoi je vivrai de ce que le Roi me donne. »

ALFRED.

Je n'ai mis que ce qui est absolument nécessaire.

M. DE BELLEGARDE *lit.*

« Six chevaux pour ma personne, quatre pour mes valets, deux pour porter ma tente et mes coffres, deux pour ce qu'il faut pour ma cuisine, un pour l'office; il faut de la vaisselle d'argent, de la batterie de cuisine, du linge de table, le linge de ma personne, quatre ou cinq habits, quelques confitures, quelques drogues en cas de maladie, de la bougie pour moi, de la chandelle pour mes gens (on n'en trouve pas partout de belle), du sucre pour six mois, du lard à larder (il est souvent mauvais); de bonne huile, car on ne peut s'en passer; des olives, des anchois, des truffes, etc. »

ALFRED.

J'oublie une infinité de choses, car on ne peut penser à tout.

M. DE BELLEGARDE.

Il est dommage que vous n'ayez pas eu plus de temps. Je vais voir ce que je pourrai faire.

SCÈNE QUATRIÈME.

AUGUSTE.

Quand voulez-vous que je parte? je brûle de servir mon Roi et de faire mon métier.

M. DE BELLEGARDE.

Ne voulez-vous point attendre votre frère? il faut du temps pour rassembler tout ce qu'il demande.

AUGUSTE.

Je ferai ce que vous voudrez quoi qu'il m'en coûte.

M. DE BELLEGARDE.

Mais n'aurez-vous point de peine à voir un tel équipage à votre cadet, pendant que vous n'aurez presque rien?

AUGUSTE.

Je suis incapable d'envie ni de trouver à redire à ce que vous ferez; je me trouve bien plus heureux que lui de ne point avoir tant de besoins.

M. DE BELLEGARDE.

Si je suivais mon inclination, vous ne seriez pas le plus mal traité; il faut que ceux qui gouvernent ménagent la faiblesse des uns, pendant qu'ils sont charmés du courage des autres.

AUGUSTE.

Agissez entre nous avec une entière liberté, je vous en conjure; je suis plus satisfait de ne vous être point à charge qu'il ne le sera d'avoir tout ce qu'il demande.

SCÈNE CINQUIÈME.

MADAME DE MIRCOURT.

Vous êtes triste et j'en comprends la raison.

MADAME DE BELLEGARDE.

Il est vrai, je ne puis voir partir mes enfants pour un

métier si dangereux sans en sentir de la douleur.

MADAME DE MIRCOURT.

On ne peut vous blâmer; mais il faut s'armer de courage et d'espérance qu'ils seront heureux; je suis assurée que vous ne les voudriez pas dans une autre profession.

MADAME DE BELLEGARDE.

Je l'avoue, étant née demoiselle, je me sens portée aux inclinations de la noblesse, et si je pouvais être assurée qu'ils seront heureux, je serais ravie de les voir dans le chemin de la réputation et de la fortune.

SCÈNE SIXIÈME.

MADAME DE BELLEGARDE.

Voici des nouvelles de vos enfants; M. de Saint-Cyprien, en revenant, les a rencontrés; il m'assure qu'ils se portent bien.

M. DE SAINT-CYPRIEN.

Je les ai laissés en bonne santé à leur seconde journée.

MADAME DE BELLEGARDE.

Oserais-je vous demander comment ils commencent leur voyage?

M. DE SAINT-CYPRIEN.

Cela mérite de vous être raconté en détail, et je m'en suis instruit avec plaisir.

MADAME DE BELLEGARDE.

Vous ne doutez pas que nous ne soyons bien aises de l'entendre.

M. DE SAINT-CYPRIEN.

Vos enfants partirent ensemble, résolus d'aller coucher au même lieu. Le cadet envoya un de ses gens retenir la meilleure chambre de l'hôtellerie; l'aîné ne s'en soucia point; ils arrivèrent. Le cadet va se débotter et se reposer; la Ramée entre dans la chambre et n'y trouve pas la moitié de ce qu'il aurait voulu pour souper. L'aîné entre dans une chambre basse pour se chauffer; il apprend que c'est celle de l'hôte et qu'il est malade; il s'approche de son lit, il le console, il lui rend service et ne l'abandonne pas. L'Épine trouve l'hôtesse bien embarrassée d'un enfant; il le prend dans ses bras, le fait jouer, manger, et l'endort après l'avoir bien bercé; il va ensuite à l'écurie voir si les chevaux sont bien, et se couche sur un peu de paille, ayant appris que son maître ne veut point quitter son malade, et qu'il a mangé un morceau au chevet de son lit.

Il faut compter le lendemain : l'hôte et l'hôtesse ne veulent rien prendre d'un homme qui leur a été utile. Cependant La Ramée est aux prises avec eux, ne voulant pas payer la bonne chère que votre cadet a faite; c'est un vacarme dans toute l'hôtellerie qui rassemble tout le quartier. Vos enfants sortent et entendent des injures et des louanges. Ils arrivent à la seconde journée, et apprennent que le pont qui devait leur faire passer la Seine est rompu, et qu'il n'y a pas encore de bac établi, ni même le moindre bateau. Votre aîné a bientôt pris son parti : il passe la rivière à la nage avec son cheval; l'Épine fait de même, ils continuent leur voyage; et je crois qu'Alfred reviendra sur ses pas, car je l'ai trouvé bien embarrassé.

M. DE BELLEGARDE.

C'est un grand mérite qu'une bonne volonté.

A bonne volonté point de chandelle.

TABLE DES MATIÈRES

II

CONVERSATIONS.

III

PROVERBES.

PARIS — IMPRIMERIE A. LAHURE
9, rue de Fleurus, 9

www.ingramcontent.com/pod-product-compliance
Ingram Content Group UK Ltd.
Pitfield, Milton Keynes, MK11 3LW, UK
UKHW012153240726
13966UKWH00002B/305